新编高等院校财经管理类"十三五"创新系列精品规划教材

新编经济法

主　编　曹丽萍

副主编　朱格锋　杜旭菲
　　　　王志涛　常　富
　　　　克仰志

中国商业出版社

图书在版编目(CIP)数据

新编经济法 / 曹丽萍主编. —北京：中国商业出版社，2016.9
ISBN 978-7-5044-9487-0

Ⅰ.①新… Ⅱ.①曹… Ⅲ.①经济法-中国 Ⅳ.①D922.29

中国版本图书馆 CIP 数据核字(2016)第 145104 号

责任编辑：蔡凯

中国商业出版社出版发行
010-63180647　www.c-cbook.com
(100053　北京广安门内报国寺 1 号)
新华书店总店北京发行所经销
涿州市华建印刷有限公司印刷

* * * *

787×1092 毫米　开本：1/16　印张：18.5　字数 380 千字
2016 年 9 月第 1 版　2016 年 9 月第 1 次印刷

* * * *

定价：39.80 元
(如有印装质量问题可更换)

前　言

经济法是调整需要由国家宏观调控的经济关系的法律规范的总称。经济法已经成为我国法律体系中一个重要的法律部门，经济法在市场经济条件下，正在发挥着越来越重要的作用。经济法课程也成为高等学校财会、管理、金融等经济类专业必修课程。

我们根据国家"十三五"规划纲要对高等教育发展的要求，针对高等院校经济类专业人才培养目标的要求，组织了长期从事经济法教学和研究的专家、学者、律师等人员编写了这本《新编经济法》。本书以职业岗位对经济法知识的要求为主线突出与经济类专业相关的法律法规，以"模块－项目－任务"构建教材体系。将整个教材内容划分为"经济法基础知识、经济法律规范、经济纠纷解决"3大模块，模块下设教学项目及工作任务。本教材设计为"案例导入 → 任务呈现 → 法规讲解 → 实务训练"4个部分。本教材较为成熟地体现了任务驱动下的教、学、做一体的教学模式。

本书为实现高职高专培养目标，培养从事经济法律服务的高等技术应用型人才要求编写的。根据高职高专经济类学生应具备的经济法基础知识和专业技能要求，本书依照我国经济法体系，将我国经济法基础知识和我国重要的经济法律法规及仲裁和诉讼作一系统的介绍。本书以我国最新的现行的各种经济法律、法规为依据，并遵循它们内在的规律以及相互间的联系，全面地、客观地、严格地将我国现行的经济法律、法规作一系统的概括。

本书吸收了我国最新的立法，同时吸收了学术界最新的研究成果。构建了内容充沛、载体多元，理论与实训一体化，与职业技能训练、职业技能鉴定的要求协调一致的教材体系。本书共分十五个项目，同时每项目下配有典型案例分析及实务训练，实现了科学性和实用性的统一。

  本书可供大中专院校的学生学习用书，也可作为从事经济管理、财会、工商税务等经济工作的有关人员的参考书。

编者

2016 年 9 月

编写说明

市场经济就是法制经济。随着我国社会主义市场经济的发展，我国法律体系也在逐渐完善，国家颁布了大量的经济法律、法规来规范市场经济生活。经济法就是调整需要由国家宏观调控的经济关系的法律规范的总称。经济法已经成为我国法律体系中一个重要的法律部门，经济法在市场经济条件下，正在发挥着越来越重要的作用。

我们根据教育部颁布的《高职高专院校人才培养工作水平评估方案》的要求，组织了长期从事经济法教学和研究的专家、学者、律师等人员编写了这本《新编经济法》。

本书为实现高职高专培养目标，培养从事经济法律服务的高等技术应用型人才要求编写的。根据高职高专经济类专业学生应具备的经济法基础知识和专业技能要求，本书依照我国经济法体系，将我国经济法基础知识和我国重要的经济法律法规及仲裁和诉讼作一系统的介绍。本书以我国最新的现行的各种经济法律、法规为依据，并遵循它们内在的规律以及相互间的联系，全面地、客观地、严格地将我国现行的经济法律、法规作一系统的概括。

本书吸收了我国最新的立法，同时吸收了学术界最新的研究成果。构建了内容充沛、载体多元，理论与实训一体化，与职业技能训练、职业技能鉴定的要求协调一致的教材体系。本书共分为十五个项目，同时每项目配有典型案列分析及实务训练，实现了科学性和实用性得的统一。本书可供大中专院校的学生以及有关人员学习之用。

本书的整体框架和编写大纲由主编初定，在充分征求各位编者意见的基础上确定，全书由主编统稿。各项目编写分工如下(以项目先后为序)：开封大学曹丽萍编写项目一、项目二、项目三、项目九；开封大学朱格锋编写项目

四、项目十四;浙江大学杜旭菲编写项目五、项目十一;开封大学王志涛编写项目六、项目七、项目八;河南龙文律师事务所常富编写项目十、第十三章;河南省高级人民法院克仰志编写项目十二、项目十五。

  本书在编写过程中,参阅了大量有关资料,在此一并表示感谢。由于编者的水平有限,本书不足之处在所难免,恳请专家和阅读者批评指正。

2016 年 9 月

目 录

项目一　经济法基础知识 ·· (1)
　　任务1　经济法的概念和调整对象 ··· (1)
　　任务2　经济法的基本原则 ·· (3)
　　任务3　经济法律关系 ··· (5)
　　任务4　经济法的体系 ··· (12)
　　实务训练 ··· (14)

项目二　企业法 ··· (16)
　　任务1　企业法概述 ··· (16)
　　任务2　合伙企业法 ··· (17)
　　任务3　个人独资企业法 ·· (29)
　　实务训练 ··· (34)

项目三　公司法 ··· (36)
　　任务1　公司法概述 ··· (36)
　　任务2　有限责任公司 ··· (38)
　　任务3　股份有限公司 ··· (46)
　　任务4　公司债券 ··· (55)
　　任务5　公司法的其他规定 ·· (58)
　　实务训练 ··· (61)

项目四　合同法 ··· (63)
　　任务1　合同法概述 ··· (63)
　　任务2　合同的订立 ··· (68)
　　任务3　合同的效力 ··· (74)
　　任务4　合同的履行 ··· (78)
　　任务5　合同的变更和转让 ·· (83)
　　任务6　合同权利义务的终止 ··· (85)
　　任务7　违约责任 ··· (88)
　　实务训练 ··· (93)

项目五 工业产权法 (96)
任务1 工业产权法概述 (96)
任务2 商标法 (98)
任务3 专利法 (104)
实务训练 (111)

项目六 产品质量法 (113)
任务1 产品质量法概述 (113)
任务2 产品质量的监督管理 (115)
任务3 生产者、销售者的产品质量责任和义务 (118)
任务4 产品责任 (119)
任务5 违反《产品质量法》的法律责任 (121)
实务训练 (122)

项目七 消费者权益保护法 (124)
任务1 消费者权益保护法概述 (124)
任务2 消费者的权利和经营者的义务 (126)
任务3 国家及消费者组织对消费者权益的保护 (130)
任务4 消费者权益争议的解决 (132)
任务5 违反《消费者权益保护法》的法律责任 (134)
实务训练 (136)

项目八 反不正当竞争法 (138)
任务1 反不正当竞争法概述 (138)
任务2 不正当竞争行为 (139)
任务3 对不正当竞争行为的监督和制裁 (142)
实务训练 (144)

项目九 反垄断法 (145)
任务1 反垄断法概述 (145)
任务2 垄断行为 (148)
任务3 行政垄断 (152)
任务4 反垄断执法 (154)
实务训练 (156)

项目十　税　法 (158)
　　任务1　税法概述 (158)
　　任务2　流转税法律制度 (162)
　　任务3　所得税法律制度 (166)
　　任务4　房产税法律制度 (169)
　　任务5　契税法律制度 (171)
　　任务6　法律责任 (172)
　　实务训练 (174)

项目十一　劳动法 (175)
　　任务1　劳动法概述 (176)
　　任务2　劳动合同 (179)
　　任务3　工作时间、休息休假和工资 (186)
　　任务4　劳动安全卫生和特殊保护 (189)
　　任务5　社会保险 (191)
　　任务6　劳动争议的解决 (192)
　　任务7　监督检查和法律责任 (194)
　　实务训练 (196)

项目十二　金融法 (198)
　　任务1　金融法概述 (198)
　　任务2　中国人民银行法 (200)
　　任务3　商业银行法 (206)
　　任务4　外汇管理法律制度 (212)
　　实务训练 (214)

项目十三　票据法 (216)
　　任务1　票据法概述 (216)
　　任务2　汇票 (227)
　　任务3　本票 (236)
　　任务4　支票 (239)
　　任务5　法律责任 (242)
　　实务训练 (243)

项目十四　证券法 (245)
　　任务1　证券法概述 (245)
　　任务2　证券的发行 (248)
　　任务3　证券的交易 (252)

任务4　上市公司收购 …………………………………………………… (260)
　　任务5　证券机构 ………………………………………………………… (263)
　　任务6　法律责任 ………………………………………………………… (269)
　　实务训练 …………………………………………………………………… (271)

项目十五　仲裁和诉讼 …………………………………………………………… (273)
　　任务1　仲裁 ……………………………………………………………… (273)
　　任务2　诉讼 ……………………………………………………………… (277)
　　实务训练 …………………………………………………………………… (284)

参考文献 ………………………………………………………………………… (285)

项目一
经济法基础知识

✻ 案例导入

公民甲乘坐公交车出行,途中,因道路突发状况,司机紧急刹车,致使正在车中站立的甲跌倒摔伤。对造成甲摔伤的损失,谁应该承担责任?

✻ 任务引入

你能分析其中的法律关系吗?

任务1 经济法的概念和调整对象

一、经济法的概念

随着市场经济的发展,自由、平等的观念逐步深入到经济社会的各个角落,但市场经济自有的缺陷,在现代市场经济条件下暴露的越来越突出,国家干预市场经济的法律规范应运而生。经济法是国家为了克服市场调节的盲目性和局限性而制定的,是调整全局性的、社会共性的、需要国家干预的经济关系的法律规范。

随着我国市场经济的不断发展和完善,我国的法律体系正在日臻完备。我国的经济法已自成体系,成为一个独立的法律部门,在市场经济中发挥着越来越重要的作用。经济法是由一系列经济法律、法规所构成的。

经济法是调整需要由国家宏观调控的经济关系的法律规范的总称。

我们认为经济法的概念应从以下两个方面来理解:

1. 经济法是我国法律体系中一个独立的法律部门。法的调整对象的特定性是划分法律部门的标准。经济法有自己特定的调整对象，即市场经济条件下需要由国家宏观调控的经济关系。

2. 经济法是需要由国家干预经济生活的法律规范的总称。它体现了经济法的宏观性。经济法不仅调整宏观经济关系，也调整一定范围内的微观经济关系。

二、经济法的调整对象

根据我们对经济法概念的理解，经济法的调整对象是市场经济条件下需要由国家宏观调控的经济关系。它主要包括以下几个方面：

（一）宏观经济调控关系

宏观经济调控关系是指国家在组织领导与管理国民经济中所形成的经济关系。宏观调控是国家为了实现经济总量的基本平衡，优化经济结构，推动国民经济的发展，对国民经济总体进行的调控。宏观调控关系一般包括国家在计划、产业政策的制订和实施，经济预算及其投资引导、税收、金融、资源保护、市场监督等活动中所产生的经济关系。这些经济关系由经济法调整。它有助于弥补市场调节的不足，防止经济中总量失衡，优化资源配置，使当前利益和长远利益、局部利益和整体利益、个人利益和国家利益结合起来。

（二）市场管理关系

我国经济是社会主义市场经济。为了保证市场经济健康有序地发展，国家必须通过法律手段对其加强监督和管理，以便形成开放、统一、竞争、有序的市场体系。

首先，国家必须建立广泛的市场主体体系。在市场主体体系中，企业及其他经济组织将是最主要的主体。国家必须对企业的设立、变更和终止等进行规范和管理。经济法通过全面规范市场经济主体的法律地位、权利义务以及行为准则来保证企业及其他经济组织成为自主经营、自负盈亏的经济实体，使之能积极参与市场活动，改善经营管理，提高经济效益。经济法通过规范主体资格类型及设立条件，保证市场主体能以合法的身份参与经济活动，达到维护经济秩序和保障交易安全的目的。

其次，国家必须建立统一、开放、活跃的市场体系，规范市场行为。促进各种生产要素之间的自由流动，充分发挥市场竞争机制的作用。避免可能出现的垄断和不正当竞争行为。垄断和不正当竞争是妨碍市场经济发展的大敌，这就必须通过经济法律、法规对市场经济关系加以调整，以完善市场规则，有效地反对垄断，制止不正当竞争，维护市场公平、自由竞争的经济秩序，促进市场体系的健康发展。

（三）微观经济调控关系

微观经济调控关系是国家对经济组织所发生的调控关系和经济组织内部的经济调控关系。它有两层含义，一层含义是指国家对经济组织指导、协调、服务、监督、检查等活动中发生的调控关系；另一层含义是指在经济活动中发生的各种内部经济管理关系。包括企业领导机构与其下属生产组织之间、各生产组织之间以及企业与职工之间所发生的经济关系。

（四）社会保障关系

社会保障关系是指对作为劳动力资源的劳动者实行社会保障过程中发生的经济关系。在社会主义市场经济发展过程中，建立和健全社会保障体系是一种客观必然。社会保障体系的范围包括养老、失业、工伤、医疗等内容。经济法必须对此加以规范和调整。规范社会保障体系，一方面使经济组织对社会和劳动者应该承担的责任得到进一步强化，使义务进一步明确，既防止其过多地承担社会负担，又避免其逃避应尽的社会责任。另一方面，可使劳动者的利益得到巩固和保障，充分开发和合理利用劳动力资源，维护社会稳定。

三、经济法的本质和特征

（一）经济法的本质

经济法的本质既具有法的一般本质，又有不同于其他法律部门的内在的规定性。经济法的本质包括以下三个方面：

1. 经济法反映的是统治阶级的意志。我国经济法反映的是以工人阶级领导的广大人民群众的意志。经济法集中体现了统治阶级在经济领域的愿望和要求。经济法调整的是社会主义经济关系，维护的是广大人民的利益。

2. 经济法的本质是由社会主义经济基础决定的，并随着经济基础的调整而发生变化。经济法是从社会整体利益出发，调控社会经济生活，维护社会主义的经济关系和经济秩序。

3. 经济法的本质还体现在国家对经济的宏观调控。经济法是同市场经济相对应的，面对市场经济，需要国家干预社会经济，建立良好的市场运行机制，规范社会经济，使社会经济健康、协调的发展。

（二）经济法的特征

1. 经济法调整对象广泛。经济法调整需要由国家宏观调控的经济关系，其中既有宏观调控关系，也有微观调控关系，还有市场管理关系和社会保障关系。

2. 经济法律法规形式多样。经济法没有统一的法典，是由大量的单行经济法律、法规组成的部门法。经济法调整的经济关系非常广泛，但由于经济关系发展迅速，加上经济立法不能满足社会经济发展的需要，在一定时期内，经济法只能以单行法律法规的形式出现，以便于不断的修改和完善。

3. 经济法体现了国家干预。经济法在调整经济关系时，着眼于国民经济发展的全局，通过国家对经济生活的干预，维护国民经济健康发展，提高社会经济效益。因此，经济法更多的是强制性规范和授权性规范。国家行政机关在经济立法和执法中起着重要的作用。

4. 经济法是实体法和程序法相结合的法律规范。现已颁布的经济法律法规，往往是既有实体方面的规定，又有程序方面的规范。

任务2　经济法的基本原则

经济法的基本原则是指能够体现经济法的本质和特征，适用于一切经济法律规范的具有高度概括性的指导思想和基本准则。它是经济立法、经济执法和经济司法活动中的基本准则。也是经济执法和经济司法的重要依据。根据经济法的本质和特征以及我国经济法律、法规的立法现状，我们认为对经济法的基本原则应作以下理解。

一、维护经济法主体合法权益的原则

在我国社会主义市场经济的发展过程中,各种经济成分并存,各种经济主体彼此地位独立、利益不同,经济性质也有所差别。依照市场经济规则,只有各种不同经济成分的经济法主体的法律地位平等,各自的合法权益得到同等的保护,才能建立起一个充满生机和活力的社会主义市场经济体制。因此,根据市场经济的这一客观要求,经济法就将不同经济成分的经济主体合法权益的保护作为自己的一项基本原则,以促进各经济成分之间在社会主义的统一市场中展开公平竞争。

根据维护经济法主体合法权益的原则,经济法应对各种财产所有权的性质、地位和作用加以确认和肯定,对各种经济成分经济主体的利益施以平等保护,并规定出相应的平等保护方法和对侵权行为的制裁措施,从而充分发挥各种经济成分在发展社会主义市场经济中的积极作用。

二、宏观调控与市场机制相结合的原则

市场机制是指根据市场的供求关系调节生产和服务的机制。市场机制对于促进资源合理配置、满足人民生活需要、推动社会生产率的提高和技术进步等都具有重要作用。但是,市场机制又带有一定的自发性、盲目性和滞后性,如果不对其加以适当控制,就可能会给社会造成极大浪费,损害人民利益,造成经济的无政府状态。因此,国家必须对市场进行必要的宏观调控。宏观调控是国家为了实现社会经济总量的基本平衡,促进经济结构的优化,引导国民经济持续、快速、健康发展,对国民经济总体活动进行的调节和控制。通过这种调控,以控制经济总量和实现生产与消费比例关系大体平衡,防止经济运行出现大的波动。经济法作为调整经济关系的法律规范,应将市场机制和宏观调控有机的结合作为自己的一项重要原则。

根据这一原则,经济法应对市场机制和宏观调节的性质、内容、手段以及相互结合的程度、方式和范围加以规范。使其制度化和法制化,使宏观调控不致影响市场机制作用的正常发挥,同时又为国家管理和适度干预经济提供一定的范围和空间,以减少市场的盲目和随意性。在实践中,应通过制定计划法,赋予国民经济各类计划相应的法律地位,来强化中央政府管理经济的权威性和规范性,加强计划的统一性和科学性;通过制定市场管理法来加强商品流通管理;通过制定预算法、税法、国有资产管理法来进行社会再分配和人、财、物的合理使用;通过制定竞争法、价格法来规范市场行为等。

三、维护国家和社会公共利益的原则

经济关系的本质是物质利益关系,经济主体参与社会经济活动的根本目的就是为了实现自身的物质利益。各经济主体在实现自身的经济利益的同时不得损害国家和社会公共利益。这项原则可以从两个方面来理解:

首先,各经济法律关系的主体利益应当协调一致,不能以损害某一方的利益为代价来保护另一方面的利益。

其次,各个经济组织的利益必须与社会利益一致。社会利益是指社会公共利益和社会

整体利益。在这两者的结合上，现代法学理论和我国社会主义本质普遍强调，自身利益不得违背社会利益，在自身利益与社会利益发生冲突时，应以社会利益为优先。因此，经济法亦应贯彻这一基本精神。实际上，我国现已颁布的《产品质量法》、《消费者权益保护法》、《反不正当竞争法》、《环境保护法》等都是保护国家和社会利益，体现社会利益优先的立法原则。

四、维护公平竞争原则

市场经济实质就是竞争经济。市场是商品交换的场所，有市场就有竞争。市场经济以其竞争规律来达到优胜劣汰，促进生产要素市场的合理流动，实现结构优化和资源合理配置的目的。但是，市场经济的竞争表明，有竞争就会有不正当竞争。不正当竞争是指市场经济主体在市场经济活动中，采取虚假、欺诈和其他违反商业道德的手段，损害国家、社会和竞争者利益，扰乱社会经济秩序的行为。因此，经济法应将维护公平竞争，制止不正当竞争 作为其一项基本原则。

公平竞争是指经济活动的参与者在生产经营中为获取更多经济利益，运用合法手段，在平等的市场条件和法律环境下展开的竞争性活动。经济法律规范应着力创造公平、自由的竞争环境，维护公平竞争的市场经济秩序，保证公平竞争在最大范围和最大程度上的实现。与此同时，公平竞争环境的维护实际是依赖反对不正当竞争行为加以实现的。经济法应将制止和反对不正当竞争行为作为其重要任务。

以上经济法的基本原则是相互联系，彼此补充的，它们共同指导着我国经济立法、执法和司法活动，贯穿经济法始终。

任务3　经济法律关系

一、经济法律关系的概念

经济法律关系是指由经济法律法规调整的具有经济权利和经济义务的法律关系。

1. 经济法律关系是在经济领域中发生的思想意志关系。经济法律关系产生于需要国家宏观调控的经济领域，这一法律关系体现的是国家意志和当事人意志两个方面。当事人意志必须以国家意志为依据，不能违背国家意志的基本内容；当事人意志又是国家意志的归宿，即国家意志最终是靠当事人意志来实现调整经济关系的目的的。没有当事人的意志，经济法律关系既不能形成，也不可能实现。

2. 经济法律关系是经济法规定和调整的法律关系。由于经济法律法规是经济法律关系产生和其内容得以实现的前提，因而，没有经济法律法规的具体规定，该法律关系不能产生，其内容亦无法实现。就此意义而言，经济法律关系也是经济法律法规调整经济关系的必然结果。

3. 经济法律关系是一种经济权利和经济义务关系。权利义务是法律关系的核心。经济法律关系以经济权利和经济义务为内容。经济法律关系的发生即是为了完成一定的经济任务和实现一定的经济目的。因而经济权利义务关系的确定是经济关系形成的标志,其变更也是经济法律关系变更的依据,其实现也是当事人参与经济法律关系的根本目的。

4.经济法律关系是具有强制性的经济权利义务关系。经济法律关系中的经济权利义务一旦形成,即受国家强制力保护,任何一方当事人不得违背。如果某一方不履行经济法律关系确定的义务,将会受到法律的追究。在任何一方的权利受到侵害时,都可请求法律的保护。经济法律关系中的经济权利义务就是通过国家强制力得以保护和实现的。

二、经济法律关系的构成要素

任何经济法律关系都具有三个基本构成要素,即主体、内容和客体。这三个要素缺一不可,其中任何一个要素发生变更,都可能会引起经济法律关系的变更。以下对这三者分别加以分析。

(一)经济法律关系的主体

1.经济法律关系主体的概念

经济法律关系的主体亦称经济法的主体,是指在经济法律关系中依法独立享受经济权利和承担经济义务的当事人。享有经济权利的人称为权利主体,承担经济义务的人称为义务主体。

在理解经济法主体的概念时,应把握以下几点:

(1)经济法主体能够以自己名义独立地参加经济法律关系。无论何种主体参与经济法律关系,都是以自己的名义进行的,如国家机关代表国家参与经济管理、经济调控法律关系,就是以自己的名义,独立地进行经济法律活动。

(2)经济法主体是经济权利和经济义务的担当者。经济权利和经济义务直接归属于经济主体,凡是享有经济权利和承担经济义务的人,就是经济法律关系的主体。

(3)经济法主体能够独立地承担经济法律责任。经济法主体不履行经济义务时,即承担一定经济法律责任。由于该责任往往涉及经济内容,故经济法主体必须具有一定财产权,有相应的财产作为承担责任的物质基础。

2.经济法律关系主体的范围

经济法律关系主体范围是由经济法调整的对象决定的。由于经济法调整对象的广泛性,经济法主体范围亦十分广泛,主要包括:国家机关、事业单位、经济组织、社会团体、经济组织的内部机构、农村承包经营户、个体工商户、自然人。

3.自然人

(1)自然人的含义

自然人是基于出生而取得民事主体资格的人。其外延包括本国公民、外国公民和无国籍人。自然人与公民不同,公民仅指具有一国国籍的人。《民法通则》使用"公民(自然人)";《合同法》则径直采用"自然人"概念。

(2)自然人的权利能力

自然人从出生时起到死亡时止,具有民事权利能力。自然人的民事权利能力非依法律规定不受限制或被剥夺,而且自然人自己也不能放弃或转让。自然人民事权利能力始于出生。一般来说,民事权利能力与自然人的年龄无关。但在某些情况下,法律规定自然人的某些权利必须达到一定年龄才能产生。例如自然人结婚的权利能力、劳动的权利能力,就必须达到法定的年龄才能享有。

自然人的民事权利能力终于死亡。民法上讲的死亡,包括生理死亡和宣告死亡。

(3) 自然人的行为能力

自然人的民事行为能力,是指自然人能够以自己的行为独立参加民事法律关系,享有民事权利和承担民事义务的资格。

《民法通则》按照年龄阶段的不同和理智是否正常,将自然人的民事行为能力划分为:完全民事行为能力、限制民事行为能力和无民事行为能力三种。

① 完全民事行为能力

完全民事行为能力,是指能够通过自己的独立行为参加民事法律关系,取得民事权利和承担民事义务的资格。我国《民法通则》规定:"十八周岁以上的公民是成年人,具有完全民事行为能力,可以独立进行民事活动,是完全民事行为能力人。""十六周岁以上不满十八周岁的公民,以自己的劳动收入为主要生活来源的,视为完全民事行为能力人。"

② 限制民事行为能力

限制民事行为能力,是指自然人享有民事权利和承担民事义务的资格受到一定的限制。我国《民法通则》规定:"十周岁以上的未成年人是限制民事行为能力人,可以进行与他的年龄、智力相适应的民事活动;其他民事活动由他的法定代理人代理,或者征得他的法定代理人的同意。""不能完全辨认自己行为的精神病人是限制民事行为能力人,可以进行与他的精神健康状况相适应的民事活动;其他民事活动由他的法定代理人代理,或者征得他的法定代理人的同意。"

③ 无民事行为能力

无民事行为能力,是指自然人不具有以自己的行为参与民事法律关系取得民事权利和承担民事义务的资格。《民法通则》规定:"不满十周岁的未成年人是无民事行为能力人,由他的法定代理人代理民事活动。""不能辨认自己行为的精神病人是无民事行为能力人,由他的法定代理人代理民事活动。"

4. 法人

(1) 法人的含义

法人是具有民事权利能力和民事行为能力,依法独立享有民事权利和承担民事义务的组织。根据不同的标准可以对法人作不同的分类。

以法人设立的目的及所依据的法律不同,可以将法人分为公法人和私法人;以法人成立的基础为标准,可以把私法人分为社团法人和财团法人;以法人的设立目的为标准,可将私法人分为公益法人和营利法人;我国《民法通则》,将法人分为企业法人、机关法人、事业单位法人和社会团体法人。

(2) 法人成立的条件

法人的成立,必须具备以下条件:

① 依法成立

依法成立是指欲成为法人的社会组织的设立必须合法,它的设立目的和宗旨要符合国家和社会公共利益的要求,它的组织机构、设立方式、经营范围、经营方式等要符合国家法律和政策的要求。

②有必要的财产或者经费

法人需要有必要的财产和经费。拥有必要的财产或者经费,是法人享有民事权利和承担民事义务的物质基础,也是其独立承担民事责任的财产保障。其中必要财产,是对于企业法人的要求;必要经费,是对于机关、事业单位、社会团体法人的要求。

③有自己的名称、组织机构和场所

法人的名称是法人独立人格的表现。法人必须具备一定的组织机构,明确其权力机关、执行机关和监督机关,这是实现法人团体意志,独立享有民事权利和承担民事义务的组织保证。法人要从事生产经营活动,必须有自己固定的场所,这对于法人开展业务活动,债务的履行,国家有关部门对法人的监督和管理,都有重要的意义。

④能够独立承担民事责任

法人从事民事或经济活动产生的债务,应以其全部财产或经费承担民事责任。

(3)法人的权利能力和行为能力

法人的民事权利能力和民事行为能力,从法人成立时产生,到法人终止时消灭。法人的行为能力通常是由法人的机关或者法人机关委托的代理人来实现。

(二)经济法律关系的内容

1.经济法律关系内容的概念

经济法律关系的内容是指经济法律关系的主体享有的经济权利和承担的经济义务。这是经济法律关系的核心,它直接体现了经济法主体的利益和要求,因而,没有经济权利和经济义务的经济法律关系是不存在的。

经济权利和经济义务依法律性质的不同而有所不同。在具体的经济法律关系中,此一法律关系的经济权利、经济义务亦可能与彼一法律关系的经济权利、经济义务有所区别,这是由经济法律规范的不同规定和当事人参与经济法律关系的目的不同所决定的。经济法律关系的经济权利、经济义务一旦确定之后,即受国家强制力的保护。

2.经济权利

经济权利是指经济法主体在经济法律关系中依法享有的经济权益。经济法主体可以依法为一定行为或不为一定行为和要求他人为一定行为或不为一定行为。它包括以下几个方面的含义:

(1)经济法主体在法定范围内依照自己的利益需要,根据自己的意志实施一定的经济行为。这一行为包括作为和不作为,前者是指按其意志进行某种行为,后者则是依其意志不进行某种行为。

(2)经济法主体有权依法要求负有义务的人作出或不作出一定的行为,以实现自己的利益。如:税务机关有权要求纳税人依法纳税;消费者有权要求商户提供符合产品质量要求的产品等。

(3)经济法主体在其合法权利受到侵害或不能实现时,有权依法请求国家有关机关给予强制力保护。

经济权利的本质在于满足经济法主体的经济利益。经济法主体通过经济权利的行使,在实现自身利益的过程中,同时也实现了国家利益和社会利益。因此,经济利益是经济权利的实质和核心内容。经济法赋予经济法主体一定的经济权利，就意味着经济法主体获得了实现经济利益的自由权利。

3. 经济义务

经济义务是指经济法主体在经济法律关系中依法应承担的责任。经济法主体为了满足特定的权利主体的要求，在法律规定的范围内必须实施或不实施某种经济行为。这是相对经济权利而存在的，是法律对经济法主体行为的限制和约束。它包括以下几个方面的含义：

（1）义务主体必须作出或者不作出一定行为。这一行为的目的在于满足权利主体的利益需要。

（2）义务主体实施的义务行为是在法定的范围内进行的。超越法律规定的限度，义务主体则不受限制和约束。

（3）义务主体不依法履行经济义务，就应承担相应的法律责任，受到法律的制裁。

经济权利与经济义务是相互依存的。没有经济权利，就不会有经济义务；经济法主体不能只享受权利而不尽义务，亦不能只尽义务而不享受权利；一方的经济权利依赖于另一方的经济义务来实现，另一方的经济义务则是为了满足一方的经济权利。

（三）经济法律关系的客体

1. 经济法律关系客体的概念

经济法律关系的客体是指经济法律关系的主体享有经济权利和承担经济义务所共同指向的对象。客体是确立权利义务关系性质的依据。如果没有客体，经济权利、经济义务就失去了依附的目标和载体，也不可能发生经济权利义务关系。因此，客体是经济法律关系不可缺少的要素之一。

2. 经济法律关系客体的类型

经济法律关系的客体十分广泛。概括起来，可分为四大类：

（1）物。这是指可以为人们控制和支配，有一定经济价值并以物质形态表现出来的物质财富。有些物不能为人所控制或支配，或即使可为人们控制和支配，但无一定经济价值的物，都不能作为经济法律关系的客体。按照不同的划分标准，可将物作不同的分类。如：生产资料和生活资料；流通物与限制流通物；特定物和种类物；有形物与无形物；主物与从物等。

（2）经济行为。这是指经济法主体为达到一定经济目的所进行的活动。它包括经济管理行为、完成一定工作的行为和提供一定劳务的行为。经济管理行为是指经济法管理主体行使经济管理权和经营管理权所指向的行为，如经济决策行为、经济命令行为、审查批准行为以及经济监督、检查行为等。完成一定工作的行为是指经济法主体的一方利用自己的资金和技术设备为对方完成一定的工作任务，而对方根据完成工作的数量和质量支付一定劳务报酬的行为。提供一定劳务行为是指为对方提供一定劳务或服务满足对方的需求，而对方支付一定酬金的行为。这一行为与完成一定的工作不同的是，前者通过一定的劳务行为最终体现为一定的经济效果，即获取劳务报酬，后者则是通过劳动最终表现为一定的客观物质成果。

（3）智力成果。这是指人们创造的能够带来经济价值的创造性脑力劳动成果。主要指商标权、专利权、非专利技术等无形财产。随着社会进步和科学技术的发展，智力成果成为社会财富的重要组成部分,其成为经济法律关系的客体也就是一种必然。

(4)经济信息。经济信息是反映社会经济活动的发生、变化等基本情况的消息、数据、情报资料。人类正处在信息时代,经济信息是社会经济生活的重要资源。经济法应对经济信息的收集、整理、汇总、计算、分析、存储等过程纳入其调整对象,经济信息成为经济法律关系的一类新的客体。

三、经济法律关系发生、变更和终止

(一)经济法律关系发生、变更和终止的概念

经济法律关系同其他法律关系一样,处在不断的发生、变更、消灭的运动变化之中。

经济法律关系的发生,是指由经济法律规范所确认的经济法主体之间形成的某种经济权利与经济义务关系。

经济法律关系的变更,是指原有的经济法律中部分或者全部要素发生改变,而形成新的经济法律关系。经济法律关系的变更,可能是经济法主体的变更,也可能是经济法律关系内容或者客体的变更。

经济法律关系的终止,是指经济法主体之间已形成的经济权利与经济义务关系的消灭。

(二)经济法律事实

经济法律关系的发生、变更和终止不是自动发生的,需要以经济法律规范的存在和经济法律事实的出现为前提条件。

经济法律事实是指能够引起经济法律关系发生、变更或者终止的客观现象或者事实。经济法律关系不会自然产生的,仅有经济法律规范,不能直接在经济法主体之间发生具体的经济法律关系,或者导致具体的经济法律关系的变更或者终止。只有当一定的经济法律事实出现,才能在经济法主体之间产生一定的经济法律关系或者使原有的经济法律关系发生变更或者终止。

能够引起经济法律关系发生、变更和终止的经济法律事实,必须是客观存在的。能成为经济法律事实,还必须是符合经济法律规范,为经济法所调整的事实。因此,经济法律规范是确认经济法律事实的依据,经济法律事实是引起经济法律关系发生、变更、终止的原因,经济法律关系则是经济法律事实引起的结果。

经济法律事实依照其产生与当事人的意志有无关系,可分为事件和行为。

1. 事件

事件是指与经济法律关系主体的意志无关的客观事实,即不以人的意志为转移的客观情况。事件的出现,是当事人无法预见或者控制,是当事人不能避免和抗拒的。事件可能是由自然现象所引起的,例如,当事人死亡,可引起合同的变更和解除,地震、洪水、风暴等自然灾害可以引起财产关系变更或终止,也可以引起保险赔偿责任的发生;事件也可能是由社会现象所引起的,例如,战争、罢工等会引起合同的变更,保险赔偿等。

2. 行为

行为是指人的有意识的活动,它是人们为实现法律后果而进行的有目的活动。它与法律事件不同,是以人的意志为转移,以意思表示为构成要素。它是经济法中规定的最主要

的法律事实。行为包括作为和不作为；合法行为和违法行为。

经济合法行为又称经济法律行为，是指经济法律关系主体有意识进行的，符合经济规范的行为。经济法律行为会引起经济法律关系的发生、变更、终止。经济法律行为包括国家或者国家机关依法进行干预和管理经济时的经济管理行为，也包括公司、企业和其他经济组织等进行经济活动时的经营行为。

经济法律行为有效必须具备以下条件：

（1）行为人的资格应当符合法律规定。不具有经济法主体资格的组织和个人进行的经济法律行为无效；行为人具有相应的权利能力和行为能力；

（2）行为人的意思表示真实。行为是通过行为人的意思表示而实现的，行为人的意思表示必须真实、自愿。

（3）行为人的行为不得违反法律和社会公共利益。

经济违法行为是指经济法律关系主体违反经济法律规范的行为。如偷税、抗税、欠税行为等。经济违法行为将导致行为人承担一系列经济法律责任。

在经济生活中，有时一个经济法律事实就可以引起经济法律关系的发生、变更或消灭，有时需要两个或两个以上的经济法律事实才能引起经济法律关系的发生、变更或消灭。

四、经济法律关系的保护

经济法律关系形成后，国家有关机关应严格监督经济主体正当行使权利和认真履行义务，保障国家管理经济职能的实现。这对于加强市场经济法制建设，维护市场经济秩序具有重要的意义。

经济法律关系的保护是指依照经济法律、法规的有关规定，保障经济法律关系的参加者正确地行使经济权利和切实地履行经济义务，对不履行经济义务和有违反经济法规的行为予以制裁，从而使经济法律关系得以全面实现。

经济法律关系保护的目的在于保证经济权利的实现和经济义务的履行。在一般情况下，经济权利的实现和经济义务的履行是通过当事人的自觉行为实现的，经济法律关系的保护就是通过经济立法和司法活动确定经济权利经济义务的具体内容，通过国家机关的经济监督，来实现经济权利和经济义务。但是，当义务主体违反经济法律法规或不履行经济义务时，经济法律法规对经济法律关系的保护就表现为对正常的经济法律关系破坏行为依法追究法律责任。这一法律责任通常为以下几种形式。

（一）民事责任

民事责任，是指经济法主体违反经济法律法规、违反民事法律规范，依法应承担的民事法律后果。它表现为国家对经济违法行为人采取的制裁措施和对被侵害的权利人采取的补偿与救济的方法。根据《民法通则》的规定，承担民事责任的主要方式有：（1）停止侵害；（2）排除妨碍；（3）消除危险；（4）返还财产；（5）恢复原状；（6）修理、重作、更换；（7）赔偿损失；（8）支付违约金；（9）消除影响、恢复名誉；（10）赔礼道歉等。

（二）行政责任

行政责任，是指经济法主体违反经济法律法规、违反行政法律法规，依法应承担的行政法律后果。追究行政责任,是由国家行政机关或者国家授权的有关单位执行的。行政责任主要包括行政处罚和行政处分。

1. 行政处罚。对违反经济法的单位和个人依法可以采取行政处罚措施。根据《行政处罚法》规定,行政处罚的种类包括:警告;罚款;没收违反所得;没收非法财物;责令停产、停业;暂扣或者吊销许可证、暂扣或者吊销营业执照;行政拘留;法律、行政法规规定的其他行政处罚。

2. 行政处分。对违反经济法的个人可以采取行政处分措施。行政处分的种类有:警告;记过;记大过;降职;降薪;撤职;留用察看;开除等。

(三)刑事责任

刑事责任,是指经济法主体严重违反经济法律法规、构成犯罪,依法应承担的刑事法律后果,即刑罚。追究刑事责任,依法由司法机关进行。刑罚的形式包括主刑和附加刑。主刑有管制、拘役、有期徒刑、无期徒刑、死刑;附加刑有罚金、剥夺政治权利、没收财产。主刑的各种刑罚只能独立适用。附加刑的各种刑罚,既可以作为主刑的附加刑适用,也可以独立适用。但社会组织犯罪只能适用附加刑。

在具体追究经济法律责任时,上述各种责任形式既可以单独适用,又可以同时适用。

经济法主体违反经济法律法规,需要予以处罚时,一定要视其情节轻重,分别对待。对严重违反经济法律法规,触犯刑法构成犯罪的,必须给予刑事制裁;对于一般经济违法行为则应当采取行政的或者民事的制裁措施。

任务4 经济法的体系

经济法体系是由经济法各部门法组成的有机联系的统一整体。各部门法是经济法体系的构成要素。虽然不同的经济法律部门有其特定的调整对象,并由不同的经济法律规范组成,它们有自己的特点。这些特点决定了经济法体系的独特性。经济法体系是由多层次、多门类的经济法部门组成的有机联系的整体。由于经济法律规范调整的是需要由国家干预的经济关系,而这特定的经济关系是随着社会经济的发展不断变化的。因此,经济法律规范、经济法部门、经济法体系也要随着市场经济的发展不断发展完善。我们认为经济法体系中各法律部门,相互关联,彼此依赖,已经形成了一个统一的整体;并且每一个法律部门又由多个经济法律规范组成,彼此自成体系。经济法体系主要由以下几个部分构成:经济法总论、市场主体法、宏观调控法、市场管理法、社会保障法、环境与资源保护法、经济仲裁和诉讼。

一、经济法总论

这一部分主要是指经济法的一般基本理论。它是对经济法具有共性和普遍性的问题进行的总的概括,并对各项经济法律制度具有指导意义。它是经济法学中最重要的一个部分,关系到人们对经济法的科学认识和定位。它主要包括经济法的概念,调整对象,基本原则,经济法律关系等内容。

二、市场主体法

由于市场主体的多样性，各类市场主体又都有自己独特的性质和不同的社会功能。因此市场主体法根据市场主体性质不同，由《全民所有制工业企业法》、《公司法》、《合伙企业法》、《个人独资企业法》、《企业破产法》、《中外合资经营企业法》、《中外合作经营企业法》、《外资企业法》等法律规范构成。市场主体法规范了市场主体资格取得、变更、终止，权利能力和行为能力，组织机构，权利、义务等法律事项。我国市场主体法所规范的市场主体主要是指企业。市场主体法将法人企业和非法人企业，赋予它们同样平等的竞争资格，在市场经济的条件下，展开公平竞争。规范法人企业拥有全部的法人财产所有权，并以自己独立的财产享有权利、承担义务，自主经营、自负盈亏，实现管理科学、激励和约束相合的内部管理体制，建立现代企业制度。市场主体法规范了市场主体结构，为市场经济的发展建立了法制的屏障。

三、宏观调控法

宏观调控法是指国家为保障社会整体利益，以间接干预经济生活为主要手段，以社会总需求和社会总供给平衡为目标，对经济运行进行宏观调节和控制。它主要由《预算法》、《中国人民银行法》、《商业银行法》、《税法》等法律规范构成。一个国家的国民经济与社会发展应有计划地进行，除保证重大计划项目实施外，国家主要通过运用税收、预算、货币政策、产业政策来调控市场，诱导市场主体的经济活动，引导市场主体正确决策，实现社会总需求与总供给的平衡。

四、市场管理法

市场管理法是国家规范市场行为的各种法律规范的总称。我国的市场管理法主要由以下法律规范构成：《证券法》、《票据法》、《商标法》、《专利法》、《保险法》、《反不正竞争法》、《产品质量法》、《价格法》、《广告法》、《消费者权益保护法》、《合同法》。

市场主体在市场活动中，实施市场交易行为，应当遵循自愿，诚实信用、等价有偿，维护国家和社会利益及合法交易的原则。由于市场交易的复杂性，法律对不同的市场交易行为给予不同的规范，规范了合同行为，保险行为，证券交易行为，票据交易行为等市场交易行为，维护了市场交易秩序。市场管理法对市场主体在市场交易中的价格行为，竞争行为，广告行为予以规范，同时规范市场主体在市场交易活动中必须保证产品质量，不得损害消费者的合法权益。市场管理法构建了健康的市场管理体制，规范了市场管理新秩序。

五、经济监督法

经济监督法是指国家运用监督手段，对社会再生产全过程进行检查、监督的法律规范总称。经济监督法主要由《会计法》、《审计法》、《计量法》和《标准化法》等构成。通过会计监督，审计监督，计量和标准化监督，产品质量监督、价格监督等一系列监督制度，约束经济主体的行为，使经济法主体在公开、公平的交易秩序下，在公平竞争的市场环境中，进行良性运转，从而保证社会经济的健康发展。

六、社会保障法

社会保障法是国家对公民实施社会保障的法律规范的总称。在社会主义市场经济条件下，建立和健全社会保障体系是社会发展的一种必然要求。社会保障法的范围包括养老保险、失业保险、工伤保险、医疗保险、最低生活保障等内容。规范社会保障制度，可以使劳动者的利益得到基本保障和长久巩固，使劳动力资源得到更广泛的利用，从而也能减轻经济法主体的社会负担，理顺劳动关系。

经济法主体必须认真贯彻执行《劳动法》、《社会保障法》，在经济法主体内部的管理中，必须正确处理用人单位和劳动者之间的关系，依照我国《劳动法》、《劳动合同法》建立劳动合同、集体合同，依法保障劳动者的合法权利。

七、环境与资源保护法

环境与资源保护法是规范为保护和改善生态环境和生活环境，合理开发利用自然资源而发生的社会关系的法律规范。环境和自然资源是人类赖以生存的基本条件，是发展生产、繁荣经济的重要物质基础。在开发利用自然资源时如不注意保护环境，势必会造成环境污染和生态平衡的破坏。我国环境与资源保护法主要由《环境保护法》、《森林法》、《草原法》、《矿产资源法》、《土地管理法》、《水法》等法律规范构成。保证防治环境污染和其他公害，维护生态平衡是社会经济组织的法定义务。在经济建设中，必须按照生态规律，使经济建设和环境与资源保护协调发展。

八、经济仲裁与诉讼

在经济活动中，发生各种经济矛盾和经济纠纷是不可比避免的。当发生经济纠纷时，当事人之间在自愿的基础上，可以选择协商、调解来解决矛盾。当纠纷不能用调解解决时，当事人可以采取司法途径，来维护合法权益。仲裁和诉讼就是有效处理经济纠纷和争议的法律制度。通过仲裁和诉讼能有效保障当事人的合法权益，维护正常的市场经济秩序，建立法制化的市场经济运行机制。

☞ 小结

本项目主要介绍了经济法基础理论。要求掌握经济法的概念、调整对象；经济法律关系、经济法的基本原则；经济法的体系。

实务训练

一、案例分析练习

河北一些企业，用生石灰处理皮革废料，熬制成工业明胶，卖给绍兴新昌一些企业制成药用胶囊，最终流入药品企业，进入患者腹中。由于皮革在工业加工时，要使用含铬的鞣制剂,因此这样制成的胶囊,往往重金属铬超标。经检测,修正药业等9家药厂13个批次药品,所用胶囊重金属铬含量超标。针对此事件,2012年4月21日,原卫生部要求毒胶囊企业所有胶囊药停用,药用胶囊接受审批检验。2012年4月22日,公安部通报,经调查,公安机关已立案7起,依法逮捕犯罪嫌疑人9名,刑事拘留45人。

问:上述企业违反了我国哪些法律规范?

二、思考题

1. 经济法的概念和调整对象是什么?
2. 经济法律关系的主体范围有哪些?
3. 经济法律关系的客体是什么?
4. 经济法的基本原则有哪些?

项目二 企业法

❋ 案例导入

张强在读研究生时注册了个人独资企业,销售计算机,刚开始生意较好。为筹资他在网贷平台一共贷款近10万,后因生意不好,无力偿还贷款。张强准备解散独资企业,问该项贷款如何处理?

❋ 任务引入

个人独资企业不能清偿到期债务,能将独资企业注销吗?

任务1 企业法概述

一、企业的概念和分类

(一)企业的概念

企业是指依法设立的以营利为目的的从事商品生产经营活动的经济组织。企业已成为市场经济的重要主体。企业具有以下特征:

1. 企业是社会经济组织。它是由一定人员和财产结合而成的社会群体,它有自己的名称和组织机构,它实现了劳动者、生产资料、劳动对象的有机结合。

2. 企业是以营利为目的的从事生产经营活动的社会经济组织。企业的生产经营活动包括商品生产经营和劳务的提供。企业从事生产经营活动的目的在于为社会创造价值,取得营利,实现价值增值。

3. 企业是实行独立核算的经济组织。企业在生产经营活动中实行独立核算,自主经营,自负盈亏。

4.企业必须依法设立。企业只有得到法律的认可,才能取得独立的法律地位,成为合法的经济组织,才能依法享有权利承担义务。

(二)企业的分类

按照不同的标准,可以将企业作不同的分类。

1.按生产资料所有制性质不同,可将企业分为国有企业、集体所有制企业、民营企业和混合所有制企业。国有企业依法成立,具有法人资格,企业财产终极所有权归国家。包括央企和地方国有企业。集体企业是指企业财产属于劳动群众集体所有,共同劳动,按劳分配。民营企业是指企业财产属于私人所有,以雇工经营为主的经济组织。混合所有制企业是指企业财产终极所有权归两个或两个以上所有制主体的企业。

2.按企业所属行业不同,可将企业分为工业企业、农业企业、商业企业、矿业企业、金融企业、交通运输企业、建筑安装企业等。

3.按企业的法律地位不同,可将企业分为法人型企业和非法人型企业。

4.按企业的法律形态不同,可将企业分为独资企业、合伙企业、公司企业。

二、企业法概念和特征

企业法是调整企业的设立、组织、活动、破产、清算以及对内对外关系的法律规范的总称。随着我国法制建设的不断加强,我国相继颁布了许多企业法律法规,构建了我国企业法体系。我国现行的企业法律、法规主要有《中华人民共和国全民所有制工业企业法》、《中华人民共和国中外合资经营企业法》、《中华人民共和国中外合作经营企业法》《中华人民共和国外资企业法》、《中华人民共和国公司法》、《中华人民共和国合伙企业法》、《中华人民共和国个人独资企业法》、《中华人民共和国中小企业促进法》、《中华人民共和国企业破产法》。

本项目主要介绍《中华人民共和国合伙企业法》、《中华人民共和国个人独资企业法》。

任务2 合伙企业法

一、合伙企业和合伙企业法

(一)合伙企业的概念、特征

合伙企业是指自然人、法人和其他组织依照本法在中国境内设立的普通合伙企业和有限合伙企业。

合伙企业具有如下法律特征:

1.合伙企业的成立以订立合伙协议为基础。

2.合伙人对合伙企业的债务。普通合伙人对合伙企业债务承担无限连带责任,有限合伙人以其认缴的出资额为限对合伙企业债务承担责任。

3.合伙企业是以营利为目的的社会组织。

4.合伙企业的内部关系是合伙关系。普通合伙是各合伙人共同出资、合伙经营、共享收益、共担风险。

(二)合伙企业法

合伙企业法是调整合伙企业在设立、运行、终止过程中产生的特定经济关系的法律规范的总称。《中华人民共和国合伙企业法》于1997年2月23日通过,并于1997年8月1日起开始实施。2006年8月27日通过了《中华人民共和国合伙企业法(修订案)》。修订后的合伙企业法于2007年6月1日起施行。

二、普通合伙企业的设立

普通合伙企业由普通合伙人组成,合伙人对合伙企业债务承担无限连带责任。合伙企业法对普通合伙人承担责任的形式有特别规定的,从其规定。

普通合伙企业的设立是指依照合伙企业法的规定建立合伙企业。合伙企业的设立包括设立的实质要件和设立的程序要件。

(一)合伙企业的设立条件

设立合伙企业,应当具备以下五个方面的条件:

1.合伙人

设立合伙企业应有两个以上的合伙人,并且都是依法承担无限连带责任的人。

(1)合伙人为自然人、法人和其他组织

在中国境内设立的普通合伙企业的合伙人是指自然人、法人和其他组织。合伙企业的合伙人主体资格非常广泛,既可以是自然人也可以是法人、社会组织。合伙人既可以是中国人也可以是外国人。

对于外国企业或者个人在中国境内设立合伙企业,我国法律是允许的;外国企业或者个人在中国境内设立合伙企业,也应遵守合伙企业法的规定。外国企业或者个人在中国境内设立合伙企业的管理办法由国务院规定。

(2)合伙人为自然人的必须具有完全民事行为能力。

无行为能力和限制行为能力人,不能成为合伙人。对具有完全行为能力,法律、法规有明文禁止从事营利性活动的人,如国家公务员、法官、检察官等,也不能成为合伙人。

(3)合伙人以自己的全部财产对合伙企业的债务承担无限连带责任。

(4)国有独资公司、国有企业、上市公司以及公益性的事业单位、社会团体不得成为普通合伙人。

2.合伙协议

合伙协议是全体合伙人就合伙事项协商一致,所达成的书面协议。合伙协议应当记载下列事项:

(1)合伙企业的名称和主要经营场所的地点。

(2)合伙目的和合伙企业的经营范围。

(3)合伙人的姓名、名称及其住所。

(4)合伙人出资方式,数额和缴付出资的期限。

(5)利润分配和亏损分担方式。
(6)合伙事务的执行。
(7)入伙与退伙。
(8)争议解决办法。
(9)合伙企业的解散与清算。
(10)违约责任。

以上条款属合伙协议中必要记载事项。除此以外,合伙协议还可记载合伙企业的经营期限,此记载为任意记载事项。

合伙协议经全体合伙人签名、盖章后生效,合伙人按照合伙协议享有权利,承担义务。合伙协议生效后,全体合伙人可以在协商一致的基础上,对合伙协议加以修改或补充。修改或者补充合伙协议,应当经全体合伙人一致同意;但是,合伙协议另有约定的除外。

合伙协议未约定或者约定不明确的事项,由合伙人协商决定;协商不成的,依照合伙企业法和其他有关法律、行政法规的规定处理。

3.合伙人认缴或者实际缴付的出资

合伙人可以用货币、实物、知识产权、土地使用权或其他财产权利出资,合伙人也可以用劳务出资。但这些出资财产必须是合伙人的合法拥有的财产或财产权利。当合伙人用非货币出资时,需要评估作价的,可以由全体合伙人协商定价或者由全体合伙人委托的评估机构予以评估。合伙人用劳务出资的,其评估办法由全体合伙人协商确定,并在合伙协议中载明。

如果评估作价是在合伙协议订立以后完成的,评估结果应当以书面形式,经全体合伙人签章后,作为合伙协议的补充文件。

合伙人应按合伙协议缴纳出资,每位合伙人的出资方式,数额及交付时间必须在合伙协议上详细一一列明。每位合伙人都应按合伙协议履行出资义务,并以实际缴付的出资为对合伙企业的出资。

以非货币财产出资的,依照法律、行政法规的规定,需要办理财产权转移手续的,应当依法办理。

4.合伙企业的名称和生产经营场所

合伙企业名称一般由企业所在地行政区划名称、商号、行业或经营特点、组织形式等组成。合伙企业名称应符合《企业名称登记管理规定》,普通合伙企业名称中不得使用"有限"或"有限责任"字样。有限合伙企业名称应标明"有限合伙"字样。

合伙企业名称中应当标明"普通合伙"字样。合伙企业名称在企业设立申请登记时,应由工商行政管理部门加以核定。

经营场所和从事合伙经营的必要条件,是合伙企业能够按照经营范围从事生产经营活动不可缺少的物质条件。

5.法律、行政法规规定的其他条件

(二)合伙企业的设立程序

1.设立申请

申请设立合伙企业,应当向企业登记机关提交登记申请书、合伙协议书、合伙人身份证明等文件。

全体合伙人为设立合伙企业的申请人。依照法律规定，申请设立的具体事务，应由全体合伙人推选出的代表或共同委托的代理人办理。

合伙人向工商行政管理机关提出合伙企业登记申请，并提交下列有关文件：合伙企业登记申请书、合伙协议书、合伙人身份证明、合伙人指定的代表或代理人的委托书、出资权属证明、经营场所证明和国务院工商行政管理部门规定提交的其他文件。法律、行政法规规定须报经有关部门审批的，应当在申请设立登记时提交批准文件。

2. 设立登记

合伙企业的经营范围中有属于法律、行政法规规定在登记前须经批准的项目的，该项经营业务应当依法经过批准，并在登记时提交批准文件。

申请人提交的登记申请材料齐全、符合法定形式，企业登记机关能够当场登记的，应予当场登记，发给营业执照。

除以上规定情形外，企业登记机关应当自受理申请之日起 20 日内，作出是否登记的决定。予以登记的，发给营业执照；不予登记的，应当给予书面答复，并说明理由。

对符合法律规定条件的，经工商行政管理机关的核准登记，发给营业执照。对不符合法律规定条件的由工商行政管理机关书面说明理由，不予登记。合伙企业营业执照签发日期，为合伙企业成立日期。在合伙企业领取营业执照前，合伙人不得以合伙企业的名义从事生产经营活动。

合伙企业如在自身经营场所以外设立分支机构的，分支机构应在合伙企业核准经营范围内从事生产经营活动，其法律后果由合伙企业承担。合伙企业所设分支机构，应当向分支机构所在地的企业登记机关申请登记，领取营业执照。

合伙企业登记事项发生变更的，执行合伙事务的合伙人应当自作出变更决定或者发生变更事由之日起十五日内，向企业登记机关申请办理变更登记。

三、普通合伙企业财产和事务执行

(一) 合伙企业财产

1. 合伙企业财产性质合伙人的出资、以合伙企业名义取得的收益和依法取得的其他财产，均为合伙企业的财产。由全体合伙人共同管理和使用。

2. 合伙企业财产的处分

在合伙企业进行清算前，合伙人不得要求分割合伙企业的财产。如果合伙人在合伙企业清算前私自转移或处分合伙企业财产的，为了保护善意第三人的利益，法律明确规定，合伙企业不得以此对抗不知情的善意第三人。

除合伙协议另有约定外，合伙人向合伙人以外的人转让其在合伙企业中的全部或者部分财产份额时，须经其他合伙人一致同意。合伙人向合伙人以外的人转让其在合伙企业中的财产份额的，在同等条件下，其他合伙人有优先购买权；但是，合伙协议另有约定的除外。

合伙人之间转让在合伙企业中的全部或者部分财产份额时，应当通知其他合伙人。

合伙人以外的人依法受让合伙人在合伙企业中的财产份额的，经修改合伙协议即成为合伙企业的合伙人，依照合伙企业法和修改后的合伙协议享有权利，履行义务。

合伙人以其在合伙企业中的财产份额出质的,须经其他合伙人一致同意;未经其他合伙人一致同意,其行为无效,由此给善意第三人造成损失的,由行为人依法承担赔偿责任。

(二)合伙企业的事务执行

合伙人对合伙企业的事务享有同等的权利。合伙企业的事务可以由全体合伙人共同执行。也可以由合伙协议约定或者全体合伙人决定,委托1名或数名合伙人执行合伙企业事务。其他合伙人不再执行合伙事务。

作为合伙人的法人、其他组织执行合伙事务的,由其委派的代表执行。

1. 执行合伙企业事务的合伙人对外代表合伙企业

该合伙人应按照约定向不执行事务的合伙人报告事务执行情况及合伙企业的经营情况和财务状况。其执行合伙企业事务所产生的收益归全体合伙人,所产生的亏损或者民事责任,由全体合伙人承担。如执行合伙企业事务的合伙人不按合伙协议或全体合伙人的决定执行事务,其他合伙人可以决定撤销对其委托。

合伙企业的下列事务必须经全体合伙人同意:

(1)改变合伙企业的名称;

(2)改变合伙企业的经营范围、主要经营场所的地点;

(3)处分合伙企业的不动产;

(4)转让或者处分合伙企业的知识产权和其他财产权利;

(5)以合伙企业名义为他人提供担保;

(6)聘任合伙人以外的人担任合伙企业的经营管理人员。

2. 不参加执行合伙企业事务的合伙人有监督权、检查权、知悉权、表决权、异议权

委托1名或数名合伙人执行合伙企业事务的,其他合伙人不再执行合伙企业事务。其他合伙人有权监督执行合伙企业事务的合伙人的行为,检查其执行合伙企业事务情况。

合伙人为了解合伙企业的经营状况和财务状况,有权查阅合伙企业会计账簿等财务资料。

合伙人分别执行合伙事务的,执行事务合伙人可以对其他合伙人执行的事务提出异议。提出异议时,应当暂停该项事务的执行。如果发生争议,受委托执行合伙事务的合伙人不按照合伙协议或者全体合伙人的决定执行事务的,其他合伙人可以决定撤销该委托。

合伙人对合伙企业有关事项作出决议,按照合伙协议约定的表决办法办理。合伙协议未约定或者约定不明确的,实行合伙人一人一票并经全体合伙人过半数通过的表决办法。

对合伙企业的表决办法另有规定的,从其规定。

3. 合伙人对合伙企业负有忠实义务

合伙人不得从事损害合伙企业利益的活动,不得自营或与他人合营与合伙企业相竞争的业务。除非合伙协议约定或经全体合伙人同意,合伙人不得同合伙企业进行交易。如果合伙人违反规定,从事与本合伙企业相竞争的业务或者与本合伙企业进行交易,给合伙企业或者其他合伙人造成损失的应依法承担赔偿责任。

4. 合伙企业的利润和亏损由合伙人共同承担

合伙人应依照合伙协议约定的比例进行分配利润和分担亏损。合伙协议不得约定将全部利润分配给部分合伙人或由部分合伙人承担全部亏损。合伙企业分配既可以按固定比例平均分配,也可以按出资比例分配。如果合伙协议未约定利润分配和亏损分担比例,或

者约定不明确的,由合伙人共同协商决定;协商不成的,由合伙人按照实缴出资的比例分配或分担。无法确定出资比例的由各合伙人平均分配和分担。

合伙人按照合伙协议的约定或者经全体合伙人决定,可以增加或者减少对合伙企业的出资。

5. 被聘任的合伙企业的经营管理人员

被聘任的合伙企业的经营管理人员应当在合伙企业授权范围内履行职务。

被聘任的合伙企业的经营管理人员,超越合伙企业授权范围履行职务,或者在履行职务过程中因故意或者重大过失给合伙企业造成损失的,依法承担赔偿责任。

合伙企业应当依照法律、行政法规的规定建立企业财务、会计制度。

(三) 合伙企业债务

1. 合伙企业债务的清偿

合伙企业对其债务,应先以其全部财产进行清偿。合伙企业财产不足清偿到期债务的,各合伙人应当承担无限连带责任。

合伙企业可处分的财产不足以清偿债务时,债权人可以向合伙人中的一人或数人请求清偿剩余部分的债务。被请求的合伙人应当以其可执行的财产,满足债权人的请求。合伙人由于承担连带责任,所清偿数额超过其应承担的数额时,有权向其他合伙人追偿。

2. 合伙人的债权人

在合伙关系存续期间,个别合伙人因不能清偿自己债务而被追索的情况下,为保护合伙企业和其他合伙人的利益,为保护债权人的合法权益,对债权人向合伙企业提出清偿请求予以限制。

(1) 合伙人的债权人不得对合伙企业主张抵销权。合伙企业中某一合伙人的债权人,不得以该债权抵销其对合伙企业的债务。这有效保证了合伙企业和合伙人对个别合伙人的个人债务不承担任何责任。

(2) 合伙人的债权人不得代位行使合伙人的权利。合伙人个人负有债务,其债权人不得代位行使该合伙人在合伙企业中的权利。从而保证了合伙关系的稳定和合伙企业的正常运转。

(3) 合伙人的债权人可以依法追索合伙人在合伙企业中的收益和财产份额。合伙人个人财产不足清偿其个人所负债务时,该合伙人只能以其从合伙企业中分取的收益用于清偿;债权人也可以依法请求人民法院强制执行该合伙人在合伙企业中的财产份额用于清偿。

人民法院强制执行合伙人的财产份额时,应当通知全体合伙人,其他合伙人有优先购买权;其他合伙人未购买,又不同意将该财产份额转让给他人的,并根据法律规定为该合伙人办理退伙结算,或者办理削减该合伙人相应财产份额的结算。

四、合伙企业的变更

合伙企业的变更,是指合伙出资份额结构变更和合伙协议的变更。主要有两种情况,一是新合伙人入伙;二是合伙人退伙。

(一) 合伙人入伙

入伙是指合伙人以外的第三人加入合伙,而取得合伙人资格。合伙企业属人合性质的组织,它是建立在良好的信用基础上。

1. 合伙人入伙,必须经全体合伙人同意,并订立书面入伙协议。

2. 订立入伙协议时,原合伙人应当向新合伙人告知原合伙企业的经营状况和财务状况。

3. 入伙协议应以原合伙协议为基础,明确入伙人的出资方式、数额、期限及原合伙协议中事务执行、利润分配、亏损分担等有关事项的变更。

4. 入伙的新合伙人与原合伙人享有同等权利、承担同等责任。入伙人对入伙前的合伙企业债务承担连带责任。

(二)合伙人退伙

退伙是指合伙人退出合伙,从而丧失合伙人资格。退伙分为自愿退伙和法定退伙。

1. 自愿退伙

自愿退伙是指合伙人基于自愿的意思表示而退伙。合伙协议中如约定合伙企业的经营期限,有下列情形之一的,合伙人可以自愿退伙。

(1)合伙协议约定的退伙事由出现。

(2)经全体合伙人一致同意。

(3)发生合伙人难于继续参加合伙企业的事由。

(4)其他合伙人严重违反合伙协议约定的义务。

合伙协议中未约定合伙企业的经营期限的,合伙人在不给合伙企业事务执行造成不利影响的情况下,可以退伙,但应提前30天通知其他合伙人。如果合伙人擅自退伙,给其他合伙人造成损失的,应负赔偿责任。

2. 法定退伙

法定退伙,是指合伙人因出现法律规定的事由而退伙。法定退伙有两种情况,一种是当然退伙,第二种是除名。

(1)当然退伙

合伙人有下列情形之一的,当然退伙。

①作为合伙人的自然人死亡或者被依法宣告死亡;

②个人丧失偿债能力;

③作为合伙人的法人或者其他组织依法被吊销营业执照、责令关闭、撤销,或者被宣告破产;

④法律规定或者合伙协议约定合伙人必须具有相关资格而丧失该资格;

⑤合伙人在合伙企业中的全部财产份额被人民法院强制执行。

合伙人被依法认定为无民事行为能力人或者限制民事行为能力人的,经其他合伙人一致同意,可以依法转为有限合伙人,普通合伙企业依法转为有限合伙企业。其他合伙人未能一致同意的,该无民事行为能力或者限制民事行为能力的合伙人退伙。

退伙事由实际发生之日为退伙生效日。

(2)除名

合伙人有下列情形之一的,经其他合伙人一致同意,可以决议将其除名:

①未履行出资义务。

②因故意或者重大过失给合伙企业造成损失。

③执行合伙企业事务时有不正当行为。

④合伙协议约定的其他事由。

对合伙人的除名决议应当书面通知被除名人。被除名人接到除名通知之日，除名生效，被除名人退伙。

被除名人对除名决议有异议的，可以自接到除名通知之日起三十日内，向人民法院起诉。

入伙和退伙及合伙协议修改均视为合伙企业变更，原合伙企业应向企业登记机关办理变更登记。

合伙人死亡或者被依法宣告死亡的，对该合伙人在合伙企业中的财产份额享有合法继承权的继承人，按照合伙协议的约定或者经全体合伙人一致同意，从继承开始之日起，取得该合伙企业的合伙人资格。

有下列情形之一的，合伙企业应当向合伙人的继承人退还被继承合伙人的财产份额：
①继承人不愿意成为合伙人；
②法律规定或者合伙协议约定合伙人必须具有相关资格，而该继承人未取得该资格；
③合伙协议约定不能成为合伙人的其他情形。

合伙人的继承人为无民事行为能力人或者限制民事行为能力人的，经全体合伙人一致同意，可以依法成为有限合伙人，普通合伙企业依法转为有限合伙企业。全体合伙人未能一致同意的，合伙企业应当将被继承合伙人的财产份额退还该继承人。

合伙人退伙，其他合伙人应当与该退伙人按照退伙时的合伙企业财产状况进行结算，退还退伙人的财产份额。退伙人对给合伙企业造成的损失负有赔偿责任的，相应扣减其应当赔偿的数额。

退伙时有未了结的合伙企业事务的，待该事务了结后进行结算。

退伙人在合伙企业中财产份额的退还办法，由合伙协议约定或者由全体合伙人决定，可以退还货币，也可以退还实物。

退伙人对基于其退伙前的原因发生的合伙企业债务，承担无限连带责任。合伙人退伙时，合伙企业财产少于合伙企业债务的，退伙人应当依照规定分担亏损。

五、特殊的普通合伙企业

普通合伙作为一种传统的组织形式，合伙人对合伙债务负无限连带责任。随着社会对各项专业服务需求的迅速增长，专业服务机构的规模扩大，合伙人数目大增，以至合伙人之间并不熟悉甚至不认识，各自的业务也不重合，与传统普通合伙中合伙人人数较少，共同经营的模式已有不同，因而让合伙人对其并不熟悉的合伙人的债务承担无限连带责任，有失公平。

为了减轻专业服务机构中普通合伙人的风险，促进专业服务机构的发展壮大，在合伙企业法中，规定采用普通合伙形式的专业服务机构的普通合伙人可以对特定的合伙企业债务承担有限责任，以使专业服务机构的合伙人避免承担过度风险。

1. 特殊的普通合伙企业的适用范围

合伙企业法规定，以专业知识和专门技能为客户提供有偿服务的专业服务机构，可以设立为特殊的普通合伙企业，适用合伙企业法关于特殊的普通合伙企业的责任规定。此外，合伙企业法只规范注册为企业的专业服务机构，而很多专业服务机构如律师事务所并未注册为企业,不适用合伙企业法的规定,但在责任形式上也可以采用合伙企业法规定的特殊的普通合伙的责任形式。

2.对特殊的普通合伙企业的公示要求

特殊的普通合伙企业,其合伙人对特定合伙企业债务只承担有限责任,为保护交易相对人的利益,应当对这一情况予以公示。合伙企业法规定,特殊的普通合伙企业名称中应当标明"特殊普通合伙"字样。

3.特殊的普通合伙企业合伙人的责任形式

这是特殊的普通合伙企业制度的最关键的内容,合伙企业法规定:特殊的普通合伙企业,一个合伙人或者数个合伙人在执业活动中因故意或者重大过失造成合伙企业债务的,应当承担无限责任或者无限连带责任,其他合伙人以其在合伙企业中财产份额为限承担责任。合伙人在执业活动中非因故意或者重大过失造成的合伙企业债务以及合伙企业的其他债务,由全体合伙人承担无限连带责任。

合伙人执业活动中因故意或者重大过失造成的合伙企业债务,以合伙企业财产对外承担责任后,该合伙人应当按照合伙协议的约定对给合伙企业造成的损失承担赔偿责任。

4.对特殊的普通合伙企业债权人的保护

特殊的普通合伙企业,其合伙人对特定合伙企业债务只承担有限责任,对合伙企业的债权人的保护相对削弱。为了保护债权人的利益,合伙企业法规定了对特殊的普通合伙企业债权人的保护制度,即执业风险基金制度和职业保险制度。规定:特殊的普通合伙企业应当建立执业风险基金、办理职业保险;执业风险基金用于偿付合伙人执业活动造成的债务;执业风险基金应当单独立户管理;执业风险基金的具体管理办法由国务院规定。

5.特殊的普通合伙企业实质上仍然是普通合伙企业

法律对特殊的普通合伙企业未作规定的,适用于普通合伙企业的规定。

六、有限合伙企业

有限合伙是由普通合伙发展而来的一种合伙形式。有限合伙由两种合伙人组成,一是普通合伙人,负责合伙的经营管理,并对合伙债务承担无限连带责任;二是有限合伙人,通常不负责合伙的经营管理,仅以其出资额为限对合伙债务承担有限责任。有限合伙融合了普通合伙和公司的优点。与公司相比,普通合伙人直接从事合伙的经营管理,使合伙的组织结构简单,节省管理费用和运营成本;普通合伙人对合伙要承担无限责任,可以促使其对合伙的管理尽职尽责。同时,对有限合伙企业本身不征所得税,直接对合伙人征收所得税,避免了公司的双重税负。与普通合伙相比,允许投资者以承担有限责任的方式参加合伙成为有限合伙人,解除了投资者承担无限责任的后顾之忧,有利于吸引投资。

由于有限合伙的上述特点,实践中为资本与智力的结合提供了一种便利的组织形式。即拥有财力者作为有限合伙人,拥有专业知识和技能者作为普通合伙人,二者共同组成以有限合伙为组织形式的风险投资机构,从事高科技项目的投资。国外这种作法较为普遍。

1.合伙人的人数限制

为防止有人利用有限合伙企业形式进行非法集资活动,并体现合伙企业人合性的特性,并为今后的实践留有必要的空间,合伙企业法规定:有限合伙企业由二个以上五十个以下合伙人设立,但是法律另有规定的除外。

有限合伙企业至少应当有一个普通合伙人。

2. 合伙人的责任形式

合伙企业法明确规定,有限合伙企业由普通合伙人和有限合伙人组成,普通合伙人对合伙企业债务承担无限连带责任,有限合伙人以其认缴的出资额为限承担责任。

有限合伙人退伙后,对基于其退伙前的原因发生的有限合伙企业债务,以其退伙时从有限合伙企业中取回的财产承担责任。

除合伙协议另有约定外,普通合伙人转变为有限合伙人,或者有限合伙人转变为普通合伙人,应当经全体合伙人一致同意。

有限合伙人转变为普通合伙人的,对其作为有限合伙人期间有限合伙企业发生的债务承担无限连带责任。

普通合伙人转变为有限合伙人的,对其作为普通合伙人期间合伙企业发生的债务承担无限连带责任。

3. 合伙协议

有限合伙企业的合伙协议,除应符合普通合伙企业合伙协议的十项规定外,还应当载明下列事项:

(1)普通合伙人和有限合伙人的姓名或者名称、住所;

(2)执行事务合伙人应具备的条件和选择程序;

(3)执行事务合伙人权限与违约处理办法;

(4)执行事务合伙人的除名条件和更换程序;

(5)有限合伙人入伙、退伙的条件、程序以及相关责任;

(6)有限合伙人和普通合伙人相互转变程序。

4. 对有限合伙企业的公示要求

有限合伙企业中的有限合伙人只对合伙企业债务承担有限责任,为了保护交易相对人的利益,有限合伙企业的一些情况应当公示,让交易相对人知悉。因此,合伙企业法规定:有限合伙企业的名称中应当标明"有限合伙"字样;有限合伙企业登记事项中,应当载明有限合伙人的姓名或者名称及认缴的出资数额。

5. 有限合伙人的出资

有限合伙人可以用货币、实物、知识产权、土地使用权或者其他财产权利作价出资。

但是,有限合伙人不得以劳务出资。

6. 有限合伙人的权利限制

有限合伙企业的特点,就是有限合伙人以不执行合伙企业事务为代价,获得对合伙企业债务承担有限责任的权利。因此,在有限合伙企业中,有限合伙人的权利是受到一定的限制的,合伙企业法规定:有限合伙人不执行合伙事务,不得对外代表有限合伙企业。

合伙企业法对有限合伙人的权利作出了明确限制性规定,有限合伙人的下列行为,不视为执行合伙事务:

(1)参与决定普通合伙人入伙、退伙;

(2)对企业的经营管理提出建议;

(3)参与选择承办有限合伙企业审计业务的会计师事务所;

(4)获取经审计的有限合伙企业财务会计报告;

(5)对涉及自身利益的情况,查阅有限合伙企业财务会计账簿等财务资料;

(6)在有限合伙企业中的利益受到侵害时,向有责任的合伙人主张权利或者提起诉讼;

(7)执行事务合伙人怠于行使权利时,督促其行使权利或者为了本企业的利益以自己的名义提起诉讼;

(8)依法为本企业提供担保。

7. 有限合伙人有限责任保护的免除

有限合伙人对合伙企业债务承担有限责任也不是绝对的,当出现法定情形时,有限合伙人也会对合伙企业债务承担无限连带责任。合伙企业法规定:第三人有理由相信有限合伙人为普通合伙人并与其交易的,该有限合伙人对该笔交易承担与普通合伙人同样的责任,即对该笔债务承担无限连带责任。

有限合伙人未经授权以有限合伙企业名义与他人进行交易,给有限合伙企业或者其他合伙人造成损失的,该有限合伙人应当承担赔偿责任。

8. 有限合伙企业不同于普通合伙企业的其他规定

针对有限合伙企业的特点,合伙企业法对有限合伙企业作出了一些不同于普通合伙企业的规定,主要包括:

(1)有限合伙企业不得将全部利润分配给部分合伙人;但是,合伙协议另有约定的除外。

(2)有限合伙人可以同本有限合伙企业进行交易;但是,合伙协议另有约定的除外。

(3)有限合伙人可以自营或者同他人合作经营与本有限合伙企业相竞争的义务;但是,合伙协议另有约定的除外。

(4)有限合伙人可以将在有限合伙企业中的财产份额出质,而不必经全体合伙人一致同意;但是,合伙协议另有约定的除外。

(5)有限合伙人可以按照合伙协议的约定向合伙人以外的人转让其在有限合伙企业中的财产份额,但应当提前三十日通知其他合伙人。

(6)作为有限合伙人的自然人在有限合伙企业存续期间丧失民事行为能力的,其他合伙人不得因此要求其退伙;

(7)作为有限合伙人的自然人死亡、被依法宣告死亡或者作为有限合伙人的法人及其他组织终止时,其继承人或者权利承受人可以依法取得该有限合伙人在有限合伙企业中的资格。

同时,合伙企业法规定,法律对有限合伙企业未做特殊规定的,适用关于普通合伙企业的一般规定。

七、合伙企业的解散和清算

1. 合伙企业的解散

合伙企业有下列情形之一的,应当解散:

(1)合伙期限届满,合伙人决定不再经营;

(2)合伙协议约定的解散事由出现;

（3）全体合伙人决定解散；
（4）合伙人已不具备法定人数满三十天；
（5）合伙协议约定的合伙目的已经实现或者无法实现；
（6）依法被吊销营业执照、责令关闭或者被撤销；
（7）法律、行政法规规定的其他原因。

2. 合伙企业的清算

合伙企业解散后，应当由清算人进行清算，并通知和公告债权人。合伙企业解散，应由全体合伙人担任清算人；未能由全体合伙人担任清算人的，经全体合伙人过半数同意，可以自合伙企业解散后15日内指定1名或者数名合伙人，或者委托第三人，担任清算人。在15日内未确定清算人的，合伙人或者其他利害关系人可以申请人民法院指定清算人。清算人在清算期间应执行以下清算事务：

（1）清理合伙企业的财产，分别编制资产负债表和财产清单。
（2）处理与清算有关的合伙企业未了结的事务。
（3）清缴所欠税款。
（4）清理债权、债务。
（5）处理合伙企业清偿债务后的剩余财产。
（6）代表合伙企业参加诉讼或者仲裁活动。

清算人自被确定之日起十日内将合伙企业解散事项通知债权人，并于六十日内在报纸上公告。债权人应当自接到通知书之日起三十日内，未接到通知书的自公告之日起四十五日内，向清算人申报债权。

债权人申报债权，应当说明债权的有关事项，并提供证明材料。清算人应当对债权进行登记。

清算期间，合伙企业存续，但不得开展与清算无关的经营活动。

合伙企业的财产在优先支付清算费用后，按以下顺序进行清偿：

（1）合伙企业所欠招用的职工工资和劳动保险费用、法定补偿金。
（2）合伙企业所欠税款。
（3）合伙企业的债务。
（4）返还合伙人的出资。

合伙企业财产在支付清算费用和职工工资、社会保险费用、法定补偿金以及缴纳所欠税款、清偿债务后的剩余财产，按照合伙协议的约定办理；合伙协议未约定或者约定不明确的，由合伙人协商决定；协商不成的，由合伙人按照实缴出资比例分配、分担；无法确定出资比例的，由合伙人平均分配、分担。

清算结束后，清算人应当编制清算报告，经全体合伙人签名、盖章后，在15日内向企业登记机关报送清算报告，办理合伙企业注销登记。合伙企业注销后，原普通合伙人对合伙企业存续期间的债务仍应承担无限连带责任。

合伙企业不能清偿到期债务的，债权人可以依法向人民法院提出破产清算申请，也可以要求普通合伙人清偿。合伙企业依法被宣告破产的，普通合伙人对合伙企业债务仍应承担无限连带责任。

任务3　个人独资企业法

一、个人独资企业和个人独资企业法

(一)个人独资企业概念、特征

个人独资企业是指依法在中国境内设立,由一个自然人投资,财产为投资人个人所有,投资人以其个人财产对企业债务承担无限责任的经营实体。个人独资企业具有以下法律特征:

1. 一人出资,企业财产归个人所有。个人独资企业的财产由一人投资形成,企业财产所有权归企业主享有。在法律允许的范围内,企业主对企业财产享有占有、使用、收益和处分的权利。

2. 为营利性的经营实体。营利性是所有企业的共同特征,个人独资企业也不例外。个人独资企业的利润归企业主所有,企业主最关心的是营利。

3. 企业主拥有所有权和经营权。企业主是企业财产的所有者,同时拥有企业的决策权、指挥权、监督权等经营管理权。在个人独资企业里企业所有权和经营权集于企业主一身,实现了企业所有权和经营权的完全合一。

4. 企业主对企业经营风险及债务承担无限责任。个人独资企业属于非法人经营实体,企业主对企业债务不仅以投资设立个人独资企业的财产承担责任,而且要以企业主个人的财产承担无限责任。世界各国立法为保护国家和债权人的利益,都规范企业主对企业债务承担无限责任。

(二)个人独资企业法的概念

个人独资企业是随着我国经济体制改革的深入,市场主体的多元化发展,逐渐出现的一种企业形式。它广泛地适用于较小型企业。国家支持和鼓励个人独资企业的发展,并对个人独资企业实行监督和管理。国家相继颁布了一些法律法规。1999年8月30日通过了《中华人民共和国个人独资企业法》。它严格规范了个人独资企业的设立、事务管理、解散清算及法律责任。《个人独资企业法》的颁布,规范了个人独资企业的行为,保护了个人独资企业投资人和债权人的合法权益,维护了社会及经济秩序,促进了社会主义市场经济的发展。《个人独资企业法》适用于在中国境内设立的个人独资企业(以下简称独资企业)。外商独资由于其自身独特的法律属性不适用《个人独资企业法》。

二、个人独资企业的设立、变更

(一)独资企业的设立条件

设立个人独资企业应当具备下列五个方面的条件:

1. 投资人为一个自然人

我国要求独资企业的出资人必须是自然人并且为一人。投资人应当为具有完全民事行为能力的人。无民事行为能力人和限制民事行为能力人不能作为投资人。同时，法律、行政法规禁止从事营利性活动的人，也不得成为独资企业的投资人。例如法官、检察法、人民警官、国家公务员等负有特定义务的人，依照法律、行政法规，被禁止从事营利性活动，因而不能成为独资企业的投资人。

法人不能成为独资企业的投资人。独资企业在法律上亦被称为"自然人企业"。因此，立法上将独资企业与企业主同等看待。独资企业的财产及责任与企业主的个人财产与个人责任是同一的。企业主对独资企业的财产依法享有所有权，对独资企业的债务以企业主个人财产承担无限责任。如果企业主在申请企业设立登记时明确以其家庭共有财产作为个人出资的，企业主应当依法以家庭共有财产对企业债务承担无限责任。

2. 有合法的企业名称

独资企业的名称在企业申请登记时，由工商行政管理部门加以核定。不得与本辖区内同行业其他企业的名称相同或相近似。独资企业的名称按照《企业名称登记管理规定》一般应由以下几部分构成：企业所在地行政区划名称、字号、行业或经营特点、组织形式。独资企业可以用投资人的姓名作为字号。独资企业名称不得使用外国国家名称、国际组织名称，政党名称、党政军机关名称和社团名称等。不得对公众造成欺骗或误解。不得使用"有限"或"有限责任"字样。独资企业的名称应当与其责任形式及从事的营业相符合。

3. 有投资人申报的出资

投资人的出资是独资企业进行生产经营活动的物质基础。由于独资企业不具有法人资格，企业的财产与企业主的个人财产是同一的。因此，法律没有对独资企业的资本作出规定，只规定出资人在设立独资企业时应向企业登记机关申报出资。

4. 有固定的生产经营场所和必要的生产经营条件

固定的生产经营场所和必要的生产经营条件，是独资企业进行生产经营活动必不可少的物质条件，是独资企业保持经常性、持续性地从事生产经营活动的必需。

5. 有必要的从业人员

雇佣劳动是独资企业的主要力量。因此，独资企业应依法招用职工。职工的合法权益受到法律的保护。

(二)独资企业的设立程序

申请设立独资企业一般要经过申请、审核批准、登记三个阶段：

1. 申请

(1)申请人

申请设立独资企业，应当由投资人或其委托的代理人向独资企业所在地的登记机关提交书面申请文件。申请文件包括：设立申请书、投资人身份证明、生产经营场所使用证明等文件。委托代理人申请设立登记时，还应当出具投资人的委托书和代理人的合法证明。独资企业从事法律、行政法规规定须报经有关部门审批的业务，在申请设立登记时，还应提交有关部门的批准文件。

(2)申请书

独资企业设立申请书应采取书面形式。申请书应当载明下列事项：

①独资企业的名称和住所。独资企业必须有合法的企业名称。企业的住所是指法律上

确认的企业的主要经营场所。独资企业是以其主要办事机构所在地为其住所。

②投资人的姓名和居所。投资人的居所应以投资人经常居住地为其居所。

③投资人的出资额和出资方式。投资人可用现金、实物、工业产权、非专利技术等作为投资。如果投资人有多种出资，各种出资方式应分别在申请书中详细一一列明。

④经营范围。经营范围具体反映独资企业生产经营活动的内容，如生产的产品，服务的项目等。独资企业不得从事法律、行政法规禁止经营的业务。按照我国《私营企业暂行条例》等法规的规定，独资企业可以从事工业、建筑业、交通运输业、商业、饮食业、服务业、修理业和科技咨询等行业的生产经营，也可以从事营利性的文化、艺术、旅游、体育、食品、医药、养殖等行业的生产经营，但不能从事军工、金融业的生产经营，不得经营国家禁止的产品。

2. 审核登记

独资企业的登记机关为国务院各级工商行政管理机关。登记机关在收到独资企业设立申请文件之日起15日内，作出核准登记或者不予登记的决定。对符合《个人独资企业法》规定条件的，予以登记，发给营业执照；对不符合《个人独资企业法》规定条件的，不予登记，并给予书面答复，说明理由。

独资企业的营业执照的签发日期，为独资企业成立日期。在领取独资企业营业执照前，投资人不得以独资企业名义从事经营活动。

(三)独资企业的分支机构

1. 独资企业分支机构的概念

独资企业分支机构是指独资企业在自身生产经营场所以外设立的，以独资企业的名义，从事本企业核定经营范围内的业务活动，从属于独资企业的经营机构。如分厂、分店、门市部、办事处等。独资企业分支机构的财产属于独资企业主所有，其行为属于独资企业行为。独资企业分支机构的民事责任由设立该分支机构的独资企业承担。

2. 独资企业分支机构的设立登记

为规范独资企业设立分支机构的行为，防止他人假冒，保护交易安全和独资企业的合法权益。法律对独资企业分支机构实行登记管理。《个人独资企业法》规定，独资企业设立分支机构，应当由投资人或者受委托代理人向分支机构所在地的登记机关申请登记，领取营业执照。

独资企业分支机构的登记机关为工商管理机关，登记事项包括：分支机构的名称、经营场所、经营范围、经营方式和分支机构负责人的姓名及住所。分支机构的经营范围不得超出独资企业的经营范围。

申请设立独资企业分支机构，应向工商行政管理机关提交下列文件：(1)分支机构设立登记申请书；(2)独资企业营业执照复印件；(3)独资企业委托的代理人的委托书及其身份证明；(4)经营场所证明；(5)国务院工商行政管理部门规定提交的其他文件。

分支机构经登记机关核准登记后，发给营业执照，并将登记情况报分支机构隶属的个人独资企业的登记机关备案。

(四)独资企业的变更

独资企业存续期间登记事项发生变更的，视为独资企业的变更。独资企业的变更包括:企业名称和住所变更;投资人变更如原独资企业发生转让或继承;投资人的投资额变更;经营范围变更等。独资企业在作出变更决定之日起15日内,应依法向登记机关申请办理变更登记。

三、个人独资企业的事务

(一)独资企业的事务管理

1. 自行管理

在独资企业中,由于所有权和经营权高度合一,投资人对独资企业拥有绝对的控制权。因而法律对独资企业内部组织的设置及运行规则无明确限定。投资人可以根据自己的意愿自主处理企业事务。投资人对企业事务既可以自行管理也可以授权他人管理。采用自行管理企业事务的,投资人对企业事务全权负责。

2. 授权管理

《个人独资企业法》规定,独资企业投资人除自行管理企业事务外,还可委托或者聘用他人负责企业事务管理。

受委托或受聘负责独资企业事务的人,必须是具有民事行为能力的人。无民事行为能力和限制民事行为能力人不能成为受托人或受聘人。投资人委托或聘用他人管理独资企业事务的,应当与受托人或被聘用的人签订书面合同,明确委托的具体内容和授予的权利范围。受托人或受聘人在合同约定的授权范围内进行活动。受托人或受聘人对独资企业负有忠实的义务,应当履行诚信、勤勉义务,按照与投资人签订的合同负责独资企业的事务管理。如果受托人或受聘人在管理独资企业事务时违反双方订立的合同,给投资人造成损害的,受托人或受聘人应当承担民事赔偿责任。

《个人独资企业法》规定投资人对受托人或者被聘用的人员职权的限制,不得对抗善意第三人。受托人或受聘人在正常业务范围内,对外实施的法律行为,对独资企业具有约束力。如果投资人对受托人或被聘用人的职权加以限制,这种限制如要对第三人发生效力,必须是第三人明知受托人或受聘用人的行为越权。否则第三人不知或不应当知道受托人或受聘人的职权受到限制,这种限制将不对第三人发生抗辩力。

为减少因受托人或受聘人的不当行为给独资企业可能带来的损失,《个人独资企业法》对投资人委托或聘用的管理独资企业事务的人员的行为予以限制。受托人或受聘人在履行管理独资企业事务时不得有下列行为:

(1)利用职务上的便利,索取或者收受贿赂;
(2)利用职务或者工作上的便利侵占企业财产;
(3)挪用企业的资金归个人使用或者借贷给他人;
(4)擅自将企业资金以个人名义或者以他人名义开立账户储存;
(5)擅自以企业财产提供担保;
(6)未经投资人同意,从事与本企业相竞争的业务;
(7)未经投资人同意,同本企业订立合同或者进行交易;
(8)未经投资人同意,擅自将企业商标或者其他知识产权转让给他人使用;
(9)泄露本企业的商业秘密;

（10）法律、行政法规禁止的其他行为。

如果受托人或受聘人违反以上规定，侵犯独资企业财产权益的，应责令退还侵占的财产；如给独资企业造成损失的，受托人或受聘人应依法承担赔偿责任。

（二）独资企业的劳动管理

独资企业可以依法招用职工。独资企业在招用职工时必须按照平等自愿、协商一致的原则，同职工签订书面的劳动合同，确定双方的权利义务，保障职工的合法权益。劳动合同的内容应包括职工劳动的质量和数量的要求；合同期限；劳动条件；劳动报酬、保险和福利待遇；劳动纪律；违反劳动合同应当承担的责任；双方议定的其他事项。

独资企业应当遵守我国劳动法的规范，按时足额发放职工工资。执行国家有关劳动保护的规定，实行每周40小时工作制，禁止招用未满16岁的童工。同时建立必要的规章制度，提供劳动安全、卫生设施，保障职工的劳动安全和生命健康。独资企业对从事关系到人身健康、生命安全的行业或工种的职工，必须按照国家规定向保险公司投保。独资企业应当按照国家法律规定参加社会保险，为职工缴纳失业、养老、医疗、工伤等社会保险费用。独资企业如违反规定，侵犯职工合法权益，未保障职工劳动安全、不缴纳社会保险费用的，按照法律、法规予以处罚，并追究有关责任人的责任。

独资企业应当依法建立工会组织。工会依法开展活动，维护职工的利益，保护职工的合法权益，支持企业进行生产经营活动。

（三）独资企业的财务管理

独资企业必须按照会计法及有关财务会计法规的规定，健全财务会计制度，配备财会人员，依法设置会计账簿，编制会计报表，进行会计核算。独资企业应依法履行纳税义务，接受税务机关的监督检查。

任何单位和个人不得违反法律、行政法规的规定，以任何方式强制独资企业提供财力、物力、人力；对于违法强制独资企业提供财力、物力、人力的行为，独资企业有权拒绝。

四、个人独资企业的解散和清算

（一）独资企业的解散

根据《个人独资企业法》的规定，独资企业有下列情形之一的，应当解散：

1. 投资人决定解散。
2. 投资人死亡或者被宣告死亡，无继承人或继承人决定放弃继承。
3. 被依法吊销营业执照。独资企业在生产经营活动中严重违反法律法规被依法撤销的。
4. 法律、行政法规规定的其他情形。

（二）独资企业的清算

独资企业解散的，应当进行清算。《个人独资企业法》规范了关于清算的程序。

1. 清算人

独资企业解散，可以由投资人自行清算，也可以由债权人申请人民法院指定清算人进行清算。投资人决定解散的，应当由投资人自行清算。因投资人死亡或被宣告死亡，无继承人或者继承人决定放弃继承的或被依法吊销营业执照的，应当由债权人申请人民法院指定清算人进行清算。

2. 通知和公告

投资人自行清算的,应当在清算前 15 日内书面通知债权人,无法通知的,应当予以公告。债权人应当在接到通知之日起 30 天内,未接到通知的应当在公告之日起 60 天内,向投资人申报其债权。

3. 清偿程序

清算人应负责清理独资企业的债权、债务,清理独资企业财产,编制企业财产清单。在清算期间,独资企业不得开展与清算目的无关的经营活动。在独资企业清偿债务前,投资人不得转移、隐匿财产。如果独资企业及投资人在清算前或清算期间隐匿或转移财产以逃避债务的,应依法追回其财产,并按照有关法律法规予以处罚。构成犯罪的,依法追究刑事责任。

独资企业在清算时,财产应按照下列顺序进行清偿:(1)所欠职工工资和社会保险费用;(2)所欠税款;(3)其他债务。当独资企业的全部财产不足清偿企业债务时,企业投资人应当以其在独资企业以外的其他个人财产予以清偿。

4. 清算结束

根据《个人独资企业法》的规定,在清算期间,如果投资人以个人财产承担清偿责任的,仍不足清偿独资企业债务的应当结束清算程序。对于未获清偿的债务,原投资人在今后仍应继续承担偿还责任。但是,如果债权人在 5 年内未向债务人提出清偿请求的,则债务人的清偿责任归于消灭。

清算结束后,投资人或者人民法院指定的清算人应当编制清算报告。并于 15 日内到登记机关办理注销登记。

☞ 小结

本项目主要介绍了《合伙企业法》、《个人独资企业法》等法律规范。重点应掌握合伙企业和独资企业的法律特征、设立条件、事务执行等问题。

☞ 实务训练

一、案例分析示范

1. 案情介绍

2012 年 7 月,张某、王某、高某达成书面协议,共同出资,设立"通州汇通五金合伙企业",企业属性为普通合伙企业。张某出资 10 万,王某出资 8 万,高某以劳务和现金 5 万元出资,共计出资 6 万元。利润分配和亏损负担按出资比例。由王某对外代表合伙企业,但签订合同在 4 万元以上的应征得其他合伙人同意。此前王某从事个体经营,主要业务是五金电料。

2015 年 10 月,王某以"通州汇通五金合伙企业"的名义同丁企业签订了 5 万元的供货合同,货到后,运到他经营的个体商店,后他的个体商店亏损,货款一直未付。2016 年 2 月"通州汇通五金合伙企业"亏损严重,总资产为 15 万元,丁企业要求偿还货款 5 万元,

"通州汇通五金合伙企业"以合同金额超过约定的 4 万元,合同无效,拒绝付款。"通州汇通五金合伙企业"尚有其他债务 11 万元。

2. 问题

(1)"通州汇通五金合伙企业"是否要承担 5 万元货款的责任?

(2)"通州汇通五金合伙企业"的其他债务应如何清偿?

3. 法律评析

(1)"通州汇通五金合伙企业"要承担 5 万元货款的责任。《合伙企业法》规定,合伙企业对合伙人执行合伙企业事务的限制,不得对抗善意第三人。"汇通五金厂"承担 5 万元货款后,可以向王某追偿。

(2)"通州汇通五金合伙企业"的其他债务 11 万元,应以合伙企业的财产清偿。不足清偿的 1 万元由三位合伙人承担连带责任。

二、案例分析练习

2013 年 3 月,王某、李某、牛某各出资 2 万元、6 万元、8 万元,设立"郑州宏宇普通合伙企业"。生产饮用水,约定按出资比例分享利润和分担亏损。2015 年 5 月三人发生矛盾,王某提出退出合伙,抽回自己的 2 万元。李某、牛某经查账发现此时亏损 8000 元。

2015 年 12 月"郑州宏宇普通合伙企业"因违法经营被停业整顿。李某、牛某决定解散合伙企业,此时共计亏损 1.2 万元。二人将剩余财产进行分配,合伙企业债务未作处理。2015 年 12 月合伙企业的债权人董某向王某、李某、牛某主张债权 1 万元(此债权发生在 2015 年 4 月)。

问:(1)王某能否退伙?能否抽回自己的 2 万元出资?

(2)董某应向何人索债?

(3)合伙人之间如何承担债务?

三、思考题

1. 合伙企业的哪些事务必须经全体合伙人同意?

2. 普通合伙企业设立的条件是什么?

3. 入伙、退伙的条件是什么?

4. 个人独资企业设立的条件是什么?

项目三 公司法

❋ 案例导入

2013年8月16日,上证指数以2075点低开,到上午11点05分,多只权重股瞬间出现巨额买单。多达59只权重股瞬间封涨停。指数的第一波拉升主要发生在11点05分到11点08分之间,然后出现阶段性的回落。11点15分起,上证指数开始第二波拉升,这一次最高摸到2198点,在11点30分收盘时收于2149点。上午A股暴涨5.96%,源于光大证券自营盘70亿的乌龙指。

2013年8月16日下午13点,光大证券公告称因重要事项未公告,临时停牌。

❋ 任务引入

你如何看待公司内幕交易?

任务1 公司法概述

一、公司的概念、特征和种类

(一)公司的概念和特征

我国公司法第2条规定,"本法所称公司是指依照本法在中国境内设立的有限责任公司和股份有限公司"。第3条规定,"公司是企业法人,有独立的法人财产,享有法人财产权。"因此我们可以将公司定义为:公司是依法成立的,以营利为目的的企业法人。

从公司的概念中我们可以理解公司具有以下三个方面的特征:

1. 公司须依法设立。凡是我国公司,均须符合公司法设立条件,依法登记后才正式成立。且在公司名称前要贯以"有限责任公司"或"股份有限公司"字样。

2. 公司是法人组织。公司必须依法设立，有自己的名称和组织机构，有独立的财产，能以自己的名义享有权利，承担义务。

3. 公司是以营利为目的的法人组织。营利是公司作为市场经营主体的基本特征，也是公司区别于其他社会组织的重要标志。追求经济利益应是公司经营管理机构的职责，亦是公司追求的目标。

（二）公司的种类

按照不同的标准，对公司可以做出不同的分类。

1. 依照公司的国籍不同，可以把公司分为本国公司和外国公司

凡依照中国法律在中国境内登记设立的公司是本国公司，具有中国国籍。凡依照外国法律在中国境外设立的公司是外国公司、不具有中国国籍。外国公司在中国设立的分支机构不具有中国法人资格，不是中国公司。

2. 根据公司的管辖关系，可以把公司分为本公司和分公司

本公司又称总公司，具有独立的法人资格。它对分公司享有监督、管理的权利。分公司是本公司的分支机构，没有独立的财产，不具有独立的法人资格，其民事责任由总公司承担。

3. 根据公司的控制与依附关系，可以把公司分为母公司和子公司

母公司通过控股等方式，直接掌握和控制其他公司，并直接参加被控公司的业务活动。子公司是受母公司影响、控制，但有独立财产、具有法人资格，能依法独立承担民事责任。

4. 以股东对公司所负责任不同，可以将公司分为有限责任公司和股份有限公司

（1）有限责任公司。有限责任公司的股东以其认缴的出资额为限对公司承担有限责任，公司以其全部资产对公司债务承担有限责任。

（2）股份有限公司。股份有限公司是将全部资本分为等额的股份，股东以其认购的股份为限，对公司的债务承担有限责任。公司以其全部资产为限对公司债务承担有限责任。

二、公司法的概念和特征

公司法是规范公司的种类、设立、组织机构、解散清算、法律责任的法律规范的总称。公司法有狭义和广义之分。狭义的概念仅指《中华人民共和国公司法》（以下简称《公司法》）；广义的概念除包括《公司法》外，还包括与公司有关的法律法规，《中华人民共和国公司登记管理条例》、《上市公司收购管理办法》、《创业板上市公司证券发行管理暂行办法》等规范性文件。

公司法具有以下主要特征：

（一）公司法是组织法又是行为法。公司法严格规范公司设立条件、股东权利义务，公司组织机构设置及相应职权等公司组织事项。同时公司法又规范公司股份发行、公司债券，公司收益分配等公司行为。

（二）公司法是实体法和程序法相结合的法律规范。公司法规范了公司设立条件、组织机构、股东权利义务等实体内容。同时又规范了公司设立程序、破产解散清算程序，使公司

法又带有程序法的性质。

（三）公司法的内容是强制性规范和任意性规范相结合。公司法中有关公司设立条件、公司名称使用、组织机构设置、股份和债券发行等内容均须严格依照法律规定。而公司增减资本等事项由股东意愿决定。

三、《公司法》的结构和基本问题

（一）《公司法》的结构

1993年12月29日正式通过了《中华人民共和国公司法》，并于1994年7月1日正式实施。现行《公司法》是2013年12月28日修正，2014年3月1日实施。《公司法》共218条，分为总则、有限责任公司的设立和组织机构、有限责任公司的股权转让、股份有限公司的设立和组织机构、股份有限公司的股份发行和转让、公司董事、监事、高级管理人员的资格和义务、公司债券、公司财务、会计、公司合并、分立、增资、减资、公司解散和清算、外国公司的分支机构、法律责任和附则共13章。公司法的颁布规范了公司以及公司的行为，为建立现代企业制度奠定了法制基础。

（二）公司的名称

公司名称是公司人格化的标志。公司名称应当符合国家规定，且只能使用一个名称。经公司登记机关核准登记的公司名称受法律保护。公司名称一般应由行政区划名称、商号、行业或经营特点、组织形式几部分构成。我国公司法规定，凡是有限责任公司，其名称必须有"有限责任公司或有限公司"字样；凡是股份有限公司，其名称中必须含有"股份有限公司或者股份公司"字样。

（三）公司的权利能力和行为能力

公司的权利能力是指公司依法享有权利和承担义务的资格。它始于公司成立，终于公司消亡。公司的权利能力受到以下几个方面的限制。

1. 经营范围的限制。公司法第12条明确规定，公司的经营范围由公司章程规定，并依法登记。公司应当在登记的经营范围内从事经营活动。公司依照法定程序修改公司章程并经公司登记机关变更登记，可以变更其经营范围。

2. 公司章程的限制。公司章程对投资或者担保的总额及单项投资或者担保的数额有限额规定的，不得超过规定的限额。公司向其他企业投资或者为他人提供担保，按照公司章程的规定由董事会或者股东会、股东大会决议；

公司的行为能力，是指公司能以自己的行为享有权利、承担义务的资格。公司的行为能力的起止同公司的权利能力，对公司行为能力的限制与公司权利能力相同。

任务2 有限责任公司

一、有限责任公司的概念和特征

有限责任公司是指股东以其认缴的出资额为限对公司承担责任，公司以其全部资产对公司的债务承担责任的企业法人。

有限责任公司具有如下法律特征：

（一）有限责任公司的股东，仅以其认缴的出资额为限对公司承担有限责任，公司以其全部资产对公司的债务承担有限责任。

（二）有限责任公司的股东人数有最高限制。我国公司法规定有限公司股东为50个以下。

（三）有限责任公司不能公开募集股份，不能发行股票。有限责任公司属于封闭型公司。

（四）有限责任公司股东出资转让严格。

除以上法律特征外，有限责任公司还具有设立程序简便、股东人数较少、对外信用稳定等特点。有限责任公司较广泛的适用于中小企业，是一种规模可以灵活掌握，存在数量较多的一种重要的公司形式。

二、有限责任公司的设立

公司设立是指为使公司成立，取得公司法人资格而依法进行的一系列法律行为。

（一）有限责任公司的设立条件

根据我国公司法的规定，设立有限责任公司，应当具备下列条件：

1. 股东符合法定人数

有限责任公司股东的法定人数为50个以下。有限责任公司的股东可以是法人也可以是自然人；既可以是本国人也可以是外国人。

2. 有符合公司章程规定的全体股东认缴的出资额

（1）注册资本。有限责任公司的注册资本为在公司登记机关登记的全体股东认缴的出资额。法律、行政法规以及国务院决定对有限责任公司注册资本实缴、注册资本最低限额另有规定的，从其规定。

（2）出资方式。有限责任公司的股东可以用货币出资，也可以用实物、知识产权、土地使用权等可以用货币估价并可以依法转让的非货币财产作价出资；但是，法律、行政法规规定不得作为出资的财产除外。对作为出资的非货币财产应当评估作价，核实财产，不得高估或者低估作价。

3. 股东共同制定公司章程

公司章程是公司制定的约束公司行为的规范性文件。公司章程应由全体股东共同制定，公司章程的记载事项包括绝对必要记载事项和任意记载事项。有限责任公司章程应当载明下列事项：第一，公司名称和住所；第二，公司经营范围；第三，公司注册资本；第四，股东的姓名或者名称；第五，股东的出资方式、出资额和出资时间；第六，公司的机构及其产生办法、职权、议事规则；第七，公司法定代表人；第八，股东会会议认为需要规定的其他事项。股东应当在公司章程上签名、盖章。

4. 有公司名称，建立符合有限责任公司要求的组织机构

凡有限责任公司必须在其名称中标明"有限责任公司"字样，其公司名称要符合法律规定。公司还应依法建立股东会、董事会或执行董事、监事会或监事等组织机构。建立符合要求的组织机构，是有限责任公司从事生产经营活动，享有权利、承担义务的基础和保障。

5. 有公司住所

公司住所是公司主要办事机构所在地。如果公司有两个或两个以上的办事机构,应以公司在登记机关登记的公司主要办事机构所在地为住所地。

(二)有限责任公司设立方式及程序

有限责任公司应采取发起设立方式。发起设立是由全体股东按公司章程规定的注册资本认缴出资而设立公司的方式。

有限责任公司设立的程序主要包括以下几个方面的内容:

1. 制定公司章程

公司章程是公司重要的规范性文件。公司章程对公司,对公司股东,对董事、监事、经理都具有法律约束力。公司章程属于要式行为,应当采取书面形式,由公司股东共同制定。

2. 报经行政部门批准

报经行政部门批准并非设立有限责任公司的必经程序。法律、行政法规规定设立有限责任公司必须报经批准的,在设立登记前应依法办理批准手续。

3. 股东认缴出资

股东应按照公司章程规定按期足额缴纳各自所认缴的出资额。股东以货币出资时,应将货币出资足额存入有限责任公司在银行开设的账户;以非货币财产出资的,应当评估作价,并依法办理其财产权的转移手续。股东不按照规定缴纳出资的,除应当向公司足额缴纳外,还应当向已按期足额缴纳出资的股东承担违约责任。

4. 公司设立登记

股东认足公司章程规定的出资后,由全体股东指定的代表或者共同委托的代理人向公司登记机关报送公司登记申请书、公司章程等文件,申请设立登记。公司登记机关为各级工商行政管理机关。

申请设立公司必须进行公司名称预先核准。预先核准的公司名称保留期6个月,在保留期内,不得从事经营活动。

法律、行政法规规定设立公司必须报经批准的,应当在公司登记前依法办理批准手续,并向公司登记机关提交批准文件。

依法设立的公司,由公司登记机关发给公司营业执照。公司营业执照签发日期为公司成立日期。经公司登记机关审查,不符合法律规定的,不予登记。公司登记机关应当将有限责任公司登记信息向社会公示。

5. 公司签发出资证明书

有限责任公司成立后,公司应当向股东签发出资证明书。出资证明书应当载明下列事项:(1)公司名称;(2)公司成立日期;(3)公司注册资本;(4)股东的姓名或者名称、缴纳的出资额和出资日期;(5)出资证明书的编号和核发日期。出资证明书应加盖公司公章。

三、有限责任公司的组织机构

有限责任公司的组织机构,主要由以下三部分组成,股东会、董事会、监事会。公司严密的组织机构体现了公司权利机关和公司事务执行机关及公司监督机关之间既独立行使职权,又相互制约,密切制衡的关系。

(一)股东会

1.股东

股东是有限责任公司的认缴出资人。股东依其法律地位,享有股权。并依法享有股东权利和承担股东义务。

(1)股东的权利

①表决权。股东有权出席股东会会议,并按照出资比例享有表决权。

②选举和被选举权。股东有权选举董事会(董事)、监事会(监事),并有权被选举为董事或监事。

③利益分配权。股东按照出资比例享有公司盈余,分取红利。

④监督权。股东有权监督公司的经营管理活动,有权了解公司的经营状况。股东有权查阅、复制公司章程、股东会会议记录、董事会会议决议、监事会会议决议和财务会计报告。

⑤优先购买权。股东对公司新增资本享有优先购买权。股东对转让的出资,在同等条件下享有优先购买权。

⑥转让出资权。股东可部分或全部转让出资,但转让出资要符合法律规定。

⑦剩余财产分配权。在公司清算后,仍有剩余财产时,按股东出资比例进行分配。

⑧诉讼权。董事、高级管理人员违反法律、行政法规或者公司章程的规定,损害股东利益的,股东可以向人民法院提起诉讼。

⑨公司章程规定的其他权利。

(2)股东的义务

①缴纳出资。股东应当按期足额缴纳公司章程中规定的各自所认缴的出资额。如果公司不能成立,出资人应对设立费用和所生债务,承担连带责任。

②出资填补义务。有限责任公司成立后,发现作为设立公司出资的非货币财产的实际价额显著低于公司章程所定价额的,应当由交付该出资的股东补足其差额;公司设立时的其他股东承担连带责任。

③不得抽逃出资。股东出资形成公司资本,一经登记即成为公司财产,公司对公司的财产享有所有权。因此,股东在公司成立后,不得抽逃出资。

④遵守公司章程。

2.股东会职权

股东会是由公司全体股东组成的公司权力机构,它行使下列职权:

(1)决定公司的经营方针和投资计划;

(2)选举和更换非由职工代表担任的董事、监事,决定有关董事、监事的报酬事项;

(3)审议批准董事会的报告;

(4)审议批准监事会或者监事的报告;

(5)审议批准公司的年度财务预算方案、决算方案;

(6)审议批准公司的利润分配方案和弥补亏损方案;

(7)对公司增加或者减少注册资本作出决议;

(8)对发行公司债券作出决议;

(9)对公司合并、分立、解散、清算或者变更公司形式作出决议;

(10)修改公司章程;

(11)公司章程规定的其他职权。

3.股东会召集

股东会会议分为定期会议和临时会议。定期会议可按照公司章程规定按时召开。临时会议是因公司特殊情况,需要在公司章程规定的定期会议之外召开临时股东会。临时会议的召开一般要由1/10以上表决权的股东,1/3以上董事,监事会或者不设监事会的公司的监事提议,应当召开临时会议。

有限责任公司设立有董事会的,股东会会议由董事会召集,董事长主持。董事长不能履行职务或者不履行职务的,由副董事长主持;副董事长不能履行职务或者不履行职务的,由半数以上董事共同推举一名董事主持。董事会或者执行董事不能履行或者不履行召集股东会会议职责的,由监事会或者不设监事会的公司的监事召集和主持;监事会或者监事不召集和主持的,代表十分之一以上表决权的股东可以自行召集和主持。

但是股东会的首次会议要由出资最多的股东召集和主持。

召开股东会会议,应于会议召开前15日通知所有股东。公司章程另有规定或者全体股东另有约定的除外。

4.股东会议事规则

股东会的议事方式和表决程序由公司章程规定。股东按照出资比例行使表决权;但是,公司章程另有规定的除外。股东会的一般决议要由1/2以上表决权的股东通过。但股东会对修改公司章程、公司增加或减少注册资本,公司合并、分立、解散或者变更公司形式作出决议,必须经2/3以上表决权的股东通过。

对股东会职权所列事项股东以书面形式一致表示同意的,可以不召开股东会会议,直接作出决定,并由全体股东在决定文件上签名、盖章。

股东会应当对所议事项的决定作成会议记录,出席会议的股东应当在会议记录上签名。会议记录是股东行使权利,决定公司重大事项的法律文件。对公司和股东都有法律约束力。

(二)董事会及经理

1.董事会组成

董事会是公司法定的经营决策和业务执行机构,其成员为3~13人。董事由股东会选举和更换。董事应为自然人。董事可以是股东也可是非股东,法律对此并无限制。两个以上的国有企业或者两个以上的其他国有投资主体投资设立的有限责任公司,其董事会成员中应当有公司职工代表。董事会中的职工代表由公司职工民主选举产生。董事任期由公司章程规定,但每届任期不得超过三年,如任期届满,连选可以连任。

董事会设董事长一人,可以设副董事长。董事长和副董事长的产生办法由公司章程规定。可以由出资最高者担任,可以由股东会直接选举,也可以由董事会推举产生。有限责任公司股东人数较少或者规模较小的,可不设立董事会,仅设一名执行董事。董事长、执行董事或者经理为公司法定代表人,由公司章程规定,并依法登记。

2.董事会职权

董事会对股东会负责,依法行使下列职权:

（1）召集股东会会议，并向股东会报告工作；
（2）执行股东会的决议；
（3）决定公司的经营计划和投资方案；
（4）制订公司的年度财务预算方案，决算方案；
（5）制订公司的利润分配方案和弥补亏损方案；
（6）制订公司增加或者减少注册资本以及发行公司债券的方案；
（7）拟订公司合并、分立、解散或者变更公司形式的方案；
（8）决定公司内部管理机构的设置；
（9）决定聘任或者解聘公司经理及其报酬事项，并根据经理的提名决定聘任或者解聘公司副经理、财务负责人及其报酬事项；
（10）制定公司的基本管理制度；
（11）公司章程规定的其他职权。

3. 董事会会议

董事会会议由董事长召集和主持。董事长不能履行职务或者不履行职务的，由副董事长召集和主持；副董事长不能履行职务或者不履行职务的，由半数以上董事共同推举一名董事召集和主持。董事会的议事方式和表决程序由公司章程规定。董事会决议的表决，实行一人一票。董事会对所作决议作成会议记录，出席会议的董事应在会议记录上签名。董事以在董事会会议记录上的签名，承担法律责任。

4. 经理

经理是负责公司日常经营管理工作的公司高级管理人员。有限责任公司的经理由董事会聘任或解聘，并对董事会负责。经理依法行使职权，并可列席董事会会议。不设董事会的有限责任公司，执行董事可以兼任公司经理。经理行使下列职权：
（1）主持公司的生产经营管理工作，组织实施董事会决议；
（2）组织实施公司年度经营计划和投资方案；
（3）拟订公司内部管理机构设置方案；
（4）拟订公司的基本管理制度；
（5）制定公司的具体规章；
（6）提请聘任或者解聘公司副经理，财务负责人；
（7）决定聘任或者解聘除应由董事会决定聘任或者解聘以外的负责管理人员；
（8）董事会授予的其他职权。
公司章程对经理职权另有规定的，从其规定。

（三）监事会

1. 监事会组成

监事会或监事是公司必备的监督公司行为和公司财务的常设机构。有限责任公司，设立监事会，其成员不得少于3人。有限责任公司，股东人数较少或者规模较小的，可设1至2名监事，不设立监事会。

监事会应当包括股东代表和适当比例的公司职工代表，其中职工代表的比例不得低于三分之一，具体比例由公司章程规定。监事会中股东代表由股东会选举产生，职工代表由公司职工通过职工代表大会、职工大会或者其他形式民主选举产生。

监事会设主席一人，由全体监事过半数选举产生。监事会主席召集和主持监事会会议；监事会主席不能履行职务或者不履行职务的，由半数以上监事共同推举一名监事召集和主持监事会会议。

董事、高级管理人员不得兼任监事。监事的任期每届为三年，监事任期届满，连选可以连任。

2. 监事会的职权

监事会依法对公司进行监督。监事会或监事行使下列职权：

（1）检查公司财务；

（2）对董事、高级管理人员执行公司职务的行为进行监督，对违反法律、行政法规、公司章程或者股东会决议的董事、高级管理人员提出罢免的建议；

（3）当董事、高级管理人员的行为损害公司的利益时，要求董事、高级管理人员予以纠正；

（4）提议召开临时股东会会议，在董事会不履行公司法规定的召集和主持股东会会议职责时召集和主持股东会会议；

（5）向股东会会议提出提案；

（6）依法对董事、高级管理人员提起诉讼；

（7）公司章程规定的其他职权。

此外，监事可以列席董事会会议，并对董事会决议事项提出质询或者建议。监事会、不设监事会的公司监事发现公司经营情况异常，可以进行调查；必要时，可以聘请会计师事务所等协助其工作，费用由公司承担。

3. 监事会会议

监事会每年度至少召开一次会议，监事可以提议召开临时监事会会议。

监事会的议事方式和表决程序，除公司法有规定的外，由公司章程规定。

监事会决议应当经半数以上监事通过。监事会应当对所议事项的决定作成会议记录，出席会议的监事应当在会议记录上签名。

四、一人有限责任公司

一人有限责任公司，是指只有一个自然人股东或者一个法人股东的有限责任公司。

一人有限责任公司应当在公司登记中注明自然人独资或者法人独资，并在公司营业执照中载明。一个自然人只能投资设立一个一人有限责任公司。该一人有限责任公司不能投资设立新的一人有限责任公司。

一人有限责任公司章程由股东制定。一人有限责任公司不设股东会。股东作出重大决定时，应当采用书面形式，并由股东签字后置备于公司。一人有限责任公司应当在每一会计年度终了时编制财务会计报告，并经会计师事务所审计。

一人有限责任公司的股东不能证明公司财产独立于股东自己财产的，应当对公司债务承担连带责任。

五、国有独资公司

(一)国有独资公司的概念

国有独资公司,是指国家单独出资、由国务院或者地方人民政府授权本级人民政府国有资产监督管理机构履行出资人职责的有限责任公司。

国有独资公司投资主体单一。国务院确定的生产特殊产品的公司或者属于特定行业的公司,如涉及国家安全、国防尖端技术的企业,稀有金属开采企业、国家垄断专营的行业等,应采用国有独资公司形式。

(二)国有独资公司的组织机构

国有独资公司作为有限责任公司的特殊形式,在组织机构上与有限责任公司有着重大区别,表现在以下几个方面:

1. 国有独资公司不设股东会。

由国有资产监督管理机构行使股东会职权。国有资产监督管理机构可以授权公司董事会行使股东会的部分职权,决定公司的重大事项,但公司的合并、分立、解散、增减注册资本和发行公司债券,必须由国有资产监督管理机构决定。

2. 国有独资公司设董事会。

国有独资公司设立董事会。董事每届任期不得超过三年。董事会成员中应当有公司职工代表。董事会成员由国有资产监督管理机构委派;但是,董事会成员中的职工代表由公司职工代表大会选举产生。董事会设董事长一人,可以设副董事长。董事长、副董事长由国有资产监督管理机构从董事会成员中指定。

国有独资公司设经理,由董事会聘任或者解聘。经国有资产监督管理机构同意,董事会成员可以兼任经理。

国有独资公司的董事长、副董事长、董事、高级管理人员,未经国有资产监督管理机构同意,不得在其他有限责任公司、股份有限公司或者其他经济组织兼职。

3. 国有独资公司设监事会。

国有独资公司监事会成员不得少于五人,其中职工代表的比例不得低于三分之一,具体比例由公司章程规定。监事会成员由国有资产监督管理机构委派;但是,监事会中的职工代表由公司职工代表大会选举产生。监事会主席由国有资产监督管理机构从监事会成员中指定。

六、有限责任公司的股权转让

(一)股权的一般转让

有限责任公司经登记成立后,股东不得抽回出资。

1. 对内转让:有限责任公司的股东之间可以相互转让其全部或部分股权。
2. 对外转让:股东向股东以外的人转让股权时,应当经其他股东过半数同意,书面征求意见,其他股东自接到书面通知之日起满30日未答复的,视为同意转让。其他股东半数以上不同意转让的,不同意的股东应当购买转让的股权;不购买的,视为同意转让。经股东同意转让的股权,在同等条件下,其他股东有优先购买权。

3. 自治优先:公司章程对股权转让另有规定的,从其规定。

(二)股权的强制转让

法院强制执行生效的法律文书时,依法拍卖、变卖或以其他方式转让有限责任公司股东的股权。法院应通知其他股东,在同等条件下有优先购买权,接到通知之日起20日内不行使的,视为放弃优先购买权。转让股权后,公司应当注销原股东的出资证明书,向新股东签发证明书,并修改公司章程和股东名册中有关股东及出资额的记载。此时对公司章程的修改不需再由股东会表决。

(三)股份继承

自然人股东死亡后,其合法继承人可以继承股东资格;但是,公司章程另有规定的除外。

任务3 股份有限公司

一、股份有限公司的概念和特征

股份有限公司是指其全部资本分为等额股份,股东以其认购的股份为限对公司承担责任。公司以其全部资产对公司的债务承担责任的公司。

股份有限公司的特征主要有:

(一)股份有限公司的全部资本分为等额股份,这是与有限责任公司的主要区别之一。

(二)股东以其认购的股份为限对公司承担有限责任。公司以其全部资产对其债务承担有限责任。

(三)股份有限公司的股本较大,资金雄厚。股东人数较多,且没有上限的限制。

(四)公司可以发行股票。股份有限公司的股份依法可以自由转让,公司可以在社会上迅速筹募资金。

股份有限公司具有资金庞大,组织机构严密,能广泛地吸收社会资金的优势,对经济的发展具有一定的影响力。由于它设立程序复杂,股东人数众多,较广泛适用于大中型企业。

二、股份有限公司的设立

(一)股份有限公司设立条件

设立股份有限公司应当具备下列条件:

1. 发起人符合法定人数

(1)发起人性质。发起人是设立中的公司的一个机关。股份有限公司发起人承担公司筹办事务。发起人应当签订发起人协议,明确各自在公司设立过程中的权利和义务。如果公司不能成立,发起人对设立行为所产生的债务和费用负连带责任;对认股人已缴纳的股款,负返还股款并加算银行同期存款利息的连带责任。在公司设立过程中,由于发起人的过失致使公司利益受到损害的,应当对公司承担赔偿责任。

(2)发起人人数。设立股份有限公司,应当有二人以上二百人以下为发起人,其中须有半数以上的发起人在中国境内有住所。

2. 有符合公司章程规定的全体发起人认购的股本总额或者募集的实收股本总额

股份有限公司采取发起设立方式设立的,注册资本为在公司登记机关登记的全体发起人认购的股本总额。在发起人认购的股份缴足前,不得向他人募集股份。

股份有限公司采取募集方式设立的,注册资本为在公司登记机关登记的实收股本总额。

法律、行政法规以及国务院决定对股份有限公司注册资本实缴、注册资本最低限额另有规定的,从其规定。

发起人的出资方式同有限责任公司股东的出资方式。

3. 股份发行、筹办事项符合法律规定

股份发行、筹办事项要符合《公司法》、《证券法》的规定。

4. 发起人制订公司章程,采用募集方式设立的经创立大会通过;

股份有限公司的章程应该规定如下内容:第一,公司名称和住所;第二,公司经营范围;第三,公司设立方式;第四,公司股份总数,每股金额和注册资本;第五,发起人的姓名或者名称、认购的股份数、出资方式和出资时间;第六,董事会的组成、职权和议事规则;第七,公司法定代表人;第八,监事会的组成、职权和议事规则;第九,公司利润分配办法;第十,公司的解散事由与清算办法;第十一,公司的通知和公告办法;第十二,股东大会会议认为需要规定的其他事项。

5. 有公司名称,建立符合股份有限公司要求的组织机构

公司名称必须符合法律规定,其名称中必须标明"股份有限公司"字样。有符合《公司法》规定的股东大会、董事会、监事会。

6. 有公司住所

(二)股份有限公司的设立方式、程序

股份有限公司的设立方式分发起设立和募集设立两种。

1. 发起设立股份有限公司的程序

发起设立是指由发起人认购公司应发行的全部股份而设立的公司。发起设立股份有限公司必须经过以下程序:

(1)制定公司章程。公司章程由全体发起人制定,采取书面形式。

(2)法律、行政法规规定设立公司必须报经批准的,应当在公司登记前依法办理批准手续。公司经营范围中有法律、法规规定必须报经审批的项目的,必须在设立前依法报经批准。在报经批准前,发起人指定的代表或委托的代理人应向公司登记机关办理公司名称预先核准。

(3)发起人应当书面认足公司章程规定其认购的股份,并按公司章程规定缴纳出资。以非货币出资的进行评估,还应当依法办理其财产权的转移手续。

(4)建立公司组织机构。发起人认足公司章程规定的出资后,选举董事会和监事会。

(5)申请设立登记。由董事会向公司登记机关报送公司章程以及法律、行政法规规定的其他文件,申请设立登记。

(6)公示。公司登记机关应当将股份有限公司登记信息向社会公示。

2.募集设立股份有限公司的程序

募集设立是指由发起人认购公司应发行股份的一部分,其余部分向社会公开募集而设立的公司。募集设立股份有限公司必须经过下列程序:

(1)制定公司章程。公司章程由全体发起人制定。

(2)法律、行政法规规定设立公司必须报经批准的,应当在公司登记前依法办理批准手续。

(3)发起人认购股份。按公司法规定,发起人认购的股份不得少于公司股份总数的35%。

(4)公开募集股份。发起人向社会公开募集股份,必须公告招股说明书,制作认股书。招股说明书应当附有发起人制订的公司章程,并载明下列事项:第一,发起人认购的股份数;第二,每股的票面金额和发行价格;第三,无记名股票的发行总数;第四,募集资金的用途;第五,认股人的权利、义务;第六,本次募股的起止期限及逾期未募足时认股人可以撤回所认股份的说明。

公开募集的股份应由证券公司承销,由银行代收股款。

(5)缴纳股款。认股人按照所认购股数缴纳股款。发行股份的股款缴足后,必须经依法设立的验资机构验资并出具证明。

(6)召开创立大会。发起人应当自股款缴足之日起30日内主持召开公司创立大会。创立大会由发起人、认股人组成。发起人应当在创立大会召开十五日前,将会议日期通知各认股人或者予以公告。创立大会应有代表股份总数过半数的发起人、认股人出席,方可举行。

创立大会行使下列职权:第一,审议发起人关于公司筹办情况的报告;第二,通过公司章程;第三,选举董事会成员;第四,选举监事会成员;第五,对公司的设立费用进行审核;第六,对发起人用于抵作股款的财产的作价进行审核;第七,发生不可抗力或者经营条件发生重大变化直接影响公司设立的,可以作出不设立公司的决议。

创立大会对上述所列事项作出决议,必须经出席会议的认股人所持表决权过半数通过。

(7)申请设立登记。董事会应于创立大会结束后三十日内,向公司登记机关报送申请文件,申请设立登记。

(8)公示。公司登记机关应当将股份有限公司登记信息向社会公示。

三、股份有限公司的组织机构

(一)股东大会

1.股东大会性质。

股东大会是由全体股东组成,是公司的权力机构。

2.股东大会种类。

股东大会分为股东年会和临时股东会。股东大会应当每年召开一次年会,在下列情况下可以在二个月内召开临时股东大会:

(1)董事人数不足公司法规定的5人或公司章程所定人数的2/3时;

(2)公司未弥补的亏损达实收股本总额1/3时;

(3)单独或者合计持有公司10%以上股份的股东请求时;

(4)董事会认为必要时;
(5)监事会提议召开时;
(6)公司章程规定的其他情形。
3. 股东大会的职权。
股份有限公司的股东大会与有限责任公司的股东会的职权基本一致。
4. 股东大会决议。

股东大会由董事会召集,董事长主持。董事长不能履行职务或者不履行职务的,由副董事长主持;副董事长不能履行职务或者不履行职务的,由半数以上董事共同推举一名董事主持。董事会不能履行或者不履行召集股东大会会议职责的,监事会应当及时召集和主持;监事会不召集和主持的,连续九十日以上单独或者合计持有公司百分之十以上股份的股东可以自行召集和主持。

股东有权出席股东大会,所持每一股份有一表决权。股东也可派代理人出席。召开股东大会会议,应当将会议召开的时间、地点和审议的事项于会议召开二十日前通知各股东;临时股东大会应当于会议召开十五日前通知各股东;发行无记名股票的,应当于会议召开三十日前公告会议召开的时间、地点和审议事项。无记名股票持有人出席股东大会的,应当于会议召开五日以前至股东大会闭会时止,将股票交存于公司。

股东大会分为普通决议和特别决议。股东大会作出普通决议时,必须经出席会议的股东所持表决权的过半数通过。股东大会对特别决议事项:公司合并、分立或者解散,修改公司章程,必须经出席会议的股东所持表决权的2/3以上通过才有效。

股东大会选举董事、监事,可以根据公司章程的规定或者股东大会的决议,实行累积投票制。股东大会应当对所议事项的决定作成会议记录,由出席会议的董事签名。会议记录应当与出席会议股东的签名册及代理出席的委托书一并保存。

(二)董事会和经理

1. 董事会

(1)董事。董事由股东大会选举产生。但对于首届董事,《公司法》规定如公司采取发起设立,由发起人选任;如公司采取募集设立,由创立大会选任。董事对董事会的决议承担责任。董事会的决议违反法律、行政法规或者公司章程、股东大会决议致使公司遭受严重损失的,参与决议的董事对公司负赔偿责任。但经证明在表决时曾表明异议并记载于会议记录的,该董事可以免除责任。

(2)董事会组成和职权。股份有限公司必须设立董事会。董事会对股东大会负责。董事会成员由5至19人组成。董事会设董事长1人,可以设副董事长。董事长和副董事长由董事会以全体董事的过半数选举产生。

股份有限公司董事会职权同有限责任公司董事会职权。

(3)董事会会议。董事会每年度至少召开2次会议。每次会议应当于会议召开十日以前通知全体董事。董事会会议应由1/2以上董事出席方可举行。董事会作出决议,必须经全体董事的过半数通过。

董事会临时会议:

代表十分之一以上表决权的股东;三分之一以上董事或者监事会,可以提议召开董事会临时会议。董事长应当自接到提议后十日内,召集和主持董事会会议。董事会召开临时会议,可以另定召集董事会的通知方式和通知时限。

董事会应当对会议所议事项的决定作成会议记录,出席会议的董事应当在会议记录上签名。

2. 经理

股份有限公司设经理。公司经理由董事会聘任或者解聘,对董事会负责。股份有限公司经理职权同有限责任公司经理。经理主持公司日常经营管理工作并可列席董事会会议。

(三) 监事会

股份有限公司设监事会,其成员不得少于3人。在监事会中设监事会主席一人,可以设副主席。监事会主席和副主席由全体监事过半数选举产生。监事会应当包括由股东代表和适当比例的公司职工代表组成,其中职工代表的比例不得低于三分之一,具体比例由公司章程规定。监事会中的职工代表由公司职工民主选举产生。董事、高级管理人员不得兼任监事。

股份有限公司监事会职权同有限责任公司监事会职权。监事会每六个月至少召开一次会议。

(四) 上市公司组织机构的特别规定

1. 重大事项特别决议

上市公司在1年内购买、出售重大资产或者担保金额超过公司资产总额30%的,应当由股东大会作出决议,并经出席会议的股东所持表决权的2/3以上通过。

2. 设立独立董事制

独立董事,指不在公司担任除董事以外的职务,并与其受聘的上市公司及其主要股东不存在可能妨碍其进行独立客观判断的关系的董事。其职责主要是对上市公司董事、高级管理人员及其与公司进行的关联交易等进行监督管理,维护公司整体利益尤其是关注中小股东的合法权益不受损害。

3. 设立董事会秘书

董事会秘书属于高级管理人员,负责股东大会和董事会会议的筹备、文件保管以及公司股东资料的管理,办理信息披露事务等事宜。

4. 关联董事表决回避

上市公司董事与董事会决议事项所涉及企业有关联关系的,不得对该决议行使表决权。该董事会会议由过半数的无关联关系董事出席即可举行,董事会会议所作决议须经无关联关系董事过半数通过。出席董事会的无关联关系董事人数不足3人的,应将该事项提交上市公司股东大会审议。

(五) 公司董事、监事、高级管理人员的资格和义务

1. 有下列情形之一的,不得担任公司的董事、监事、高级管理人员。

(1) 无民事行为能力人或者限制民事行为能力人;

(2) 因犯有贪污、贿赂、侵占财产、挪用财产罪或者破坏社会主义市场经济秩序,被判处刑罚,执行期满未逾五年,或者因犯罪被剥夺政治权利,执行期满未逾五年;

（3）担任破产清算的公司、企业的董事或者厂长、经理，对该公司、企业的破产负有个人责任的，自该公司、企业破产清算完结之日起未逾三年；

（4）担任因违法被吊销营业执照、责令关闭的公司、企业的法定代表人，并负有个人责任的，自该公司、企业被吊销营业执照之日起未逾三年；

（5）个人所负数额较大的债务到期未清偿。

公司违反规定选举、委派董事、监事或者聘任高级管理人员的，该选举、委派或者聘任无效。董事、监事、高级管理人员在任职期间出现上述情形的，公司应当解除其职务。

2. 董事、监事、高级管理人员应当遵守法律、行政法规和公司章程，对公司负有忠实义务和勤勉义务。董事、监事、高级管理人员不得利用职权收受贿赂或者其他非法收入，不得侵占公司的财产。

3. 董事、高级管理人员不得有下列行为：

（1）挪用公司资金；

（2）将公司资金以其个人名义或者以其他个人名义开立账户存储；

（3）违反公司章程的规定，未经股东会、股东大会或者董事会同意，将公司资金借贷给他人或者以公司财产为他人提供担保；

（4）违反公司章程的规定或者未经股东会、股东大会同意，与本公司订立合同或者进行交易；

（5）未经股东会或者股东大会同意，利用职务便利为自己或者他人谋取属于公司的商业机会，自营或者为他人经营与所任职公司同类的业务；

（6）接受他人与公司交易的佣金归为己有；

（7）擅自披露公司秘密；

（8）违反对公司忠实义务的其他行为。

如董事、高级管理人员违反规定所得的收入，应当归公司所有。

4. 董事、监事、高级管理人员执行公司职务时，违反法律、行政法规或者公司章程的规定，给公司造成损害的，应当承担赔偿责任。

5. 股东会或者股东大会要求董事、监事、高级管理人员列席会议的，董事、监事、高级管理人员应当列席并接受股东的质询。

6. 董事会（或执行董事）、监事会（或监事）、股东对违法的董事、高级管理人员可以向人民法院提起诉讼。

四、股份有限公司的股份发行和转让

（一）股份和股票

1. 股份的概念

股份是股份有限公司资本的基本计量单位。股份具有如下基本特征：

（1）股份有限公司的资本划分为等额股份，每一股金额相等。

（2）股份有限公司的股份可以自由转让。

（3）股份有限公司的股份每一股代表的权利、义务一律平等。

（4）股份有限公司的股份采取股票这种有价证券的形式。

2. 股票的概念和种类

(1)股票的概念。股票是股份有限公司股份的表现形式。股票是公司签发的证明股东所持股份的凭证。股票具有证券性、流通性、要式性、非设权性等特征。股票采用纸面形式或者国务院证券管理部门规定的其他形式。股票应当载明：公司名称；公司登记成立的日期；股票种类、票面金额及代表的股份数；股票的编号。股票由董事长签名、公司盖章。发起人所持股票应表明"发起人"股票字样。我国上市公司在证券交易所交易的股票采用的是无纸化股票。

(2)股票的种类。根据不同的标准，可以将股票作多种分类：①根据股票持有人有无表决权，将股票分为有表决权股和无表决权股。②根据股票上是否记载股东姓名，将股票分为记名股和无记名股。③根据股票上是否表明票面金额，将股票分为额面股和无额面股。④根据持股主体不同，可将股票分为国家股、法人股和个人股等多种形式。⑤根据股票所代表的股东权利不同，将股票分为普通股和优先股。⑥根据股票交易的对象和手段的不同，将股票分为A股和B股。

(二)股份发行

1. 股份发行的概念和原则

股份发行是股份有限公司为筹措资金，依法发售自己股份的行为。我国公司法规定，股份的发行，实行公平、公正的原则，必须同股同权，同股同利。同次发行的股票，每股的发行条件和发行价格应当相同。任何单位或者个人所认购的股份，每股应当支付相同价额。

2. 股份发行的价格和方式

(1)股票发行价格。股票发行价格可以按票面金额发行，称为平价发行。也可以超过票面金额发行，称为溢价发行。但不得低于票面金额发行。以超过票面金额为股票发行价格的，将溢价款列入公司资本公积金。

(2)股票发行方式。股票发行分为设立发行和新股发行。为设立股份有限公司筹集公司资本而发行的股份称为设立发行。在股份有限公司登记成立后，即向股东正式交付股票。公司为增加资本而发行的股份称为新股发行，新股发行可以向社会公开募集，也可以向原股东配售。公司发行的股票，可以为记名股票，也可以为无记名股票。公司向发起人、法人发行的股票，应当为记名股票，并应记载该发起人、法人的名称或姓名。

3. 股份发行的条件

股份有限公司发行股份应符合《公司法》、《证券法》的规定。

公司公开发行新股，应当符合下列条件：

(1)具备健全且运行良好的组织机构；

(2)具有持续盈利能力，财务状况良好；

(3)最近三年财务会计文件无虚假记载，无其他重大违法行为；

(4)经国务院批准的国务院证券监督管理机构规定的其他条件。

上市公司非公开发行新股，应当符合经国务院批准的国务院证券监督管理机构规定的条件。

公司公开发行新股，应当向国务院证券监督管理机构报送募股申请和下列文件：

(1)公司营业执照；

(2)公司章程;

(3)股东大会决议;

(4)招股说明书;

(5)财务会计报告;

(6)代收股款银行的名称及地址;

(7)承销机构名称及有关的协议。

依照本法规定聘请保荐人的,还应当报送保荐人出具的发行保荐书。

(三)股份转让

1.股份转让的概念

股份转让是股东将所持股份依法让与受让人,从而失去股东资格,受让人取得股东资格的法律行为。公司股份依法可以自由转让,这是股份有限公司的重要特征之一。它保证了资本投资收益最大化,实现了公司资本不变。公司股份的转让是通过股票转让来实现的。由于股票市场受诸多因素影响,为保障股票转让的安全性,保障公司及股东利益和社会利益,《公司法》对股份转让做了严格的规定。

2.我国公司法对股份转让的限制

(1)股东依法转让其股份,必须在设立的证券交易所进行。

(2)无记名股票的转让,以股票交付给受让人即发生转让效力。

(3)记名股票以背书方式转让,并将受让人的姓名或名称及住所载于股东名册后发生转让的效力。股东大会召开前二十日内或者公司决定分配股利的基准日前五日内,不得进行上述规定的股东名册的变更登记。

(4)发起人持有的本公司股份,自公司成立之日起一年内不得转让;公司公开发行股份前已发行的股份,自公司股票在证券交易所上市交易之日起一年内不得转让。

(5)公司董事、监事、高级管理人员应当向公司申报所持有的本公司的股份及其变动情况,在任职期间每年转让的股份不得超过其所持有本公司股份总数的百分之二十五;所持本公司股份自公司股票上市交易之日起一年内不得转让。上述人员离职后半年内,不得转让其所持有的本公司股份。公司章程可以对公司董事、监事、高级管理人员转让其所持有的本公司股份作出其他限制性规定。

(6)上市公司董事、监事、高级管理人员、持有上市公司股份百分之五以上的股东,将其持有的该公司的股票在买入后六个月内卖出,或者在卖出后六个月内又买入,由此所得收益归该公司所有,公司董事会应当收回其所得收益。

(7)公司不得收购本公司股份。但是,有下列情形之一的除外:

第一,减少公司注册资本;

第二,与持有本公司股份的其他公司合并;

第三,将股份奖励给本公司职工;

第四,股东因对股东大会作出的公司合并、分立决议持异议,要求公司收购其股份的。

(8)公司不得接受本公司的股票作为质押权的标的。

五、上市公司

上市公司是指公司发行的股票在证券交易所上市交易的股份有限公司。

(一)股票上市的条件

股份有限公司申请股票上市,应当符合下列条件:

1. 股票经国务院证券监督管理机构核准已公开发行;
2. 公司股本总额不少于人民币3000万元;
3. 公开发行的股份达到公司股份总数的百分之25%以上;公司股本总额超过人民币4亿元的,公开发行股份的比例为10%以上;
4. 公司最近3年无重大违法行为,财务会计报告无虚假记载。

证券交易所可以规定高于前款规定的上市条件,并报国务院证券监督管理机构批准。

(二)股票上市程序

1. 股票上市申请

股份有限公司申请其股票上市,应向证券交易所提出股票上市注册申请,并提交下列文件:(1)上市报告书;(2)申请上市的股东大会决议;(3)公司章程;(4)公司营业执照;(5)经法定验证机构验证的公司最近3年的或者公司成立以来的财务会计报告;(6)法律意见书和上市保荐书;(7)最近一次的招股说明书;(8)证券交易所上市规则规定的其他文件。

2. 证券交易所依法审核同意

由证券交易所依法审核同意,并由双方签订上市协议。

3. 公告

股票上市交易申请经证券交易所同意后,应当在规定的期限内公告股票上市的有关文件,并将该文件置备于指定场所供公众查阅。

(三)上市公司信息披露

为维护股东权益,维护社会公共利益,上市公司应定期公开其财务状况和经营情况。《证券法》规定上市公司对下列事项进行公告。

1. 招股说明书。
2. 财务会计报告。

(1)上市公司应当在每一会计年度的上半年结束之日起2个月内,向国务院证券监督管理机构和证券交易所提交中期报告,并予以公告。

(2)上市公司应当在每一会计年度结束之日起4个月内,向国务院证券监督管理机构和证券交易所提交年度报告,并予公告。

(3)发生可能对上市公司股票交易价格产生较大影响、而投资者尚未得知的重大事件时,上市公司应立即将有关该重大事件向国务院证券监督管理机构和证券交易所提交临时报告,并予以公告。

(四)上市暂停和上市终止

1. 上市暂停

上市暂停由证券交易所依法对上市的股票,决定暂停挂牌交易。上市公司有下列情形

之一的,由证券交易所决定暂时停止其股票上市:
(1)公司股本总额、股权分布等发生变化不再具备上市条件;
(2)公司不按照规定公开其财务状况,或者对财务会计报告作虚假记载,可能误导投资者;
(3)公司有重大违法行为;
(4)公司最近3年连续亏损;
(5)证券交易所上市规则规定的其他情形。
一旦上市暂停的原因消除,股票还可恢复上市。

2. 上市终止

上市终止是上市的股票失去了挂牌交易的资格。上市公司有下列情形之一的,由证券交易所决定终止其股票上市。
(1)公司股本总额、股权分布等发生变化不再具备上市条件,在证券交易所规定的期限内仍不能达到上市条件;
(2)公司不按照规定公开其财务状况,或者对财务会计报告作虚假记载,且拒绝纠正;
(3)公司最近3年连续亏损,在其后1个年度内未能恢复盈利;
(4)公司解散或者被宣告破产;
(5)证券交易所上市规则规定的其他情形。

任务4 公司债券

一、公司债券的概念和特征

公司在发展过程中,为筹措资金,拓展业务,可以采取多种筹资方式。如发行股票,发行公司债券或借贷等形式。发行公司债券是公司筹集资金的有效方式。

(一)公司债券

公司债券是指公司依照法定程序发行的,约定在一定期限还本付息的有价证券。公司通过发行公司证券的方式与不特定主体之间建立一种债权债务关系。公司债券具有以下特征:

1. 公司债券作为有价证券具有有价性。公司债券本身代表着一种债权。它按公司债券所载明的文意享有权利。

2. 公司债券是公司向不特定人发行的、约定在一定期限还本付息的的有价证券。

(二)公司债券与公司股票

公司债券与公司股票都是公司募集资金的方式,但二者在法律本质上具有明显区别。

1. 两者法律关系实质不同。公司债券反映的是债券持有人与公司的债权债务关系。股票反映的是股东与公司内部的权利义务关系。

2. 两者在主体地位上也不同。公司债券持有人享有债权,股票的拥有者享有的是股东权。

3. 利益和风险责任不同。公司债券与公司盈余无直接关系,债券到期即得到约定的本息。股票的收益与公司的盈亏密切相关,根据公司营利状况享有股息、分红。

二、公司债券的种类

我国公司法对公司债券作以下两种分类:

(一)记名债券和无记名债券

根据公司债券是否记载债权人的姓名,可将公司债券划分为记名公司债券和无记名公司债券。其中记载债权人姓名的为记名债券,未记载债权人姓名的为无记名债券。

公司发行的记名公司债券应在公司债券存根簿上载明下列事项:(1)持有人姓名或名称及住所;(2)债券编号及持有人取得债券的日期;(3)债券总额,票面金额,债券利率、还本付息的期限和方式;(4)债券的发行日期。

公司发行的无记名债券,只需在公司债券存根簿上载明债券总额,利率,偿还期限和方式,发行日期和债券编号即可。

(二)可转换公司债券和不可转换公司债券

根据公司债券能否转换为股票,将公司债券分为可转换公司债券和不可转换公司债券。可转换公司债券是指在公司债券发行时即已标明的可转换为公司股票的债券。但债券是否要转换为公司股票,由债券持有人自主选择。它的发行不仅要符合债券发行条件而且应当具备股票发行条件。不可转换公司债券是指不能转换为公司股票的公司债券。

三、公司债券的发行

(一)公司债券发行主体

我国公司法根据我国实际情况,规定股份有限公司、有限责任公司,为筹集生产经营资金,可依法发行公司债券。

(二)公司债券发行条件

我国证券法规定,发行公司债券必须符合下列条件:

1. 股份有限公司的净资产额不低于人民币3000万元,有限责任公司的净资产额不低于人民币6000万元;
2. 累计债券总额不超过公司净资产额的40%;
3. 最近3年平均可分配利润足以支付公司债券1年的利息;
4. 筹集的资金投向符合国家产业政策;
5. 债券的利率不得超过国务院限定的利率水平;
6. 国务院规定的其他条件。

发行公司债券筹集的资金,必须用于审批机关批准的用途,不得用于弥补亏损和非生产性支出。

(三)公司债券再发行的限制

1. 前一次发行的公司债券尚未募足

如果前一次发行的公司债券尚未售完,公司募集到的资金尚未达到公司债券标明的金额,公司不得再次发行债券,以防止公司债券泛滥,损害投资者利益。

2.对已发行的公司债券或者其债务有违约或者延迟支付本息的事实,且仍处于继续状态。此已说明,该公司经济效益不佳,资信状况不良,公司已出现危机。因此应禁止再次发行公司债券。

3.违反本法规定,改变公开发行公司债券所募资金的用途。

(四)公司债券发行的程序

1.股东会决议

发行公司债券,由董事会制订方案,股东会作出决议。国有独资公司发行公司债券,应由国家授权投资的机构或者国家授权的部门作出决定。

2.核准

国务院证券监督管理机构或者国务院授权的部门自受理证券发行申请文件之日起三个月内,依照法定条件和法定程序作出予以核准或者不予核准。

3.公告

公告公开发行募集文件,并将该文件置备于指定场所供公众查阅。

4.证券公司依法承销发行的公司债券

发行人和证券公司签订承销协议,由证券公司包销或代销。证券的代销、包销期限最长不得超过九十日。

5.缴纳购买公司债券款项

缴纳购买公司债券款项后,公司应发给公司债券。公司债券应载明公司名称、债券票面金额、利率、偿还期限等事项,并由董事长签名,公司盖章。

6.置备公司债券存根簿

公司要对不同种类的公司债券,按要求依法记载公司债券存根簿。

四、公司债券的转让

公司债券作为有价证券,具有流通性。为鼓励公众投资于债券,必须保证债券在偿还期限届满前能自由转让。投资者一方面可通过债券转让来实现融资,另一方面投资者也可通过债券转让来转移风险。我国公司法规定公司债券可以转让,但对转让地点,转让价格,转让效力作了规定。

1.转让公司债券必须在依法设立的证券交易所进行交易。

2.公司债券的转让价格,由转让人与受让人约定。即可高于债券票面金额,也可低于债券票面金额。

3.记名债券的转让,由债券持有人以背书方式或法律、法规规定的方式转让。并由公司将受让人的姓名或名称及住所记载于公司债券存根簿上,转让方才有效。

无记名债券的转让,由债券持有人在依法设立的证券交易所将债券交付给受让人后即发生转让的效力。

任务5 公司法的其他规定

一、公司财务会计

(一)公司财务会计制度

公司的财务会计制度是公司进行日常经营管理活动的必要工具,也是国家对公司经营活动进行宏观监督的主要形式。公司应当依照法律、行政法规和国务院财政主管部门的规定,建立公司的财务、会计制度。由于公司股票及公司债券在社会上公开发行,为规范公司运作,保护股东及债权人的合法权益,严格公司财务、会计制度尤其显得重要。

公司应当在每一会计年度终了时编制财务会计报告,并依法经会计师事务所审计。公司财务会计报告应内容正确、合法、真实、完整,如实反映公司生产经营活动。有限责任公司应当按照公司章程规定的期限将财务会计报告送交各股东。股份有限公司的财务会计报告应当在召开股东大会年会的二十日前置备于本公司,供股东查阅;公开发行股票的股份有限公司必须公告其财务会计报告。

(二)公司利润分配

公司利润是投资者所追求的目标。公司对利润的分配关系到职工利益、股东的利益、债权人的利益、公司的利益和国家的利益。因此,我国公司法对公司利润的分配明确规定,公司利润有三个方面的用途,提取公积金、弥补亏损、分配股利。

1. 公积金

设立公积金的目的在于预防公司亏损,弥补由于亏损所带来的损失,最大限度的保护债权人的利益,增强公司的竞争能力。

按公司公积金的来源不同,可将公积金分为资本公积金和盈余公积金。资本公积金来源于公司利润外的收益,它包括公司发行股票时的溢价款,公司接受外部的捐赠款,公司资产重估的增值。盈余公积金是公司以税后利润中提取的公积金。根据公积金的提取是否受到法律的强制,可将盈余公积金分为法定公积金和任意公积金。

公司分配当年税后利润时,应当提取税后利润的10%作为公司法定公积金。但公司的法定公积金累计额达公司注册资本50%以上的,可不再提取。公司在从税后利润中提取法定公积金后,经股东会决议,可以提取任意公积金。公司公积金主要用于弥补公司的亏损,扩大公司生产经营或转增公司资本。但法定公积金转为资本时,所留存的该项公积金不得少于转增前公司注册资本的25%。

2. 弥补亏损

公司的法定公积金不足以弥补上一年度公司亏损的,在提取法定公积金之前,应当先用当年利润弥补亏损。但是,资本公积金不得用于弥补公司的亏损。

3. 股利分配

股息和红利统称为股利。股息是公司根据股东拥有股份按一定比例从公司利润中支付给股东的投资收益。红利是公司在股息之外向股东分配公司利润。获得股利是公司股东投资的动力,也是股东的一项基本权利。公司在弥补亏损和提取公积金,法定公益金后所余利润成为可分配利润,有限责任公司按照股东的出资比例分配,股份有限公司按照股东持有的股份比例分配。

二、公司的合并、分立、解散与清算

(一)公司合并

1. 公司合并的概念和特征

公司合并是指两个或两个以上的公司通过签订合并协议,依据法律法规归并为一个公司的法律行为。它具有以下几个特征:

(1)公司合并是公司合并各方共同的法律行为。合并各方在相互协商,签订合并协议基础上才能实现公司合并。

(2)公司合并不取消股东资格。公司合并后,原公司的股东成为合并后新公司或存续公司的股东。

(3)公司合并必须依法进行。公司合并必须由公司股东会作出决议。股份有限公司合并必须经国务院授权的部门或省级人民政府批准。

(4)公司合并时,合并各方的债权、债务,由存续公司或者新公司承继。被合并的公司丧失主体资格。

2. 公司合并的形式

我国公司法规定公司合并可采取两种方式,吸收合并和新设合并。

(1)吸收合并。亦称存续合并,是指在公司合并中,一个公司吸收其他公司而成为存续公司的合并形式,即通常说的兼并。被吸收的公司解散,法人资格消失。

(2)新设合并。新设合并是指两个或两个以上的公司合并为一个新的公司的合并形式。原合并各方解散,法人资格消失。

3. 公司合并的步骤

公司合并应经股东会决议通过。合并各方签订合并协议。就有关合并事项在自愿、公平的基础上达成协议,并编制资产负债表及财产清单。

公司应当自作出合并决议之日起10日内通知债权人,并于30日内在报纸上公告。债权人自接到通知书之日起30日内,未接到通知书的自公告之日起45日内,可以要求公司清偿债务或者提供相应的担保。不清偿债务或不提供相应担保的,公司不得合并。

吸收合并的存续公司应到工商行政管理部门办理变更登记。新设合并的新设立公司应办理设立登记。

(二)公司分立

1. 公司分立的概念和特征

公司分立是指一个公司分成两个或两个以上公司的法律行为。公司分立具有以下特征:

(1)公司分立是一个公司分立成两个或两个以上公司的行为。分离出的公司也具有法人资格。

（2）公司分立是公司自身的行为。公司分立必须由股东大会的决议才有效。

（3）公司分立并不取消股东资格。公司分立后原公司股东成为存续公司或新设公司的股东。

（4）公司分立前的债务，按所达成的协议由分立后的公司承担。

2. 公司分立的形式

公司分立有两种形式，一种是存续分立，一种是解散分立。

（1）存续分立。是将公司一部分分出去成立一个新公司的分立形式。原公司仍存在，但须办理变更登记。分出的新公司必须符合设立条件，要进行设立登记。

（2）解散分立。是将一个公司分成两个或两个以上的新公司的分立形式。原公司解散并办理注销登记，新成立的公司必须符合设立条件并进行设立登记。

3. 公司分立的步骤

公司分立应经股东会决议通过。公司分立，原公司财产应作相应分割，编制资产负债表和财产清单，并告知债权人。告知债权人的期限与公司合并相同。不清偿债务或不提供相应担保的，公司不得分立。存续分立的存续公司进行变更登记，解散分立的新设公司进行设立登记。

（三）公司解散与清算

1. 公司解散

公司解散是指因公司章程规定或法定事由发生使公司法人资格消失的法律行为。我国公司法规定了自愿解散和强制解散。公司如出现下列情形之一的，可以自愿解散：

（1）公司章程规定的营业期限届满或者公司章程规定的其他解散事由出现；

（2）股东会或者股东大会决议解散；

（3）因公司合并或者分立需要解散；

公司因违反法律、行政法规依法被吊销营业执照、责令关闭或者被撤销；人民法院解散公司等应当强制解散。

公司解散后，公司的法人资格仍然存在，但公司的权利能力受到极大限制，不能以原法人资格对外进行经营活动，只能在清算范围内活动。公司解散后，公司要进行清算。

2. 公司清算

公司清算是公司宣告解散后，为终结公司法律关系，终止公司法人资格的法定程序。公司清算应依法组成清算组，对公司债权、债务、剩余财产进行分配。

（1）清算组

我国公司法规定公司清算机关为清算组。在公司清算期间由清算组代替公司机关进行清算活动。

凡公司因自愿解散的，我国公司法规定，应当在15日内成立清算组。有限责任公司的清算组由股东组成，股份有限公司的清算组由股东大会确定人选。超过15天不成立清算组进行清算的，债权人可以申请人民法院指定有关人员组成清算组，进行清算。

凡公司被强制解散的，由有关主管机关组织股东、有关机关及有关专业人员成立清算组，进行清算。

清算组在清算期间行使下列职权：

①清理公司财产，分别编制资产负债表和财产清单；
②通知或者公告债权人；
③处理与清算有关的公司未了结的业务；
④清缴所欠税款；
⑤清理债权、债务；
⑥处理公司清偿债务后的剩余财产；
⑦代表公司参与民事诉讼活动。

（2）清算程序

①通知债权人。清算组应当自成立之日起10日内通知债权人，60日内在报纸上公告。债权人应当自接到通知书之日起30天内，未接到通知书的自公告之日起45天内，向清算组申报债权，并说明债权的有关事项，并提供证明材料，清算组应进行债权登记。

②制定清算方案。清算组在清理公司财产，编制资产负债表和财产清单后，制定清算方案。清算方案应报股东（大）会或人民法院确认。

③清偿公司债务。公司财产能够清偿债务的，按下面顺序清偿：支付清算费用，职工工资，社会保险费用和法定补偿金，缴纳所欠税款，清偿公司债务。如公司财产不足清偿公司债务的，清算组应立即向人民法院申请宣告破产。

④剩余财产分配。有限责任公司按照股东的出资比例分配，股份有限公司按照股东持有的股份比例分配。

⑤制作清算报告。清算报告应报股东会或者人民法院确认。

⑥申请注销公司登记。公告公司终止。

小结

本项目主要介绍了《公司法》及与公司相关的法律规范。重点应掌握有限责任公司和股份有限公司的设立条件和设立程序以及组织机构，股份的发行和转让，公司债券的发行和交易等有关问题。

实务训练

一、案例分析示范

1. 案情介绍

某有限责任公司成立于2008年。公司曾于2015年10月20日召开董事会会议，所有董事一致同意在2015年12月18日召开临时股东会，对公司章程进行修改。2015年12月6日由董事长签名的通知发出。股东张某、股东李某于当日收到会议通知，并于12月18日参加了股东会。在股东会上，对公司章程修改的表决结果为，张某等代表6/11股权的6名股东赞成，李某等代表5/11股权的5名股东反对。最后董事长宣布，以少数服从多数通过公司章程修改。

2. 问题

（1）该有限责任公司能否召开临时股东会？

(2)该次召开的股东会会议是否合法?
(3)该次股东会的决议是否有效?

3. 法律评析

(1)《公司法》规定,1/3 以上的董事提议可以召开临时股东会。该公司于 10 月 20 日召开董事会,所有董事一致同意,因此可以召开临时股东会。

(2)董事长签发临时股东会通知,是经董事会同意的,合法的。但于 12 月 6 日发出通知,违反了《公司法》在会议召开之前 15 日通知全体股东的规定,因此该股东会的召开是不合法的。

(3)《公司法》规定,修改公司章程,必须经 2/3 以上表决权的股东通过才有效。6/11 的表决权未能达到法定的 2/3 表决权,该项决议无效。即使达到 2/3 以上的表决权,因该次会议的召开不合法,决议无效。

二、案例分析练习

某股份有限公司由国有企业改组以募集设立方式设立,成立后的公司总股本人民币 6000 万人民币。国有企业净资产折价入股 1800 万元,其余部分向社会公开发行,股本募足后经注册会计师验证并于 40 天后召开创立大会。创立大会选举董事会成员,董事长,监事会成员。后董事会召开股东大会,决定聘请董事长为本公司经理。

问:该公司成立过程中哪些方面不符合《公司法》的规定?

三、思考题

1. 有限责任公司设立的条件有哪些?
2. 股份有限公司设立的条件有哪些?
3. 有限责任公司股东会的职权有哪些?
4. 有限责任公司董事会的职权有哪些?
5. 有限责任公司监事会的职权有哪些?

项目四 合同法

❋ 案例导入

A公司给B公司发出订单购买电脑10台,有品牌和价格要求。B公司在回信中表示完全接受订单,但其又附了一张纸——这张纸记载了B公司提出的免责条款,A公司收到后,不予理睬。B公司到期就发货了。试问:A公司、B公司之间的合同是否成立?

❋ 任务引入

你了解如何订立合同吗?

任务1 合同法概述

一、合同的概念和特征

(一)合同的概念

合同,又称契约,是平等主体的自然人、法人、其他组织之间设立、变更、终止民事权利义务关系的协议。

由于合同法是财产流转关系的基本法律,以财产关系为调整对象,不涉及人身关系。故"婚姻、收养、监护等有关身份关系的协议,适用其他法律的规定"。

(二)合同的特征

1. 合同是当事人之间在自由平等基础上所达成的协议,当事人地位平等。
2. 合同是两个或两个以上当事人实施的双方或多方民事法律行为,是当事人意思表示一致的结果。

3. 合同以设立、变更、终止民事权利义务关系为目的。

4. 合同的主体具有特定性(特定的自然人、法人、其他组织),合同本身具有相对性(仅在订立合同的当事人之间产生法律效力,一般不涉及第三人)。

5. 合同须具有合法性、确定性和可履行性。

二、合同的分类

合同的分类是指依一定标准对合同所作的划分。对合同进行分类,可以使人们更清楚地了解各类合同的特征、成立要件、生效条件和法律意义等,有助于合同当事人依法订立和履行合同,也有助于合同立法的科学化、合同法的正确实施以及合同理论的完善。

(一)双务合同和单务合同

以合同双方当事人是否互负对等义务为标准,可以把合同分为双务合同和单务合同。双务合同是指双方当事人都享有权利和承担义务的合同。如买卖、租赁、承揽合同等。单务合同,是指仅有一方负担给付义务的合同,即当事人双方并不互相享有权利和负担义务,而主要由一方承担义务,另一方并不负有相对义务的合同。

双务合同与单务合同的区分意义在于:二者是否适用同时履行抗辩权不同、在风险的负担上不同、因一方过错所致合同不能履行的后果不同。

(二)有偿合同和无偿合同

根据当事人是否可以从合同中获取某种利益,可以分为有偿合同和无偿合同。有偿合同是指一方通过履行合同规定的义务而使对方取得某种利益,对方要得到该利益必须为此支付相应代价的合同。在实践中合同绝大多数都是有偿的,不过一方付出的代价与对方支付的代价在经济上价值上不一定完全相等。原则上,对价问题可由当事人自由决定,同时,法律要求双方在财产上的交换尤其是金钱的交易上力求公平合理,避免显失公平的后果。无偿合同,指一方给付对方某种利益,对方取得该利益时并不支付任何报酬的合同。

有偿与无偿区分的意义,首先在于确定某些合同的性质。除外还有如下意义:二者对当事人注意义务的要求不同、对主体行为能力的要求不同、是否适用善意取得制度不同。

(三)诺成合同与实践合同

根据合同成立是否以标的物交付为要件,可分为诺成合同和实践合同。诺成合同,是指当事人一方的意思表示一旦为对方同意即能产生法律效果的合同。如买卖、运输、赠与合同等。除经当事人意思表示一致外,还须以交付合同的标的物为合同成立要件的,为实践合同,如保管、借用、质押合同等。

两者的区分对于确定两类合同成立时间、标的物所有权使用权转移时间以及风险转移时间有重要意义。

(四)要式合同与不要式合同

根据合同是否应以一定形式为要件,分为要式合同和不要式合同。要式合同指法律规定当事人的约定应当必须采取一定形式的合同。如《合同法》第10条第2款"法律行政法法规规定采用书面形式的应当采用书面形式,"这些书面形式属于法定形式;"当事人约定采用书面形式的,应当采用书面形式。"不要式合同则是法律对形式未作要求而听当事人任意选择的合同。

要式合同与不要式合同的区分意义在于:二者成立、生效的要件不同。

(五)主合同与从合同

根据合同相互间的主从关系,可分为主合同和从合同。主合同,不须要其他合同的存在即可独立存在的合同。从合同,以其他合同的存在而为存在前提的合同。如保证合同对于主债务的合同而言即为从合同。

主合同与从合同的区分意义在于:主合同不能成立,从合同就不能有效存在;主合同转让从合同也不能单独存在;主合同被宣告无效或撤销,从合同也将失去效力;主合同终止,从合同也随之终止。

(六)有名合同与无名合同

这是根据法律是否为某种合同确定了一个合同名称而进行的分类。有名合同又称为典型合同,指法律为其确定了特定的名称和规则的合同。我国《合同法》分则规定了十五类基本合同类型,这些都是基本合同类型。其他法律也可以确定《合同法》没有规定的类型,如《保险法》规定的保险合同,也属于有名合同。无名合同又称非典型合同,指法律没有确定一定的名称和相应的具体规则的合同。如旅游合同等。

区分的意义在于适用法律的不同。有名合同主要适用分则。无名合同主要适用总则,有时可参照分则的规定。《合同法》第124条"本法分则或者其他法律没有明文规定的合同,适用本法总则的规定,并可以参照本法分则或者其他法律最相类似的规定"。

(七)束己合同与涉他合同

根据合同是否对于当事人以外的第三人具有效力,可以分成束己合同与涉他合同。束己合同是订约人为自己设定并承受权利和义务的合同;涉他合同指权利的享有和义务的承担,涉及到定约人以外的第三人的合同。合同以束己合同为原则以涉他合同为例外。涉他合同包括为第三人利益订立的合同与由第三人履行的合同。

(八)确定合同与射幸合同

根据合同在订立时是否确定,而分为确定性合同与射幸合同。确定合同指法律的效果于合同订立时即以确定的合同。射幸合同指法律的效果于订立时尚未确定的合同。

合同大都属于确定合同,特殊的情况属射幸合同,如保险合同、赌博合同、彩票(购买)合同、抽奖或有奖销售合同都属于射幸合同。

(九)本约合同和预约合同

根据表达订约的希望还是成立实体的权利义务的约定,而分为本约合同和预约合同。"预约"是指当事人之间约定将来订立合同的合同。将来应当订立的合同,称为"本约"。如将来买卖飞机票为本约,而预先约定将来购买飞机票,则为预约。

三、合同法的特征与功能

(一)合同法的特征

1. 合同法是调整动态财产关系的法律。

2. 合同法是强调平等、协商和等价有偿原则的法律。
3. 合同法在其规范上,更强调其任意性,而不是强制性。

(二)合同法的功能

合同法的功能,是指合同法所应当具有的作用和应达到的目标,是其基本法律价值的体现。

1. 合同法能够维护正常的社会主义市场交易秩序,维护预期经济利益。
2. 合同法能够充分保护合同当事人的合法权益,为人的生存发展提供广阔空间。
3. 合同法能够促进我国经济效益的提高,促进商品经济发展。
4. 合同法有助于巩固经济体制改革的成果,促进社会主义市场经济法制建设的发展。
5. 合同法有助于增强对外经济合作,促进国民经济发展。

四、合同法的基本原则

合同法的基本原则,乃是合同法的主旨和根本准则,它是制定、解释、执行和研究合同法的出发点。基本原则为交易行为提供了抽象的行为准则,尤其是为合同立法和司法确定了所应遵循的宗旨和标准。同时,这些基本原则也是解释、评价和补充合同的依据。合同法的基本原则包括平等原则,自愿原则,公平原则,诚实信用原则,合法原则,依法成立的合同受法律保护原则。

(一)平等原则

《合同法》第3条规定:"合同当事人的法律地位平等,一方不得将自己的意志强加给另一方。"合同法以平等主体之间的合同关系为调整对象。因而平等是合同法所调整的社会关系的本质特征。该原则具体包括以下几层含义:1. 合同当事人法律地位平等。首先,当事人之间在合同关系中不存在管理与被管理、服从与被服从的关系。即使当事人之间在其他方面具有不平等的关系,如行政上的领导与被领导的关系,而在订立合同时,也必须居于平等地位,一方不能凌驾于另一方之上,否则会影响合同的效力。2. 机会平等。不论人的天赋、才能或者机遇如何,法律为其提供同等的订立合同的机会,就构成了机会平等或程序平等,至于订立合同的结果如何,不影响合同的效力。3. 适用合同规则上的平等。合同规则是基本的市场交易规则,合同规则的统一是建立统一开放、竞争有序的大市场的需要。合同规则的统一要求其对所有的合同当事人都一视同仁的适用,而不是因人而异、厚此薄彼。平等是自愿原则的前提,没有平等的法律地位,自愿也就无从谈起。

(二)自愿原则

《合同法》第4条规定:"当事人依法享有自愿订立合同的自由,任何单位和个人不得非法干预。"合同自愿是指当事人依法享有在缔结合同、选择相对人、决定合同内容以及在变更和解除合同、选择合同补救方式等方面的自由。我国合同法确认合同自愿原则的主要表现在于:当事人的约定要优先于法律规定。合同法条文中有许多"当事人另有约定的除外",表明对当事人合意的充分尊重。除此以外,自愿原则还体现在:合同当事人有订立合同或不订立合同的权利,任何单位和个人不得非法干涉;当事人有选择相对人、合同内容和合同形式的自由;在发生合同纠纷时,当事人在协商、调解、仲裁或向人民法院诉讼等解决合同纠纷的方式中有权作出选择。

我国合同法所规定的自愿原则是一种相对的自由，而不是绝对的自由。为保障市场经济有秩序地发展，国家有必要对市场经济实行宏观调控和正当干预，所以，对自愿原则也就有必要予以限制。

（三）公平原则

《合同法》第5条规定："当事人应当遵循公平原则确定各方的权利和义务。"公平原则是指本着社会公认的公平观念确定当事人之间的权利义务。主要体现为：1.当事人在订立合同时，应当按照公平合理的标准确定合同权利义务。2.当事人发生纠纷时，法院应当按照公平原则对当事人确定的权利义务进行价值判断，以决定其法律效力。3.当事人变更、解除合同或者履行合同，应体现公平精神，不能有不公平行为。

（四）诚实信用原则

《合同法》第6条规定："当事人行使权利、履行义务应当遵循诚实信用原则。"该原则有喻为是私法领域的"帝王准则"，是指当事人在从事民事活动时，应诚实守信，以善意的方式履行其义务，不得滥用权利及规避法律或合同规定义务。合同法中，诚信原则具体体现为：1.合同订立阶段应依循诚信原则。任何一方都不得采用恶意谈判、欺诈等手段牟取不正当利益，并致他人损害，也不得披露和不正当地使用他人的商业秘密。当事人一方不履行这些义务而给另一方造成信赖利益的损失，应当承担缔约过失责任。2.合同订立后至履行前应依循诚信原则。严守诺言，认真做好各种履约准备。3.合同的履行应依循诚信原则。在合同履行中，当事人应当严格遵循诚实信用原则，根据合同的性质、目的及交易习惯履行通知、协助和保密的义务。4.合同终止后应当遵循保密和忠实义务。应依据这一原则要求，承担某些必要性的附随义务，如保密义务。此种义务即后契约义务。5.合同的解释应依循诚信原则。发生纠纷时，法院或仲裁机构应依据诚实信用原则，考虑各种因素以探求当事人的真实意思，并正确地解释合同，确定责任。此外，在发生争议后，当事人双方都应当依据诚实信用原则，妥善处理争议，避免给对方造成不应有的损失。

（五）合法原则

《合同法》第7条规定："当事人订立、履行合同，应当遵守法律、行政法规，尊重社会公德，不得扰乱社会经济秩序，损害社会公共利益。"为了保障当事人所订立的合同符合国家的意志和社会公共利益，协调不同当事人之间的利益冲突，以及当事人的个别利益与整个社会和国家利益的冲突，保护正常的交易秩序，我国合同法第7条确认了合法原则。这是民事活动的基本准则。具体包括以下几个方面：1.首先要求当事人在订约和履行中必须遵守全国性的法律和行政法规。2.特殊情况下依据指令性计划和国家订货任务要求订立合同。3.当事人必须遵守社会公德，不得违反社会公共利益。

（六）严守合同原则

《合同法》第8条规定："依法成立的合同，对当事人具有法律约束力。当事人应当按照约定履行自己的义务，不得擅自变更或者解除合同。依法成立的合同，受法律保护。"该原则是指依法成立的合同对当事人具有法律约束力并受法律保护，当事人应当按照约定履行自己的义务而不得擅自变更或者解除合同的原则。具体体现在：1.合同具有法律约束力的前提是依法成立。只有依法成立的合同才能具有法律约束力,非依法成立的合同不具有法律约束力。2.表现为合同具有履行力。依法成立的合同,当事人应当按照合同的约定和法律的规定履行权利义务,使合同的目的得到实现。3.当事人不得擅自变更或解除合同。4.违反合同应当承担违约责任。

任务2 合同的订立

一、合同订立的主要内容

(一)合同一般条款

根据《合同法》第12条,合同的内容由当事人约定,一般包括以下条款:

1. 当事人的名称或者姓名和住所;
2. 标的;
3. 数量;
4. 质量;
5. 价款或者报酬;
6. 履行期限、地点和方式;
7. 违约责任;
8. 解决争议的方法。

(二)主要条款和普通条款

主要条款是指合同必须具备的条款,欠缺它,合同就不成立。现有司法解释规定,合同的主要条款原则上应具备"当事人的名称或姓名、标的和数量"。普通条款是指合同主要条款以外的条款。法律未直接规定,亦非合同的类型和性质要求必须具备的,当事人无意使之成为主要条款的合同条款。如关于包装物返还的约定和免责条款等均属此类。

(三)示范文本

所谓示范文本,是指行政主管部门或者行业协会事先拟定的、对当事人订立合同起示范作用的合同文本。

合同示范文本一般由制定者根据长期的实践,反复优选,统一制订,具有指导性、内容完备性等特点。当事人可以参照各类合同的示范文本订立合同。当事人参照示范文本,可以比较全面、公平地约定双方的权利和义务。但有两点需要注意:一是示范文本是国家综合部门制定的,而不是某单位的格式合同;二是"参照",不具有法律强制性。

(四)格式条款

1. 概念和法律特征

格式条款,是指当事人为了重复使用而预先拟定的,并在订立合同时未与对方协商的条款。其特点是:由一方当事人预先拟定,在拟定之时并没有征求对方当事人的意见;重复使用,包括适用对象的广泛性和适用时间的持久性;在订立合同时未与对方协商、一方拟定的对方只能接受或者拒绝。

2. 格式条款与格式合同

格式条款首先是一方预先拟定的条款,在为订立合同而向对方出示时,还只是其单方的意思表示;合同成立前的格式条款性质上还不是合同,而被合同所采用的格式条款才是格式合同或者合同内容的一部分。从这种意义上理解,《合同法》上的格式条款要广于《消费者权益保护法》上的格式合同,通知、声明、店堂告示等也可以归入格式条款之中。

3. 合同法对格式条款的规制

首先《合同法》规定了提供格式条款一方的一般义务,确立了保护相对人的一般指导思想。第39条第1款规定:"采用格式条款订立合同的,提供格式条款的一方应当遵循公平原则确定当事人之间的权利和义务,并采取合理的方式提请对方注意免除或者限制其责任的条款,按照对方的要求,对该条款予以说明。"其次,规定了格式条款无效的情形。第40条规定:"格式条款具有本法第五十二条和第五十三条规定情形的,或者提供格式条款一方免除其责任、加重对方责任、排除对方主要权利的,该条款无效。"最后,确立了格式条款的解释规则。除规定按照通常理解解释格式条款外,还确定了不利于提供格式条款一方的解释规则,同时还规定了格式条款和非格式条款不一致时以非格式条款为准的规则。

二、合同订立的的形式

合同的形式是当事人合意的表现形式,是合同内容的外部表现,是合同内容的载体。所以,在任何社会,合同的形式都不可或缺。合同法兼顾交易安全与交易便捷二项价值,已经不同程度地将要式合同的运用范围加以扩大,对某些重要的合同、关系复杂的合同强调书面形式。根据《合同法》第10条,"当事人订立合同,有书面形式、口头形式和其他形式。法律、行政法规规定采用书面形式的,应当采用书面形式。当事人约定采用书面形式的,应当采用书面形式。"

(一)口头形式

口头形式是指当事人只用语言为意思表示订立合同,而不用文字表达协议内容的形式。凡当事人无约定、法律未规定须采用特定形式的合同,均可采用口头形式。口头形式简便易行,在日常生活中经常被采用。缺点是发生合同纠纷时难以取证,不易分清责任。发生争议时当事人必须举证证明合同的存在及合同关系的内容。所以,对于不能即时清结的合同和标的数额较大的合同,不宜采用这种形式。

(二)书面形式

根据《合同法》第11条,"书面形式是指合同书、信件和数据电文(包括电报、电传、传真、电子数据交换和电子邮件)等可以有形地表现所载内容的形式。"合同书以及任何记载当事人要约、承诺和权利义务的文件,都是合同的书面形式的具体表现。书面合同必由文字凭据组成,但并非一切文字凭据都是书面合同的组成部分。成为书面合同的文字凭据,必须符合以下要求:有某种文字凭据,当事人或其代理人在文字凭据上签字或盖章,文字凭据上载有合同权利义务。书面形式的最大优点是合同的有据可查,发生纠纷时容易举证,便于分清责任。因此,对于关系复杂的合同、重要的合同,最好采取书面形式。

（三）其他形式

其他形式是指采用除书面形式、口头形式之外的方式来表现合同内容的形式，如推定形式、默示形式等。当事人未用语言、文字表达其意思表示，仅用行为对方发出要约，对方接受该要约，做出一定或指定的行为作承诺，合同成立。如自动售货机。

三、合同订立的程序

《合同法》第13条规定："当事人订立合同，采取要约、承诺方式。"

（一）要约

1. 要约的含义和构成要件

要约是希望和他人订立合同的意思表示。要约又称发盘、出盘、发价、出价、报价等。发出要约的人为要约人，接受要约的人为受要约人、相对人或承诺人。

作为要约的意思表示应当符合下列条件：

（1）要约必须是以订立合同为目的的意思表示。

（2）要约必须是特定人的意思表示。

（3）要约必须是向受约人发出的意思表示。

（4）要约的内容必须具体确定。

（5）要约必须送达受要约人。

只有具备上述五个要件，才能够成有效的要约，并使要约发出后产生应有的约束力。

2. 要约邀请

要约邀请又称要约引诱，是指一方邀请对方向自己发出要约。《合同法》第15条规定："要约邀请是希望他人向自己发出要约的意思表示。"区分要约和要约邀请，在实践中具有重要的意义。在我国司法实践中，一般是依如下几个标准来区分要约和要约邀请：

（1）按照法律的规定作出区分。我国《合同法》第15条明文规定：寄送的价目表、拍卖广告、招标公告、招股说明书、商业广告等为要约邀请。

（2）根据当事人是否愿意在法律上受到约束来作出区分。要约中应包含明确的订约意图。而要约邀请人只是希望对方向自己提出订约的意思表示，所以，在要约邀请中不能有任何直接订立合同的意思表示。

（3）根据订约提议的内容是否包含合同的主要条款来予以确定。

（4）根据交易的习惯亦即当事人历来的交易方式进行区分。例如询问商品的价格，根据交易习惯，一般认为是要约邀请而不是要约。

（5）其他因素。在区分要约和要约邀请时，还可考虑其他情况，如合同的性质是否要求在签订合同的过程中要注重相对人的身份、信用、资历、品行等情况；合同的订立是否需要双方实际接触；以及一方发出的提议是否能使相对人产生要约的信赖等等。

3. 要约的效力及生效时间

要约的效力是指要约对要约人和受要约人产生一定的拘束力。要约生效一般采取到达主义，即在要约到达受要约人时生效。要约以对话方式作出的，即时生效；以非对话的方式作出的，应当在首次进入受要约人的邮箱或系统生效。

要约对要约人的效力在于,在要约有效期限内非依法律规定或受要约人的同意,要约人不得变更、撤消要约的内容。如果要约没有有效期,则应确立一个合理期限。合理期限,就是给受要约人作出承诺必要的考虑时间。

4. 要约的撤回或撤销

要约的撤回,是指要约人在发出要约以后,未到达受要约人之前,有权取消要约。《合同法》第17条规定:"要约可以撤回。撤回要约的通知应当在要约到达受要约人之前或者与要约同时到达受要约人。"

要约撤回有两种情况:

(1)撤回通知先于要约到达受要约人,此时不会给受要约人造成任何损害,自应允许以撤回通知阻止要约,要约不发生效力。

(2)撤回通知与要约同时到达受要约人,此时,受要约人也不会因信赖要约而行事,不会产生损害,撤回通知也足以阻止要约。

要约的撤销,是指要约人在要约到达受要约人并生效以后,将该项要约取消,从而使要约的效力归于消灭。《合同法》第18条规定:"要约可以撤销,撤销要约的通知应当在受要约人发出承诺通知之前到达受要约人。"要约的撤销采用通知的方式。在要约生效后、承诺发出前对要约的修改,其效果等于旧要约撤销,新要约产生。

但不是任何要约都可以撤销。《合同法》第19条规定:有下列情形之一的,要约不得撤销:

(1)要约人确定了承诺期限或者以其他形式明示要约不可撤销;

(2)受要约人有理由认为要约是不可撤销的,并已经为履行合同作了准备工作。

5. 要约的失效

根据《合同法》第20条,要约在以下情况下失效:一是拒绝要约的通知到达要约人;二是要约人依法撤销要约;三是承诺期限届满,受要约人未作出承诺;四是受要约人对要约的内容作出实质性的变更。

(二)承诺

1. 承诺的概念和构成要件

承诺是受要约人同意要约的意思表示。承诺的法律效力在于,一经承诺,即告成立。根据《合同法》,承诺需符合下列构成要件。

(1)承诺必须由受要约人作出。

(2)承诺必须向要约人作出。

(3)承诺必须在要约的存续期限内作出。

(4)承诺的内容应当与要约的内容一致。

2. 承诺的方式

根据《合同法》第22条,承诺应当以通知的方式作出,但根据交易习惯或者要约表明可以通过行为作出承诺的除外。

3. 承诺的效力及生效

根据《合同法》第25条,承诺生效时合同成立。

承诺通知到达要约人时生效。承诺不需要通知的,根据交易习惯或者要约的要求作出承诺行为时生效。承诺生效采取到达主义。所说到达是指承诺的通知到达要约人支配的范围内,如要约人的信箱、营业场所等。承诺通知一旦到达要约人,合同即宣告成立。如果承诺不需要通知,则根据交易习惯或者要约的要求,一旦受要约人作出承诺的行为,即可使承诺生效。收件人指定特定系统接收数据电文的,该数据电文进入该特定系统的时间,视为到达时间;未指定特定系统的,该数据电文进入收件人的任何系统的首次时间,视为到达时间。

要约没有确定承诺期限的,承诺应当依照下列规定到达:
(1)要约以对话方式作出的,应当即时作出承诺,但当事人另有约定的除外。
(2)要约以非对话方式作出的,承诺应当在合理期限内到达。

4.承诺的撤回和迟延

承诺可以撤回。《合同法》第27条规定:"撤回承诺的通知应当在承诺通知到达要约人之前或者与承诺通知同时到达要约人。"即撤回承诺的通知必须在承诺生效之前到达要约人,或与承诺通知同时到达要约人,撤回才能生效。如果承诺已经生效,合同已经成立,受要约人就不能再撤回承诺了。

所谓承诺迟延,是指受要约人在承诺期限已过的情况下才向要约人发出承诺的情形。《合同法》第28条规定:"受要约人超过承诺期限发出承诺的,除要约人及时通知受要约人该承诺有效的以外,为新要约。"如果要约人不愿意承认迟到的承诺,该承诺便对要约人无效,可以视该承诺为一个新要约。如果受要约人在承诺期限内发出承诺,但因邮局传递延误等原因而使承诺迟延。根据《合同法》第29条的规定,"受要约人在承诺期限内发出承诺,按照通常情形能够及时到达要约人,但因其他原因承诺到达要约人时超过承诺期限的,除要约人及时通知受要约人因承诺超过期限不接受该承诺的以外,该承诺有效。"

四、合同的成立

(一)合同成立的时间

1.合同自承诺生效时成立

《合同法》第25条规定:"承诺生效时合同成立。"当承诺需要通知才发生法律效力时,在承诺通知到达要约人时,承诺生效。当承诺不需要通知,根据交易习惯或者要约的要求,做出承诺的行为时,合同即告成立。

2.采用合同书形式的合同自签字或者盖章时成立

《合同法》第32条规定:"当事人采用合同书形式订立合同的,自双方当事人签字或者盖章时合同成立。"这是对"合同自承诺时生效"原则的例外规定。

3.采用确认书形式的合同自签订确认书时成立

《合同法》第33条规定:"当事人采用信件、数据电文等形式订立合同的,可以在合同成立之前要求签订确认书。"所谓确认书,是指订立合同的双方当事人为了确认在订立合同的过程中达成的协议的确定内容,而签定的合同条款确认文书。

(二)合同成立的地点

1.承诺生效的地点为合同成立的地点

根据《合同法》第34条第1款的规定,承诺生效的地点为合同成立的地点。

2. 采用数据电文形式的合同成立地点

《合同法》第 34 条第 2 款规定,采用数据电文形式订立合同的,收件人的主营业地为合同成立的地点;没有主营业地的,其经常居住地为合同成立的地点。当事人另有约定的,按照其约定。

3. 采用合同书、确认书形式的合同成立地点

《合同法》第 35 条规定:"当事人采用合同书形式订立合同的,双方当事人签字或者盖章的地点为合同成立的地点。"

当事人对合同成立地点有约定的,按照其约定。

五、缔约过失责任

(一)缔约过失责任的概念和特征

缔约过失责任,是指在合同订立过程中,一方因违背其依诚信原则所应当负的义务,导致对方信赖利益损失而应当承担的民责。即因一方当事人过错,导致合同不成立,使对方当事人遭受损失,有过错一方当事人应赔偿受害人损失的责任。

缔约过失责任有下列特征:

1. 缔约过失责任是在订立合同中产生的法律责任。
2. 缔约过失责任是因过失导致合同未成立的损害赔偿责任。
3. 缔约过失责任的存在基础是诚实信用原则。
4. 缔约过失责任是一种损害赔偿责任。

(二)缔约过失责任的构成要件

1. 缔约一方违反先契约义务。
2. 违反先契约义务有过错。
3. 对方当事人受有损失。
4. 违反先契约义务与该损失之间有因果关系。

(三)缔约过失责任的类型

《合同法》第 42、43 条规定了 4 种承担缔约过失责任的情形:

1. 假借订立合同,恶意进行磋商。
2. 故意隐瞒与订立合同有关的重要事实或提供虚假情况。如甲答应可以将某物卖与乙,乙来洽谈之前售出,但未及时通知乙,乙差旅费、误工损失等。
3. 泄露或不正当使用订约中知悉的商业秘密。
4. 其他违背诚信原则的行为。

(四)缔约过失责任的赔偿范围

1. 信赖利益的损失。
2. 不包括机会损失。
3. 不应当包括因行为人违反保护他人的义务而使他人遭受的损害。

任务3 合同的效力

一、合同的生效要件

(一)合同生效概念

合同生效是指已经成立的合同在当事人之间产生法律拘束力。合同成立后,只有符合生效条件的合同,才能受到法律的保护,发生法律效力,产生当事人所预期的法律后果。《合同法》第44条规定,依法成立的合同,自成立时生效。

(二)合同生效的要件

1. 当事人具有相应的缔约能力

这是指合同主体据以独立订立合同并独立承担合同义务的主体资格。合同是当事人以设立、变更、终止民事权利和民事义务为目的,有意识地追求特定法律后果的行为。它直接关系到当事人的利害得失,因此要求当事人必须能够认识和辩认自己的行为,判断自己行为的法律后果,即必须具有相应的订立合同的能力。

2. 意思表示真实

意思表示真实是合同有效的重要条件,在多数情况下,行为人表示于外部的意思同其内心真实意思是一致的,但是,有时行为人的意思表示与其真实意思不符合。在意思表示不真实的情况下,即意思表示瑕疵时,如仅以行为人的外部表示为准,则不利于保护行为人的利益。合同成立与合同生效对当事人的意思表示的要求是不同的,合同成立只要求当事人意思表示一致,而不求真实,而合同生效则要求意思表示不仅一致更要真实。

3. 不违反法律和社会公共利益

合法是民事法律行为的本质属性,也是行为有效的当然要件。法律规范分为强制性规范和任意性规范。强制性规范当事人必须遵守,不得通过协商加以改变。任意性规范不要求当事人执行,只是为人们提供一种可供选择的行为模式。合同不违反法律是指合同不违反法律中的强制性规范,包括法律和法规。

4. 合同必须具备法律所要求的形式

《民法通则》第56条规定,我国法律承认当事人可以依法选择合同的形式。但是,如果法律对合同的形式作出了特殊的规定,当事人必须遵守法律规定。有一些合同依照法律规定,当事人在签订书面合同后还必须登记,方为有效,如根据《物权法》的规定,房屋买卖须经房管部门登记、办理过户手续后才能生效。

二、附条件合同和附期限合同

(一)附条件的合同

1. 概念

附条件的合同是指当事人约定一定条件,将条件的成就与否作为该合同生效或者解除的依据。也就是说,合同生效或者解除取决于该条件的是否成就。

2. 条件

条件具有限制合同效力的作用,必须具备以下要求:

(1)条件必须是将来发生的事实。

(2)条件是不确定的事实。这就是说,条件是将来是否发生,当事人是不能肯定的。

(3)必须是当事人约定的事实。法律直接规定或者按照合同性质当然具有的限制,不属于所谓"条件"。

(4)条件必须合法。以违法或违背道德作为条件,称为不法条件,这种条件当然无效。

(5)条件不能与合同的主要内容相矛盾。对于以与合同的主要内容相矛盾的事实作为条件的,应认为合同未成立。

3. 附条件合同的类型

(1)附生效条件的合同

附生效条件的合同是指合同中的权利义务虽已确定,但其效力暂时处于停止状态,待条件成就时该合同才发生效力,也就是说合同效力的发生取决于条件是否成就,条件成就时合同生效,条件不成就时合同不生效。

(2)附解除条件的合同

附解除条件的合同是指已经发生效力的合同在条件不成就时仍然保持其效力,在条件成就时其效力就消灭而解除合同。

在附条件的合同成立以后,在条件未成就以前,当事人均不得为了自己的利益,以不正当的行为促成或阻止条件的成就,而只能听任作为条件的事实自然发生。

(二)附期限的合同

附期限的合同是指当事人在合同中设定一定期限,并把期限的到来作为合同生效或消灭的根据。这种限制能够直接限制合同效力的发生或消失。与作为条件的事实不同的是,期限的到来是必然的,不存在是否到来不确定的情况。

期限一般分为始期(生效期限、延缓期限)和终期(终止期限、解除期限)。前者是指合同的效力自期限到来时才发生。即在期限到来以前,合同已经成立,但其效力仍然处于停止状态,待期限到来时,效力才发生;后者是指合同的效力自期限到来时消灭。

三、无效合同

(一)无效合同的概念和特征

无效合同,指严重欠缺合同生效要件,不发生合同当事人追求的法律后果,不受国家保护的合同。合同虽然已经成立,但其在内容和形式上违反了法律、行政法规的强制性规定和社会公共利益,因此确认为无效。无效合同具有以下几个特征。

1. 自始无效。合同从订立时起就是不具法律约束力,并非以合同无效原因发现之日起或合同无效原因确认之日起,合同才失去法律效力。

2. 绝对无效。订立时起无效,此后的任何事实都不能使之变为有效。如内容违法,即使履行完毕也不受法律保护。

3. 当然无效。不论当事人是否知道无效,也不论是否经仲裁机构或法院确认,都无效。

(二)无效合同的类型

1. 一方以欺诈、胁迫的手段订立合同,损害国家利益。
2. 恶意串通,损害国家、集体或者第三人利益的。
3. 以合法形式掩盖非法目的。
4. 损害社会公共利益。
5. 违反法律、行政法规的强制性规定。

(三)合同中的无效免责条款

1. 造成对方人身伤害的免则条款。
2. 因故意或重大过失造成对方财产损害的免责条款。
3. 格式条款具有以上情形的,或者提供格式条款一方免除其责任、加重对方责任、排除对方主要权利的,该条款无效。

四、可撤销合同

(一)可撤销合同的概念和特征

可撤销合同又称为可撤销、可变更合同,是指由于当事人意思表示有缺陷,存在可撤销原因的合同。其法律特征表现在:

1. 合同当事人意思表示缺陷。当事人在订立合同时意思表示不真实。
2. 由撤销权人行使撤销权来撤销合同。但是否行使此权利,应由权利人决定。当事人不主张撤销,自愿承担损害后果,法律允许这种行为有效。
3. 未撤销之前,仍然有效。即使合同有可撤销因素,但撤销权人未在规定期限内行使权利,合同仍有效。
4. 可撤销合同在《民法通则》中称可变更、可撤销合同,也就是说撤销权人有权请求予以撤销,也可以要求变更合同。

(二)可撤销合同的类型

1. 因重大误解而订立的合同。

所谓重大误解是指当事人在意思表示时,行为人因对行为的性质、对方当事人、标的物的品种、质量、规格和数量等的错误认识,使行为的后果与自己的意思相悖,并造成较大损失。

2. 在订立合同时显失公平的。

所谓合同显失公平是指一方当事人利用优势或者利用对方没有经验,致使双方的权利与义务明显违反公平、等价有偿原则。

3. 因欺诈、胁迫或乘人之危而订立的合同。

所谓欺诈是指行为人一方当事人故意告知对方虚假情况,或者故意隐瞒真实情况,诱使对方当事人作出错误意思表示。所谓胁迫是指以给公民及其亲友的生命健康、荣誉、名誉、财产等造成损害或者以给法人的荣誉、名誉、财产等造成损害为要挟,迫使对方作出违背真实的意思表示。所谓乘人之危是指一方当事人乘对方处于危难之机,为牟取不正当利益,迫使对方作出不真实的意思表示,严重损害对方利益。

(三)撤销权的行使

1. 撤销权的行使方式

如果撤销权人向对方作出撤销的意思表示,而对方未表示异议,则可以直接发生撤销合同的后果;如果对撤销问题,双方发生争议,则必须提起诉讼或仲裁,要求法院或仲裁机构予以裁决。

2. 撤销权行使的期限

具有撤销权的当事人知道或应当知道撤销事由之日起一年内没有行使撤销权或具有撤销权的当事人知道撤销事由后明确表示或以自己的行为放弃撤销权的,撤销权消灭。

五、效力待定合同

(一)效力待定合同的概念和特征

效力待定合同,指合同虽然已经成立,但因其不完全符合生效要件的规定,其效力能否发生尚待确定。一般须经有关当事人表示承认才能生效。

效力待定合同有下列特征:

1. 此类合同已经成立,但效力是不确定的。它既非有效,亦非无效,处于不确定状态之中。

2. 此类合同效力的确定取决于享有形成权的第三人的行为。该第三人称同意权人追认权人。

3. 此类合同经同意权人同意后,其效果效力确定于合同成立时。

4. 此类合同经同意权人拒绝后,即确定为自始无效。

(二)效力待定合同的类型

1. 限制民事行为能力人依法不能独立订立的合同

限制民事行为能力人订立的合同,经法定代理人追认后,该合同有效,但纯获利益的合同或者与其年龄、智力、精神健康状况相适应而订立的合同,不必经法定代理人追认。

相对人可以催告法定代理人在一个月内予以追认。法定代理人未作表示的,视为拒绝追认。合同被追认之前,善意相对人有撤销的权利。撤销应当以通知的方式作出。

2. 无权代理人代订的合同

行为人没有代理权、超越代理权或者代理权终止后以被代理人名义订立的合同,未经被代理人追认,对被代理人不发生效力,由行为人承担责任。

相对人可以催告被代理人在一个月内予以追认。被代理人未作表示的,视为拒绝追认。合同被追认之前,善意相对人有撤销的权利。撤销应当以通知的方式作出。

3. 无处分权的人处分他人财产

经权利人追认或者无处分权的人订立合同后取得处分权的,该合同有效。

(三)不属于效力待定合同的两种特殊情形

1. 表见代理

行为人没有代理权、超越代理权或者代理权终止后以被代理人名义订立合同,相对人有理由相信行为人有代理权的,该代理行为有效。

2. 超越代表权订立的合同

法人或者其他组织的法定代表人、负责人超越权限订立的合同,除相对人知道或者应当知道其超越权限的以外,该代表行为有效。

六、合同被确认无效和被撤销的法律后果

《合同法》56条规定,合同被确认无效和被撤销以后,自合同成立之日起就是无效的。合同被确认无效或被撤销以后,当事人之间应承担返还财产或赔偿损失等民事责任。

1. 返还财产

当事人依照无效合同取得的财产,应返还给对方,使当事人之间的财产关系恢复到合同签订以前的状态。

2. 赔偿损失

不能返还财产或没有必要返还财产的,应当通过折价赔偿的方式使财产关系恢复到原状。有过错的当事人应当赔偿对方因合同无效或被撤销所遭受的损失;如果双方都有过错,应当各自承担相应的责任。

3. 追缴财产收归国家所有

当事人恶意串通,损害国家、集体或第三人利益的,因此取得的财产应当收归国家所有或返还给集体、第三人。这一规定体现了国家对故意违法当事人的制裁。

任务4 合同的履行

一、合同履行的概念

合同履行是债务人全面地适当地完成其合同义务,债权人的合同债权得到完全实现。如交付约定标的物,完成约定的工作交付工作成果,提供约定的服务等。

合同履行具有如下特征:

1. 合同的履行是债务人完成合同债务的行为,即所谓债务人为给付行为。这是合同履行的起码要求。

2. 合同的履行是依法成立的合同所必然发生的法律效果。

二、合同履行的原则

合同履行的原则,是当事人在履行合同债务时所应遵循的基本准则。在这些准则中,有的是合同法的基本原则,如诚信、公平、平等;有的是专属于合同履行的原则,如适当履行、协作履行等。

1. 适当履行原则。又称全面正确履行原则,指当事人按规定的标的及其质量、数量,由适当的主体在适当的履行期限、地点,以适当的履行方式,全面正确地完成合同的义务的履行原则。

2. 协作履行原则。指当事人不仅适当履行自己合同的债务,而且应基于诚信原则的要

求对方当事人协助其履行债务的履行原则。合同的履行，只有债务人的给付行为，没有债权人的受领给付，合同的内容仍难实现。因此，履行不仅是债务人的事，也是债权人的事，协助履行往往是债权人义务。只有双方在合同履行过程中相互配合、相互协作，合同才会得到适当履行。

3. 情势变更原则。指合同有效成立后，因不可归责于双方当事人的原因发生情势重大变化，致使继续履行合同会显失公平，因此当事人可请求法院或仲裁机构变更或解除合同的原则。最高人民法院关于适用《合同法》若干问题的解释（二）第 26 条规定："合同成立后客观情况发生了当事人在订立合同时无法预见的、非不可抗力造成的不属于商业风险的重大变化，继续履行合同对于一方当事人明显不公平或者不能实现合同目的，当事人请求人民法院变更或者解除合同的，人民法院应当根据公平原则，并结合案件的实际情况确定是否变更或者解除。"

三、合同履行的规则

（一）合同内容约定不明确时的履行规则

合同生效后，当事人就质量、价款或报酬、履行地点等内容没有约定或者约定不明确的，可以协议补充；不能达成补充协议的，按照合同有关条款或者交易习惯确定。如果仍不能确定的，则按照以下规定履行：

1. 质量要求不明确的，按照国家标准、行业标准履行；没有上述标准的，按照通常标准或者符合合同目的的特定标准履行。

2. 价款或报酬不明确的，按照订立合同时履行地的市场价格履行；依法应当执行政府定价或指导价的，按照规定履行。

3. 履行地点不明确的，给付货币的，在接受货币一方所在地履行；交付不动产的，在不动产所在地履行；其他标的，在履行义务一方所在地履行。

4. 履行期限不明确的，债务人可以随时履行，债权人也可随时履行，但应当给对方必要的准备时间。

5. 履行方式不明确的，按照有利于实现合同目的的方式履行。

6. 履行费用的负担不明确的，由履行义务一方负担。

（二）执行政府定价或者政府指导价合同的履行规则

执行政府定价或者政府指导价的，在合同约定的交付期内政府价格调整时，按照交付时的价格计价。逾期交付标的物的，遇价格上涨时，按原价格执行；价格下降时，按照新价格执行。逾期提取标的物或者逾期付款的，遇价格上涨时，按照新价格执行；价格下降时，按照原价格执行。

（三）合同履行涉及第三人时的规则

1. 向第三人履行

当事人约定由债务人向第三人履行债务的，债务人未履行债务或履行债务不符合约定的，应由债务人向债权人承担违约责任。

2. 由第三人履行

当事人约定由第三人向债权人履行债务的,第三人未履行债务或履行债务不符合约定的,应由债务人向债权人承担违约责任。

四、双务合同履行中的抗辩权

（一）同时履行抗辩权

1. 同时履行抗辩权的概念

同时履行抗辩权是指当事人互负债务且没有先后履行顺序,一方当事人在他方未为对待给付前,拒绝履行自己的合同义务的权利。

2. 同时履行抗辩权的成立条件

（1）当事人须因同一双务合同而互负义务。

（2）当事人双方互负的债务没有先后履行顺序且均已届清偿期。

（3）对方当事人未履行债务或未按约定履行债务。

（4）对方当事人的对待履行是可能履行的。

（二）先履行抗辩权

1. 先履行抗辩权的概念

先履行抗辩权是指在双务合同中应当先履行的一方当事人没有履行合同义务的,后履行一方当事人拒绝履行自己的合同义务的权利。

2. 先履行抗辩权的成立条件

（1）当事人因同一双务合同而互负义务。

（2）当事人一方须有先履行的义务。

（3）先履行一方到期未履行债务或未按约定履行债务。

（三）不安抗辩权

1. 不安抗辩权的概念

不安抗辩权权是指在双务合同中,应当先履行债务的当事人有确切证据证明对方有丧失或可能丧失履行能力的情形时,中止履行自己债务的权利。

2. 不安抗辩权的成立条件

（1）当事人须因双务合同互负债务。

（2）当事人一方须有先履行的义务且已届履行期。

（3）后履行义务一方有丧失或可能丧失履行债务能力的情形。

《合同法》第68条规定:"应当先履行债务的当事人,有确切证据证明对方有下列情形之一的,可以中止履行:①经营状况严重恶化;②转移财产、抽逃资金,以逃避债务;③丧失商业信誉;④有丧失或者可能丧失履行债务能力的其他情形。当事人没有确切证据中止履行的,应当承担违约责任。"

（4）后履行义务一方没有对待给付或未提供担保。

3. 不安抗辩权的效力

不安抗辩权的主要效力在于中止合同,先履行一方有权中止履行,但应及时通知对方。对方提供担保的,应当恢复履行。中止履行后,对方在合理期限内未恢复履行能力并且未提供担保的,中止履行的一方可以解除合同。

五、合同履行中的保全制度

(一)合同保全的概念和特征

所谓合同保全,是指法律为防止因债务人财产不当减少而给债权人的债权带来危害,允许债权人对债务人或第三人的行为行使撤销权或代位权以保护其债权。其主要特点在于:

1.合同的保全是合同对外效力的体现。因债务人与第三人实施一定的行为致使债务人用来承担责任的财产减少或不增加,从而使债权人的债权难以实现。

2.合同的保全的基本方法有两种,即确认债权人享有代位权和撤销权。代位权的行使是为了防止债务人财产不当减少或称为保持债务的财产;而撤销权的行使为了恢复债务人的财产。

3.合同的保全主要发生在合同有效成立期间。合同生效以后合同履行完毕之前,都可以采取合同保全措施。

(二)代位权

代位权也称债权人代位权,是指当债务人怠于行使其对第三人享有的权利而有害于债权人的债权时,债权人为保全自己的债权,可以以自己的名义代位行使债务人的权利。

1.代位权的适用条件

(1)债权人与债务人之间必须是合法有效的合同关系。

(2)债务人的债权已到期。

(3)债务人怠于行使其权利。

(4)债务人怠于行使权利的行为有害于债权人的债权。

(5)可代位行使的债权必须非专属于债务人的债权。

专属于债务人的财产权,是指须由债务人亲自行使才产生法律效力的财产权。这种权利是指基于扶养关系、抚养关系、赡养关系、继承关系产生的给付请求权和劳动报酬、退休金、养老金、抚恤金、安置费、人寿保险、人身伤害赔偿请求权等权利。

2.代位权的行使

《合同法》第73条规定,因债务人怠于行使其到期债权,对债权人造成损害的,债权人可以向人民法院请求以自己的名义代位行使债务人的债权,但该债权专属于债务人自身的除外。代位权的行使范围以债权人的债权为限。债权人行使代位权的必要费用,由债务人负担。

3.代位权行使的效力

(1)对债权人的效力

行使代位权的债权人可以就行使此权利的结果直接受偿;债权人因行使代位权而产生的费用,法律规定由债务人负担。

(2)对债务人的效力

债务人的债权受到限制,即债务人不得再对自己的债权行使处分权。债权人行使的是债务人的权利,但并不是以债务人的名义而行使,而是以自己的名义行使,故其判决的法律效力并不一定拘束债务人。因为在债权人胜诉的情况下，债务人应受判决的拘束；在债权人败诉的时，债务人仍可对第三人提起诉讼。

(3)对次债务人的效力

对次债务人来说，债权是由债务人行使，还是由债务人的债权人来行使，并不会导致其法律地位和经济利益的任何变化。因此，债权人行使代位权时，次债务人对于债务人所享有的一切抗辩权可以用来对抗债权人。

(三)撤销权

1.撤销权的概念

按《合同法》第74条规定，撤销权是指债权人对债务人滥用其财产处分权而损害债权的行为，请求人民法院予在撤销的权利。

2.成立要件

(1)须债权人的债权已经有效成立并继续存在。

(2)须有债务人减少财产的行为。

(3)须债务人减少财产的行为危害债权。

3.撤销权的行使

撤销权应由债权人以自己的名义通过诉讼的方式来行使。法律之所以这样规定，是因为撤销权的行使涉及到合同当事人之外的第三人，对第三人的利益影响甚大。一旦债权人行使撤销权错误或不当，将给债务人、第三人的利益造成损害，并破坏正常的交易秩序。

4.撤销权的范围

根据《合同法》，撤销权的行使范围仅及于债权保全的范围，对债务人不当处分财产的行为超出债权保全的必要的部分，不发生撤销的效力，否则，势必不正当地干涉债务人正当行为的自由。

5.撤销权的除斥期间

即撤销权行使的期限，也就是法律规定撤销权于存续期间届满当然消灭的期间。撤销权行使的除斥期间有两种：一是债权人知道或者应当知道撤销事由时，撤销权的行使期间为一年。逾此期限，撤销权消灭；二是只要债务人发生可被列为撤销事由的行为，那么从发生该行为之日起，经过五年撤销权就自动消灭。

6.撤销权行使的效力

债权人的撤销权一经法院以判决确定，即对债务人、债权人和相对人或受益人发生效力。债务人的不当行为被撤销后，该行为视为自始不存在，既可以发生溯及既往的效果。撤销权的效力具体体现在以下几个方面：

(1)对债务人的效力。

债务人的行为一旦被撤销，则该行为自始无效。

(2)对相对人和受益人的效力。

在债务人不当处分财产的行为被撤销以后，如果财产已经为相对人和受益人占有或受益的，则他们应向撤销权人返还其财产和收益，如果原物不能返还则应折价赔偿。但相对人或受益人在取得财产时出于善意且支付了一定的代价，那么就不应撤销债务人与相对人之间的民事行为，因而也不发生返还问题。

(3)对其他债权人的效力。

在撤销债务人的行为以后,对某一债权人取回的财产或利益,作为全体债权人的共同担保,无权就该财产或利益优先受偿,全体债权人对这些财产应平等受偿。

任务5　合同的变更和转让

一、合同变更

(一)合同变更的概念

合同变更有广义和狭义之分。广义:包括合同内容的变更和合同主体的变更。前者是指当事人不变,合同的权利义务发生改变的现象。后者是指合同关系保持同一性,仅改换债权人或债务人的现象。狭义:仅指合同内容的变更。是指合同有效成立后,尚未履行或尚未完全履行之前,当事人就其内容进行修改和补充。《合同法》指的是狭义的合同变更。

(二)合同变更的类型

1. 基于法律直接规定变更合同。
2. 因重大误解而成立的情况下,有权人可诉请变更或撤销合同,经法院裁定变更合同。
3. 在情事变更使合同履行显失公平的情况下当事人诉请变更,法院裁定。
4. 当事人各方协商同意变更合同。
5. 形成权人行使形成权使合同变更。

(三)合同变更的效力

1. 合同变更对已履行部分不具有溯及力。合同的变更原则上向将来发生效力,未变更的权利义务继续有效,已经履行的债务不因合同的变更而失去法律依据。
2. 合同的变更不影响当事人要求赔偿损失的权利。

二、合同转让

(一)合同转让概念

合同转让是指合同当事人一方依法将合同权利、义务全部或部分地转让给第三人。它包括合同权利的转让、合同义务的转让和合同权利义务的概括转让。

(二)合同权利的转让

1. 概念

合同权利的转让是指不改变合同的内容,合同债权人将其权利转让给第三人享有。包括部分和全部转让。

2. 合同权利转让的有效条件

(1)须转让的合同权利有可让与性。但有下列情形之一的除外:①根据合同性质不得转让;②按照当事人约定不得转让;③依照法律规定不得转让。法律、行政法规规定转让权利应当办理批准、登记等手续的,依照其规定。
(2)须所转让的合同债权为有效债权且让与人享有所转让的合同债权。
(3)须转让当事人的意思表示无瑕疵。
3. 合同权利转让的程序
债权人转让权利的,应当通知债务人。未经通知,该转让对债务人不发生效力。

(三)合同义务的转让
1. 概念
合同义务的转让是指在合同内容和标的不变的情形下,债务人将其合同义务转移给第三人承担。合同义务的转让可分为合同义务的部分转让和合同义务的全部转让。
2. 合同义务转让的有效条件
(1)须经债权人同意。
(2)须转让的合同义务有效存在并具有可让与性。
(3)法律、行政法规规定转让义务应当办理批准、登记等手续的,应办理批准、登记等手续。
3. 合同义务转让的效力
(1)承受人在受移转的债务范围内承担债务,成为新债务人,原债务人不再承担已移转的债务。
(2)新债务人取得原债务人享有的抗辩权。
(3)主债务的从债务一并由新债务人承担。

(四)合同权利义务的概括转让
1. 概念
合同权利义务的概括转让是指合同当事人一方将其权利义务一并转让给第三人承受。合同权利义务的概括转让既可因当事人之间的合意发生,也可因法律的直接规定发生。
2. 合同权利义务的合意概括转让
当事人一方经对方同意,可以将自己在合同中的权利和义务一并转让给第三人。权利和义务一并转让的,适用权利转让和义务转移的规定。
3. 合同权利义务的法定概括转让
合同的法定概括转让主要有两种情形:
(1)因继承而发生的。
(2)因法人的分立、合并而发生的。当事人订立合同后合并的,由合并后的法人或者其他组织行使合同权利,履行合同义务。当事人订立合同后分立的,除债权人和债务人另有约定的以外,由分立的法人或者其他组织对合同的权利和义务享有连带债权,承担连带债务。

任务6 合同权利义务的终止

一、合同权利义务的终止概述

(一)合同权利义务终止的概念

合同权利义务终止又称为合同的消灭,是指合同当事人双方间的权利义务于客观上已不复存在。

(二)合同权利义务终止的原因

根据《合同法》第91条,有下列情形之一的,合同的权利义务终止:

1. 债务已经按照约定履行;
2. 合同解除;
3. 债务相互抵销;
4. 债务人依法将标的物提存;
5. 债权人免除债务;
6. 债权债务同归于一人;
7. 法律规定或者当事人约定终止的其他情形。

(三)合同终止的效力

1. 合同当事人间的权利义务消灭。
2. 债权的担保及其他从属的权利及义务消灭。
3. 负债字据的返还。
4. 合同终止后的附随义务。
5. 合同终止不影响合同中结算和清理条款的效力。

二、合同解除

(一)合同解除的概念

合同的解除是指在合同依法成立后而尚未全部履行前,当事人基于协商或法律规定或者当事人约定而使合同关系归于消灭的一种法律行为。

(二)合同解除的种类

1. 协议解除

当事人协商一致,可以解除合同。

2. 约定解除

当事人可以约定一方解除合同的条件。解除合同的条件成就时,解除权人可以解除合同。

3. 法定解除

当事人一方依照法定的条件行使解除合同的权利。

（三）合同法定解除的条件

1. 因不可抗力不能实现合同目的。
2. 在履行期限届满前，当事人一方明确表示或者以自己的行为表明不履行主要债务。
3. 当事人一方迟延履行主要债务，经催告后在合理期限内仍未履行。
4. 当事人一方迟延履行债务或者有其他违约行为致使不能实现合同目的。
5. 法律规定的其他情形。

（四）合同解除的程序

协议解除合同的，需双方协商一致。法定解除合同的，一方主张解除合同时，需应通知对方。

（五）合同解除的效力

1. 合同解除的溯及力问题

合同解除后，尚未履行的，终止履行；已经履行的，根据履行情况和性质，当事人可以要求恢复原状或采取补救措施，并有权要求赔偿损失。

2. 合同解除与损害赔偿责任的问题

合同解除后，当事人可以要求赔偿损失。

三、抵销

（一）抵销的概念和种类

抵销是指当事人双方相互负有给付义务，将两项债务相互充抵，使其相互在对等额内消灭。抵销可分为法定抵销和合意抵销。

（二）法定抵销

1. 法定抵销的概念

法定抵销是指在具备法律所规定的条件时，依当事人一方的意思表示所为的抵销。

2. 法定抵销的条件

（1）必须是双方当事人互负债务、互享债权。
（2）双方互负的债务，必须标的物的种类、品质相同。
（3）必须是自动债权已届清偿期。
（4）必须是非依债的性质不能抵销。

当事人主张抵销的，应当通知对方，通知自到达对方时生效。

（三）合意抵销

合意抵销是当事人基于协议而实行的抵销。合同法规定：当事人互负到期债务的，标的物种类、品质不相同的，经双方协商一致，也可以抵销。

（四）抵销的效力

抵销的效力主要表现在几个方面：

1. 双方的债权债务于抵销数额内消灭。
2. 抵销的意思表示溯及于得为抵销之时。

3.抵销不得附条件或附期限。

四、提存

(一)提存概念

提存指由于债权人的原因而无法向其交付合同标的物时,债务人将该标的物交给提存部门而消灭合同的制度。

(二)提存的原因

1.债权人无正当理由拒绝受领。

2.债权人下落不明。

3.债权人死亡或丧失行为能力,又未确定继承人或者监护人。

4.法律规定的其他情形。

(三)提存的主体

提存的主体包括提存人、债权人、提存部门。在我国,提存部门是公证机关。

(四)提存的方法

提存人应在提存标的物的同时,提交提存书、债务证据、债权人受领迟延或下落不明等致使债务人无法履行的证据。

(五)提存的效力

由于提存涉及到三方当事人,提存分别在债务人与债权人之间,提存人与提存机关之间以及债权人与提存机关之间产生不同的法律效力。

1.债务人与债权人之间的效力

(1)自提存之日起,债务人的债务归于消灭。

(2)提存物在提存期间所产生的孳息归提存受领人所有。

(3)提存的不动产或其他物品的收益,除用于维护费用外,剩余部分应当存入提存账户。

(4)标的物提存使债权得到清偿,标的物所有权转移给债权人,标的物毁损灭失的风险也转移归债权人负担,但因提存部门过错造成毁损、灭失的,提存部门负有赔偿责任。

2.债务人与提存部门之间的效力

提存成立后,提存机关有保管提存物的义务。

3.债权人与提存部门之间的效力

自提存之日起5年内不行使而消灭。不宜保存的,债权人到期不领取或超过保管期限的提存物品,提存部门可以拍卖,保存其价款。提存费用由债权人承担。

五、免除

(一)免除的概念

免除是指债权人抛弃债权,从而全部或部分终止合同关系的单方行为。

(二)免除的方法

应由债权人以意思表示为之。免除的意思表示构成法律行为。免除为单独行为。

(三)免除的效力

免除发生债务绝对消灭的效力。债权的从权利也消灭。仅免除部分债务,合同关系仅部分终止。将来之债的免除,可视为附停止条件之债的免除,应该承认。免除不得损害第三人的合法权益。

六、混同

(一)混同概念

混同是指债权和债务同归一人,原则上致使合同关系消灭的事实。

(二)混同的原因

发生混同的原因可分为两种:一是概括承受,即合同关系的一方当事人概括承受他人权利与义务。二是特定承受,即因债权让与或债务承担而承受权利与义务。

(三)混同的效力

混同的效力是导致合同关系绝对消灭,并且主债消灭,从债也随之消灭。债权系他人权利的标的时,从保护第三人的合法权益出发,债权不消灭。

任务7 违约责任

一、违约责任的概念和特征

违约责任是指合同当事人因违反合同义务所应承担的民事责任。违约责任的特征如下:
1. 违约责任是以合同债务为基础的民事责任。
2. 违约责任是一种财产责任。
3. 违约责任可以由当事人约定。
4. 违约责任具有相对性。

二、违约责任的构成要件

(一)违约责任构成要件的概念

违约责任的构成要件是指当事人承担违约责任须具备的条件,也就是指在何种情况下,合同当事人才承担违约责任。

(二)违约行为

违约行为又称为违反合同的行为,是指合同当事人没有按照法律的规定和合同的约定履行合同义务的法律现象。违约行为可分为:

1. 预期违约

预期违约是指在合同履行期到来之前,合同一方当事人没有正当理由明示或默示表示将不履行合同,包括明示预期违约和默示预期违约。

2. 不履行合同

不履行合同是指合同当事人根本就没有实施履行合同义务的行为。不履行合同行为又分为拒绝履行和不可能履行。

3. 不适当履行

不适当履行是指合同债务人虽有履行合同义务的行为,但该履行行为不符合合同的约定。

三、违约责任的归责原则

(一)违约责任归责原则的概念

违约责任的归责原则是确定违约方的违约责任的根据或准则。

(二)我国合同法中的违约责任的归责原则

根据《合同法》的规定,对于不同的违约纠纷应当适用严格责任原则、过错责任原则、特殊过错责任原则三种不同的原则来处理。我国实行以严格责任原则为主导,以过错责任原则为补充的归责原则体系。

1. 严格责任原则

严格责任原则,也称为无过错责任原则,是指当事人违反合同义务即应承担责任。由此可见,严格责任原则适用于一般的合同关系中。

2. 过错责任原则

过错责任原则,是指合同当事人违反合同义务且存在过错时才承担违约责任。这一原则仅在少数合同关系中适用,如《合同法》第 406 条规定:"有偿的委托合同,因受托人的过错给委托人造成损失的,委托人可以要求赔偿损失。"

3. 特殊过错责任原则

特殊过错责任原则,是指当事人违反合同义务且存在故意或者重大过失时才承担违约责任。这一原则仅适用于无偿合同。

四、违约行为形态

违约行为形态是指根据违约行为违反义务的性质、特点而对违约行为作出的分类。

(一)预期违约

1. 概念和特点

预期违约也称为先期违约,是指在履行期限到来之前,一方无正当理由而明确表示其在履行期到来后将不履行合同,或者其行为表明其在履行期到来以后将不可能履行合同。具有下列特点:

(1)是在履行期到来之前的违约。

(2)侵害的是期待债权而不是现实中的债权。

(3)在责任后果上与实际的违约责任是不同的。

2. 分类

预期违约又包括明示毁约与默示毁约两种。明示毁约是指一方当事人无正当理由,明确肯定地向另一方当事人表示他将在履行期限到来时不履行合同。默示毁约指在履行期到来之前,一方以自己的行为表明其将在履行期限到来之后不履行合同,而另一方有足够的证据证明一方将不履行合同,但一方却不愿意提供必要的履行担保的。

(二)实际违约

在履行期限到来以后,当事人不履行或不完全履行合同义务,都构成实际违约。有以下几种类型:

1.拒绝履行

拒绝履行是指在合同期限到来以后,一方当事人无正当理由拒绝履行合同规定的全部义务。

2.迟延履行

迟延履行是指合同当事人的履行违反了履行期限的规定。履行迟延在广义上包括债务人的给付迟延和债权人的受领迟延,狭义上仅指债务人的给付迟延。

3.不适当履行

不适当履行是指当事人交付的标的物不符合合同规定的质量要求,也就是说履行具有瑕疵。

4.部分履行

部分履行是指合同虽然履行,但履行不符合数量的规定,或者说履行在数量上存在着不足。

5.其他不完全履行的行为

五、违约责任的免责事由

(一)违约责任免责事由的概念

违约责任的免责事由又称为免责条件,是指法律规定的或者当事人约定的免除违约当事人承担违约责任的情况。违约责任免责事由可分两类:一类是法律规定的免责条件;二是当事人在合同中约定的条件,一般称为免责条款。

(二)不可抗力

1.不可抗力的概念

不可抗力是指不能预见、不能避免并不能克服的客观现象。

2.不可抗力的效力

(1)部分或全部免除违约责任。因不可抗力不能履行合同的,根据不可抗力的影响,部分或全部免除违约责任,但法律另有规定的除外。当事人迟延履行后发生不可抗力的,不能免除责任。

(2)通知义务和提供证明义务。当事人一方因不可抗力不能履行合同的,应当及时通知对方,以减轻可能给对方造成的损失,并应在合理期限内提供证明。

(3)当事人可以约定不可抗力条款。

六、违约责任的形式

(一)继续履行

1.继续履行的概念

继续履行又称强制实际履行,是指于合同当事人一方不履行合同义务或履行合同义务不符合约定时,违约方应当承担的按合同的约定履行合同的责任。当事人订立合同均基于一定目的。只有合同义务得到全面履行,当事人的订约目的才能最终实现。

2.继续履行的适用条件

(1)债权人在合理期限内请求继续履行。

(2)继续履行须有可能。

(3)继续履行须有必要。

(4)债务的标的须适于强制履行。

(二)支付违约金

1.违约金的概念

违约金是指当事人在合同中约定的一方违反合同时应向对方支付的一定数额的款项。

2.支付违约金的条件

(1)合同中须有关于违约金的约定或者法律中有关于违约金的规定。

(2)违约方的违约行为属于应支付违约金的情形。

3.违约方与赔偿金的关系

约定的违约金低于造成的损失的,当事人可以请求人民法院或者仲裁机构予以增加;约定的违约金过分高于造成的损失的,当事人可以请求人民法院或者仲裁机构予以适当减少。

4.违约金与定金的关系

当事人既约定违约金,又约定定金的,一方违约时,对方可以选择适用违约金或者定金条款。

(三)赔偿损失

1.赔偿损失的概念和特征

赔偿损失是指违约方赔偿因其违约而给对方造成的损失。赔偿损失具有以下特点:

(1)赔偿损失具有普遍适用性。

(2)赔偿损失具有并用性。

(3)赔偿损失具有补偿性。

(4)赔偿损失的确定方式具有双重性。

2.赔偿损失的适用条件

(1)受害人一方受到损害。

(2)受害人的损害与违约行为之间有因果关系。

3.赔偿损失的原则

(1)完全赔偿原则。是指因违约方的违约使受害人遭受的全部损失都应当由违约方负赔偿责任。《合同法》第113条第1款规定:"当事人一方不履行合同义务或履行义务不符合约定,给对方造成损失的,损失赔偿额应相当于因违约所造成的损失,包括合同履行后可获得的利益。"

(2)合理预见原则。根据我国《合同法》第113条的规定,损害赔偿不得超过违反合同一方订立合同时预见到或应当预见到的,因违反合同可能造成的损失。

(3)减轻损失原则。即在一方违约并造成损失后,另一方应及时采取合理的措施以防止损失的扩大,否则,应对扩大部分的损失负责。

(4)损益相抵原则。是指债权人基于与损失发生的同一赔偿原因而受有利益时,其所能请求赔偿的数额应为从损失额中减去其所受利益的差额。

(5)过失相抵原则。又称混合过错规则,指受害方对违约损失的发生或扩大亦有过失时,可以减轻或免除违约方的赔偿责任。

(四)采取补救措施

所谓补救措施,是指矫正合同不适当履行的责任形式。具体包括修理、更换、重作、退货、减少价款或者报酬等违约责任。采取补救措施主要适用于当事人交付的标的物质量不符合约定的情形。

(五)定金制裁

定金是当事人一方于合同未履行前,为了证明合同的成立和保证合同的履行,在应支付的规定数额内,预先支付一定金额的款项作为债权的担保。

给付定金的一方不履行约定义务的,无权要求对方返还定金;接受定金的一方不履行约定义务时,应双倍返还定金。定金数额不得超过合同标的数额的20%。

七、责任竞合

(一)责任竞合的概念与特征

责任竞合是指由于某种法律事实的出现而导致两种或两种以上的责任产生,这些责任彼此之间是相互冲突的。主要表现为违约责任和侵权责任的竞合。

责任竞合有如下特点:

1. 是因某个违反义务的行为引起的。
2. 某个违反义务的行为符合两个或两个以上的责任构成要件。
3. 数个责任彼此之间相互冲突。

(二)违约责任与侵权责任的关系

1. 违约责任与侵权责任的区别

(1)在构成要件上。我国《合同法》规定的是无过错责任,而侵权行为一般是采用过错责任,仅产品、危险、环境污染、相邻关系等责任为无过错责任。因此,当事人以违约责任为诉讼理由的,无需举证对方有过错;以侵权责任为诉讼理由的,则需证明对方有过错。另外,侵权行为的构成必须以存在损害后果为必要,其所引起的侵权责任也以损害为构成要件,而违约行为和违约责任则不同,违约责任除赔偿损失以损害为构成要件外,其余均不以损害的实际发生为其构成要件。

(2)在赔偿范围上。违约责任的损失赔偿额可由当事人在合同中约定,如果没有约定,依我国《合同法》的规定,赔偿损失额应当相当于受害人因违约而受的损失,一般只包括直接损失。而在侵权责任中,赔偿范围原则上包括直接损失和间接损失,在侵害人格权时,可进行精神损害赔偿;不法造成他人死亡的,其赔偿范围可扩大到死者所抚养人的必要的生活费用等。

(3)在责任方式上。侵权责任既包括财产责任,如赔偿损失,也包括非财产责任,如消除影响,恢复名誉等;而违约责任主要是财产责任,如强制实际履行,支付违约金等。

(4)在免责条件上。违约责任中除了法定的免责条件外,合同当事人还可以事先约定不承担责任的情况。而在侵权责任中,免责条件或原因只能是法定的,当事人不能事先约定免责条件,也不能对不可抗力的范围事先约定。

(5)在对第三人的责任中有所不同。违约责任中,如果因第三人的过错致使合同债务不能履行,债务人首先应向债权人负责,然后才能向第三人追偿。而在侵权责任中,行为人仅对因自己的过错致使他人受损害的后果负责。

2. 违约责任与侵权责任的竞合

法律竞合是指由于某种法律事实的出现而导致两种或两种以上的权利产生,并使这些权利之间发生冲突的现象。违约责任与侵权责任的竞合是民法学上的竞合现象。因当事人一方的违约行为侵害对方人身、财产权益的,受损害方有权选择要求其承担违约责任或要求其承担侵权责任。

(三)违约责任与侵权责任竞合的处理

对违约责任和侵权责任竞合的处理在发生违约责任和侵权责任的竞合的情况下,允许受害人选择一种责任提起诉讼。

☞ **小结**

市场经济是交易经济。合同法是关于市场交易基本规则的法律,是市场经济的基本法律,与市场主体的生活密切相关,在我国的经济生活中发挥着十分重要的作用。合同法规范着市场主体的行为,确认市场竞争规则,维护着正常的市场秩序,是维系市场经济信用的基本法律手段。本项目系统、全面地介绍、阐释了合同法的基本概念、基本原理和基本规则。其内容主要包括:合同法概述、合同的订立、合同的效力、合同的履行、合同的变更和转让、合同权利义务的终止以及违约责任等。

☞ **实务训练**

一、案例分析示范

(一)案情介绍

甲公司通过电视发布广告,称:其有100辆某型号的汽车,每辆价格15万元,有意购买者可来公司商谈具体事宜,广告有效期10天。乙公司看到该则广告后于第三天自带金额为300万元的汇票去甲公司购车,但甲公司的车此时已全部售完,无货可供。乙公司以甲公司发出要约后又违反了要约，给自己造成信赖利益的损失，要求法院根据缔约过失责任的原则判决甲公司承担相应的法律责任。

(二)问题

1. 甲公司的行为是否属于要约？为什么？

2. 甲公司是否承担法律责任？为什么？

(三)法律评析

1. 本题目的是考察商业广告的法律性质。辨析要约与要约邀请的区别。

本案中甲公司的行为不属于要约。而是属于要约邀请。

《合同法》第14条规定："要约是希望和他人订立合同的意思表示。该意思表示应当符合下列规定:(1)内容具体确定;(2)表明经受要约人承诺，要约人即受该意思表示约束。"第15条规定："要约邀请是希望他人向自己发出要约的意思表示。寄送的价目表、拍卖公告、招标公告、招股说明书、商业广告等为要约邀请。"其第2款规定："商业广告的内容符合要约规定的，视为要约。"

根据上述法条规定，本案中的电视广告属于要约邀请，而不是要约。

2. 如果广告中包含了合同的主要条款，可以认为是一种要约。在本案中，甲公司发布的商业广告不具备合同的全部主要条款，故甲发布广告的行为不构成要约，而是要约邀请，因此，不存在违反要约，有缔约过失责任之说，乙的行为也就不构成承诺，甲不承担法律责任。

二、案例分析练习

2015年2月10日，进出口公司欲购买一批羽绒制品，发出一份广告，广告说明了该公司所需产品的种类、数量及质量标准，请有该产品的客商尽快与之联系。羽绒公司见广告后准备通过计算机系统向进出口公司发出一份要约，可进出口公司未指定系统。同年2月18日，羽绒公司发出一份传真到进出口公司，该传真件说明了羽绒公司提供的羽绒产品的数量、质量、规格、单价、交货期限、地点、交货方式等，并声明："贵公司如同意该条件，请于2月28日前支付20%的预付款。"后羽绒公司的业务员又于2月20日通过计算机电子邮件向进出口公司发出同样要约，进出口公司于2月27日以转账支票支付了20%的预付款。同年3月3日，进出口公司同时向俄罗斯A公司和B公司分别发出两份要约，要约表明进出口公司可以提供的羽绒产品的数量、质量、规格、价格、交货期限、地点和方式。并要求对方10天内答复。A公司于收到要约后第3天答复同意接受进出品公司的要约，但要求把交货期限提前，B公司收到要约后第4天答复同意接受进出口公司的要约，但要求提供产地证明，进出口公司于3月15日、16日分别收到A公司和B公司的答复，因进出口公司又找到更好的买家，所以没有再与A、B公司商谈，A、B两公司都要求进出口公司履行合同。

请回答一下问题：

1. 进出口公司的广告在性质上属于什么？为什么？

2. 羽绒公司的要约什么时间生效？为什么？

3. 进出口公司与羽绒公司是否成立合同关系？成立什么合同关系？为什么？合同什么时间成立？为什么？

4. 进出口公司应向 A 公司履行合同吗？为什么？

5. 进出口公司应向 B 公司履行合同吗？为什么？

三、思考题

1. 要约与要约邀请的区别是什么？
2. 简述承诺的构成要件。
3. 哪些情况下合同无效？
4. 不安抗辩权的适用条件有哪些？
5. 简述违约责任的构成。

项目五 工业产权法

❋ 案例导入

2009年4月23日位于德国慕尼黑的巴伐利亚州高等法院,宣布了对德国欧凯公司恶意抢注中国百年老字号"王致和"商标一案的二审裁决,基本维持一审裁决,王致和方面胜诉。法庭要求欧凯公司必须停止在德国使用"王致和"商标和标识,并撤销它在德国商标局抢注的"王致和"商标。

❋ 任务引入

你对商标法有哪些了解?

任务1 工业产权法概述

一、工业产权的概念和特征

知识产权,是指公民、法人、非法人单位对智力劳动所创造的成果依法享有的专有权利。知识产权主要包括著作权和工业产权。工业产权是知识产权的重要组成部分,是商标权与专利权的统称。

工业产权具有以下法律特征:

第一,专有性。工业产权是国家赋予权利人的一种独占使用、收益和处分的权利。即权利人享有对权利的独占权,排除他人享有同样权利的可能性。非经权利人许可,任何人均不得使用其专利和注册商标,否则,将构成侵权而受到法律的制裁。这是工业产权的一个基本特点。

第二，地域性。工业产权的地域性指的是根据一国法律，在该国取得的工业产权只在该国生效。即工业产权的专有性受到严格的地域限制，并不当然获得其他国家的承认和保护。尽管随着工业产权制度的国际化，在世界范围内形成了一套国际工业产权的保护制度，各国之间通过公约、条约等方式对他国工业产权予以承认和保护，但是，这并不否认工业产权的地域性，工业产权的国际化保护证明了地域性的存在。

第三，时间性。工业产权保护有一定的期限限制，权利人在法定期限内享有专有权，一旦法律规定的期限届满，这种专有权便自行失去效力，智力成果即进入公有领域，成为全社会的共有财富，人们可以无偿使用。工业产权在保护期限上的限性，解决了权利人专有权与社会需求形成的矛盾，这也是工业产权立法的根本目的所在。

二、工业产权法的概念和国际保护

工业产权法是调整因确认、保护和使用工业产权而发生的各种社会关系的法律规范的总称。迄今为止，我国先后相继颁布和实施了《中华人民共和国商标法》及其《中华人民共和国商标法实施条例》、《中华人民共和国专利法》及其《中华人民共和国专利法实施细则》。为了打击侵犯工业产权的违法犯罪活动，维护社会经济秩序，我国《刑法》对假冒注册商标等严重商标违法犯罪行为追究刑事责任；对假冒专利权违法犯罪行为依法追究刑事责任。

对工业产权进行国际保护，对于鼓励发明创造，促进世界各国的科学技术事业的交流与协作，促进世界各国经济的繁荣与发展，具有重要的意义。为此，各国政府在工业产权方面订立了一系列的国际条约，我国缔结或加入的国际公约主要有《保护工业产权巴黎公约》、《商标注册马德里协定》、《专利合作公约》等。

（一）《保护工业产权巴黎公约》

该公约是1883年3月在法国巴黎签定的，于1884年7月正式生效。《巴黎公约》签订100多年来，经过多次修改，它是保护工业产权方面影响最大的国际公约，公约的成员国达175个国家（截止到2013年7月）。我国于1984年11月14日经第六届全国人大常委会第八次会议决定加入巴黎公约，并于1985年3月19日正式成为该公约的成员国。该公约主要规定了三项原则：

1. 国民待遇原则。联盟任何成员国的国民，在保护工业产权方面，在联盟所有其他国家内应享有各该国法律现在授予或今后可能授予各该国国民的各种利益；一切都不应该损害本公约特别规定的权利。联盟国家的国民不得规定在其要求保护的国家须有住所或营业场所才能享有工业产权。

2. 优先权原则。公约成员国的国民第一次向一个成员国提出专利或商标注册申请后，在规定的期限内（发明和实用新型为12个月，外观设计和商标为6个月），就同一发明创造或商标向另一成员国提出相同主体的申请时，以第一次申请日作为在该国的申请日。在优先权期限内，申请人到需要保护的成员国提出申请，并行使优先权，避免了同时到多个国家申请的困难，也保证了其工业产权能得到及时保护。

3. 独立性原则。成员国国民向成员国申请专利，就同一发明创造取得的专利是相互独立的。在成员国一个国家注册的商标，与在其他成员国注册的商标，是相互独立的。就是各成员国独立地按照本国法律的规定决定是否给予专利权或者商标专用权,不受该专利权或者商标专用权在其他成员国的影响。

(二)《商标国际注册马德里协定》

《商标国际注册马德里协定》于1891年在西班牙马德里签订。《商标国际注册马德里协定有关议定书》于1989年通过。马德里体系包含93个成员国(截止到2015年6月),65个国家是《商标国际注册马德里协定》的成员国,76个国家是《商标国际注册马德里协定有关议定书》的成员国。该协定体系的建立,目的是简化商标国际注册程序,使商标申请人能在最短时间内,以最低成本在所需国家获得通过。我国自1989年10月4日起加入了《商标国际注册马德里协定》;1995年12月1日我国加入了《商标国际注册马德里协定有关议定书》。

该协定规定,缔约国的任何申请人,在其所属国办理了某一商标注册后,对该商标就可以向世界知识产权组织的国际局申请国际注册。国际局收到申请即予以公告,并通知申请人要求给予保护的各缔约国。被要求保护的缔约国接到国际局的通知后,有权在一年内对是否给予保护作出决定。如果在一年的期限内不向国际局提出驳回在该国注册的声明,即视为该商标已在该国核准注册。协定还规定,商标国际注册的申请人,必须先在所属国注册,然后由所属国注册当局向知识产权组织的国际局提出国际注册的申请。

任务2 商 标 法

一、商标和商标法的概念

(一)商标的概念

商标是商品和商业服务的标志。它是商品生产者、经营者为使自己生产、销售的商品和提供的服务,同他人生产、销售的商品和提供的服务相区别的一种标志。这种标志通常用文字、图形、字母、数字、三维标志和颜色组合和声音等,以及上述要素的组合来表示。可以将商标用于商品、商品包装或者容器以及商品交易文书上,或者将商标用于广告宣传、展览以及其他商业活动中。

商标按不同标准可进行不同的分类:按商标的构成要素,可分为文字商标、图形商标和组合商标;按商标使用的用途,可分为商品商标、服务商标、证明商标和集体商标。按商标的权利形态,可以分为注册商标、未注册商标和驰名商标。

(二)商标的作用

1. 区别功能。这是商标最本质、最基本的作用。通过商标,可以了解商品的来源和服务处所,把不同的经营者、生产者区别开来。

2. 监督作用。质量是商标信誉的基础;商标又是质量的保证。消费者通常总是通过商标对相同种类的商品和服务项目的质量进行比较和鉴别,商标和质量的这种联系,有助于促进企业提高产品质量和服务水平,也有利于政府的管理和监督。

3. 宣传价值。商标是生产经营者与消费者之间的桥梁，商标的知名度往往影响消费者的消费选择。因此，对自己的商标进行广告宣传，可以给人们留下深刻的影响，起到促进生产与消费的作用。

4. 提升竞争力。在国际贸易中，商标对提高商品和服务的竞争力，开拓市场、促进销售起着十分重要的作用。

（三）商标法

商标法是调整在确认、保护商标专用权和商标使用过程中所发生的社会关系的法律规范的总称。我国是1982年8月23日通过了《中华人民共和国商标法》，并于2013年8月30日对《商标法》进行了第三次修正，并于2014年5月1日起施行。我国商标法的任务是：加强商标管理，保护商标专有权，促进生产、经营者保证商品和服务质量，维护商标信誉，以保障消费者和生产、经营者的利益，促进社会主义市场经济的发展。

二、商标注册

（一）商标注册的概念

商标注册是商标使用人依照法律规定的条件和程序，将其商标向商标局提出注册申请，经商标局审查，授予注册申请人以商标专用权的法律活动。商标经商标局核准注册后即成为注册商标，商标注册人享有商标专用权，受法律保护。

（二）商标注册的原则

根据《商标法》的规定，商标注册应遵循以下基本原则：

1. 自愿注册的原则

商品和服务的商标是否注册由当事人自主决定。商标注册采取自愿注册的原则，对个别商品实行商标强制注册，"国家规定必须使用注册商标的商品，必须申请商标注册，未经核准注册的，不得在市场销售"。国家规定必须使用注册商标的商品是烟草制品，包括香烟、雪茄和有包装的烟丝。

2. 申请在先的原则

两个或两个以上的申请人在同一类或类似商品、服务上，以相同或者近似的商标申请注册的，初步审定并公告申请在先的商标；同一天申请的，初步审定并公告使用在先的商标，驳回他人的申请，不予公告。同日使用或者均未使用的，申请人应当进行协商解决；不愿协商或者超过30天达不成协议协商不成的，商标局通知各申请人以抽签的方式确定一个申请人，驳回其他人的注册申请。商标局已经通知但申请人未参加抽签的，视为放弃申请，商标局应当书面通知未参加抽签的申请人。

3. "一份申请、多类商品、一个商标"原则

申请人应根据国家公布的商品和服务分类表申请。商标注册申请人应当按规定的商品分类表填报使用商标的商品类别和商品名称，提出注册申请。商标注册申请人可以通过一份申请就多个类别的商品申请注册同一商标。商标注册申请等有关文件，可以以书面方式或者数据电文方式提出。

注册商标需要在核定使用范围之外的商品上取得商标专用权的，应当另行提出注册申

请。注册商标需要改变其标志的,应当重新提出注册申请。

(三)商标注册的条件

1. 申请人

自然人、法人或者其他组织对其生产、制造、加工、拣选或者经销的商品,需要取得商标专用权的,应当向商标局申请商品商标注册。自然人、法人或者其他组织对其提供的服务项目,需要取得商标专用权的,应当向商标局申请服务商标注册。

外国人或者外国企业在中国申请商标注册的,应当按其所属国和中华人民共和国签订的协议或者共同参加的国际条约办理,或者按对等原则办理。

外国人或者外国企业在中国申请商标注册和办理其他商标事宜的,应当委托国家认可的具有商标代理资格的组织代理。

2. 申请注册的商标,应当有显著特征

商标的显著特征,是指商标的独特性或可识别性,无论文字商标、图形商标,或由文字、图形组合而成的商标,必须具备显著特征,容易为人们所识别,才能获准注册。申请注册的商标,应当有显著特征便于识别,并不得与他人在先取得的合法权利相冲突。

3. 商标禁用条款

并非一切文字、图形等都可以作为商标,我国《商标法》第十条规定,下列标志不得作为商标使用:

(1)同中华人民共和国的国家名称、国旗、国徽、国歌、军旗、军徽、军歌、勋章等相同或者近似的,以及同中央国家机关的名称、标志、所在地特定地点的名称或者标志性建筑物的名称、图形相同的;

(2)同外国的国家名称、国旗、国徽、军旗等相同或者近似的,但经该国政府同意的除外;

(3)同政府间国际组织的名称、旗帜、徽记相同或者近似的,但经该组织同意或者不易误导公众的除外;

(4)与表明实施控制、予以保证的官方标志、检验印记相同或者近似的,但经授权的除外;

(5)同"红十字"、"红新月"的名称、标志相同或者近似的;

(6)带有民族歧视性的;

(7)带有欺骗性,容易使公众对商品的质量等特点或者产地产生误认的;

(8)有害于社会主义道德风尚或者有其他不良影响的。

县级以上行政区划的地名或者公众知晓的外国地名,不得作为商标。但是,地名具有其他含义或者作为集体商标、证明商标组成部分的除外;已经注册的使用地名的商标继续有效。

4. 注册商标禁用标志

我国《商标法》第十一条规定,下列标志不得作为商标注册:

(1)仅有本商品的通用名称、图形、型号的;

(2)仅直接表示商品的质量、主要原料、功能、用途、重量、数量及其他特点的;

(3)其他缺乏显著特征的。

(四)商标注册的程序

1. 商标注册申请

商标注册申请人向商标局提出注册申请，提交相关文件。申请人申请商标注册的有关事宜，可委托国家工商行政管理总局商标局认可的商标代理组织代理，也可直接办理。外国人或外国企业在中国申请商标注册和办理其他商标事宜，应当委托国家认可的具有商标代理资格的组织代理。

商标注册申请人自其商标在外国第一次提出商标注册申请之日起六个月内，又在中国就相同商品以同一商标提出商标注册申请的，依照该外国同中国签订的协议或者共同参加的国际条约，或者按照相互承认优先权的原则，可以享有优先权。

商标在中国政府主办的或者承认的国际展览会展出的商品上首次使用的，自该商品展出之日起六个月内，该商标的注册申请人可以享有优先权。

2.商标注册审查

（1）初步审定公告。对申请注册的商标，商标局应当自收到商标注册申请文件之日起九个月内审查完毕，符合《商标法》规定的，予以初步审定公告。凡不符合《商标法》规定的，商标局驳回申请，不予公告。

（2）异议。对初步审定公告的商标，自公告之日起3个月内，任何人均可提出异议。对异议人的异议是否成立，由商标局作出决定。

（3）复审。商标局设立负责处理商标争议事宜的商标评审委员会，复审是由商标评审委员会对当事人不服商标局所作驳回商标注册申请和异议的决定而提出的复审申请重新进行的审查。对驳回申请、不予公告的商标，商标局应当书面通知商标注册申请人。商标注册申请人不服的，可以自收到通知之日起十五日内向商标评审委员会申请复审，由商标评审委员会做出决定，并书面通知申请人。

对初步审定、予以公告的商标提出异议的，商标局应当听取异议人和被异议人陈述事实和理由，经调查核实后，做出决定。商标局做出不予注册决定，被异议人不服的，可以自收到通知之日起十五日内向商标评审委员会申请复审。由商标评审委员会做出复审决定，并书面通知异议人和被异议人。

（4）核准。对初步审定的商标，在异议期间无人提出异议或经裁定异议不成立的，商标局应予核准注册，发给申请人《商标注册证》，并进行公告。

三、注册商标专用权及其法律保护

（一）注册商标专用权人的权利

1.专用权。注册商标的所有人对其注册商标享有独占、排他的权利。

2.转让权。商标专用权可以依法进行转让。转让注册商标的，转让人和受让人应当签订转让协议，并共同向商标局提出申请。受让人应当保证使用该注册商标的商品质量。转让注册商标经核准后，予以公告。受让人自公告之日起享有商标专用权。

3.使用许可权。商标注册人可以通过签订商标使用许可合同，许可他人使用其注册商标。许可人应当监督被许可人使用其注册商标的商品质量。被许可人应当保证使用该注册商标的商品质量。经许可使用他人注册商标的，必须在使用该注册商标的商品上标明被许可人的名称和商品产地。商标使用许可合同应当报商标局备案。

4.司法保护权。当自己的商标权受到侵害时，商标权人有权提起司法保护的权利。司法机关有义务提供保护。

(二)注册商标专用权的保护

注册商标只有在有效期限内才受法律保护。注册商标的有效期为10年,自商标核准注册之日起计算。注册商标有效期满,需要继续使用的,应当在有效期满前12个月内申请续展注册;在此期间未能提出申请的,可以给予6个月的宽展期,期满未办理续展手续的,注销其注册商标。每次续展注册的有效期为10年,续展的次数没有限制。

商标侵权行为,是指违反商标法规定,侵犯他人注册商标专用权的行为。根据《商标法》的规定,下列行为属于商标侵权行为:

(1)未经商标注册人的许可,在同一种商品上使用与其注册商标相同的商标的;

(2)未经商标注册人的许可,在同一种商品上使用与其注册商标近似的商标,或者在类似商品上使用与其注册商标相同或者近似的商标,容易导致混淆的;

(3)销售侵犯注册商标专用权的商品的;

(4)伪造、擅自制造他人注册商标标识或者销售伪造、擅自制造的注册商标标识的;

(5)未经商标注册人同意,更换其注册商标并将该更换商标的商品又投入市场的;

(6)故意为侵犯他人商标专用权行为提供便利条件,帮助他人实施侵犯商标专用权行为的;

(7)给他人的注册商标专用权造成其他损害的。

侵犯注册商标专用权的行为引起纠纷的,由当事人协商解决;不愿协商或者协商不成的,商标注册人或者利害关系人可以向人民法院起诉,也可以请求工商行政管理部门处理。工商行政管理部门处理时,认定侵权行为成立的,责令立即停止侵权行为,没收、销毁侵权商品和专门用于制造侵权商品、伪造注册商标标识的工具,并可处以罚款。进行处理的工商行政管理部门根据当事人的请求,可以就侵犯商标专用权的赔偿数额进行调解;调解不成的,当事人可以依照《中华人民共和国民事诉讼法》向人民法院起诉。侵犯商标专用权的赔偿数额,按照权利人因被侵权所受到的实际损失确定;实际损失难以确定的,可以按照侵权人因侵权所获得的利益确定;权利人的损失或者侵权人获得的利益难以确定的,参照该商标许可使用费的倍数合理确定。权利人因被侵权所受到的实际损失、侵权人因侵权所获得的利益、注册商标许可使用费难以确定的,由人民法院根据侵权行为的情节判决给予三百万元以下的赔偿。

对侵犯注册商标专用权的行为,工商行政管理部门有权依法查处;涉嫌犯罪的,应当及时移送司法机关依法处理。

未经商标注册人许可,在同一种商品上使用与其注册商标相同的商标,构成犯罪的,除赔偿被侵权人的损失外,依法追究刑事责任;伪造、擅自制造他人注册商标标识或者销售伪造、擅自制造的注册商标标识,构成犯罪的,除赔偿被侵权人的损失外,依法追究刑事责任;销售明知是假冒注册商标的商品,构成犯罪的,除赔偿被侵权人的损失外,依法追究刑事责任。

四、商标的管理

(一)商标管理机构

我国《商标法》第二条规定:"国务院工商行政管理部门商标局主管全国商标注册和管理工作。国务院工商行政管理部门设立商标评审委员会,负责处理商标争议事宜。"地方各级工商行政管理局是地方各级商标管理机关。

我国商标管理工作实行商标集中注册、分级管理的原则。国家工商行政管理总局商标局主要职责是受理商标注册申请,审查核准商标注册,对商标异议决定是否成立,办理注册商标的转让、变更、续展注册,注销和撤消注册商标等。地方各级工商行政管理机关对商标管理的职责主要有负责商标申请注册和注册商标的转让、变更、续展的核转工作,对商标和商标标识的印刷进行管理,处理商标侵权行为和违反商标法的行为。

(二)商标使用管理

《商标法》规定,使用注册商标有下列行为之一的,由商标局责令限期改正或撤销其注册商标:自行改变注册商标的;自行改变注册商标的注册人名义、地址或者其他注册事项的;连续3年停止使用的。

将未注册商标冒充注册商标使用的,或者使用未注册商标违反本法第十条规定的,由地方工商行政管理部门予以制止,限期改正。

对商标局撤销注册商标的决定,当事人不服的,可以自收到通知之日起十五日内向商标评审委员会申请复审,由商标评审委员会做出决定,并书面通知申请人。当事人对商标评审委员会的决定不服的,可以自收到通知之日起三十日内向人民法院起诉。

(三)商标注册的无效宣告

1. 商标注册的无效

对已经注册的商标,因违反《商标法》规定,或者是以欺骗手段或者其他不正当手段取得注册的,由商标局宣告该注册商标无效;其他单位或者个人可以请求商标评审委员会宣告该注册商标无效。

(1)商标使用了《商标法》第十条规定禁止使用的文字、图形。

(2)商标使用了《商标法》第十一条规定禁止使用的本商品的通用名称;直接表示商品的质量、主要原料、功能等;商标缺乏显著特征的。

(3)三维标志自身有功能性或者有实质性价值。

(4)以欺骗手段或者其他不正当手段取得注册的。

对已经注册的商标,因违反《商标法》规定,自商标注册之日起五年内,在先权利人或者利害关系人可以请求商标评审委员会宣告该注册商标无效。对恶意注册的,驰名商标所有人不受五年的时间限制。

(1)商标是复制、摹仿或者翻译他人的驰名商标,容易导致混淆的或误导公众的。

(2)未经授权,代理人或者代表人以自己的名义将被代理人或者被代表人的商标进行注册,被代理人或者被代表人提出异议的。

(3)商标中有商品的地理标志,而该商品并非来源于该标志所标示的地区,误导公众的(已经善意取得注册的继续有效)。

(4)损害他人现有的在先权利,以不正当手段抢先注册他人已经使用并有一定影响的商标。

2. 无效的注册商标的法律后果

依照《商标法》规定宣告无效的注册商标,由商标局予以公告,该注册商标专用权视为自始即不存在。

任务3 专利法

一、专利和专利法的概念

"专利"一词有多种含义,一般来说,专利就指专利权,它是国家专利主管机关依照法律规定的条件和程序,授予申请人在一定期限内对某项发明创造享有的独占权。通常情况下,人们还将获得专利权的发明创造成果称为专利,也有将专利产品称为专利。

专利法是调整申请、取得、利用和保护专利过程中发生的社会关系的法律规范的总称。我国专利法是于1984年3月12通过,自1985年4月1日起施行,并于2008年12月27日对《中华人民共和国专利法》进行了第三次修订,修订后的《专利法》自2009年10月1日起施行。2001年6月15日,国务院发布了《中华人民共和国专利法实施细则》,根据2010年1月9日国务院的修订,修订后的细则自2010年2月1日起施行。

我国《专利法》第一条明确了立法的目的是为了保护专利权人的合法权利,鼓励发明创造,推动发明创造的应用,提高创新能力,促进科学技术进步和经济社会发展。

二、专利权的主体和客体

(一)专利权的主体

专利权主体是指申请并获得专利权的单位和个人。根据我国专利法的规定,可以申请专利权的发明创造分为职务发明创造和非职务发明创造。专利权的主体是指有权申请专利并获得专利权的单位和个人,主要包括:

1. 发明人或设计人

非职务发明创造,申请专利的权利属于发明人或者设计人;申请被批准后,该发明人或者设计人为专利权人。发明人或设计人,是指对发明创造的实质性特点做出创造性贡献的自然人,可以是一个人,也可以是多个人。在完成发明创造过程中,只负责组织工作的人、为物质技术条件的利用提供方便的人或者从事其他辅助工作的人,不是发明人或者设计人。

2. 发明人或设计人所在的单位

发明人或设计人完成的职务发明创造,申请专利的权利属于其所在单位。执行本单位的任务或者主要是利用本单位的物质技术条件所完成的发明创造为职务发明创造。职务发明创造申请专利的权利属于该单位;申请被批准后,该单位为专利权人。利用本单位的物质技术条件所完成的发明创造，单位与发明人或者设计人订有合同，对申请专利的权利和专利权的归属有约定的，从其约定。

为执行本单位的任务所完成的职务发明创造，是指：

(1)在本职工作中做出的发明创造；

(2)履行本单位交付的本职工作之外的任务所做出的发明创造；

(3)退职、退休或者调动工作后1年内做出的，与其在原单位承担的本职工作或者原单位分配的任务有关的发明创造。

发明人或设计人所在的单位包括临时工作单位；本单位的物质技术条件，是指本单位的资金、设备、零部件、原材料或者不对外公开的技术资料等。

3. 共同发明人、设计人

共同发明人、设计人是指由两个以上的单位或个人共同完成的发明创造，它包括两个以上的单位或个人协作完成的发明创造和一方接受他方委托研究设计任务所完成的发明创造。上述完成发明创造单位和个人，称为共同发明创造人。共同完成的发明创造，除另有协议的外，申请专利的权利及取得专利的权利属于共同完成人；一方委托他方完成的发明创造，有协议的按照协议约定，没有协议的，申请专利的权利及取得专利的权利属于受托方，但委托人可以免费使用。

4. 发明创造的合法受让人

做出发明创造的单位和个人可以将自己所有的专利申请权转让给他人，合法受让人有权就受让的发明创造申请专利，申请被批准后，专利权归该申请人所有。

(二)专利权的客体

专利权的客体，是专利法的保护对象，既可以获得专利法保护的发明创造。我国专利法所称的发明创造是指发明、实用新型和外观设计三种。

1. 发明。发明是对产品、方法或者其改进所提出的新的技术方案。发明是一种技术方案。发明分为产品发明和方法发明。

2. 实用新型。实用新型是指对产品的形状、构造或者其结合所提出的适于实用的新的技术方案。实用新型仅限于产品，仅适用于具有固定形状或结构的产品。同发明相比，实用新型对产品创造性要求较低，故又称为"小发明"。

3. 外观设计。外观设计是指对产品的形状、图案或者其结合以及色彩与形状、图案的结合所做出的富有美感并适于工业应用的新的设计。外观设计与技术无关，它必须以产品为载体，富有美感，适合工业应用。

三、专利权的取得

(一)专利权申请的原则

1. 自愿原则

是否申请专利，完全由当事人自己决定，任何人都不得干涉。当事人既可以申请专利，也可以将技术或设计保密，还可以无偿地向社会公开该发明。

2. 申请在先原则

两个或两个以上的人就同样的发明创造提出专利申请,只对先提出专利申请的人进行审查,专利权授予最先向专利局提出申请人。如果两个以上的申请人在同一日期分别就同样的发明创造申请专利的,应当在收到专利局的通知后自行协商确定申请人。

3. 优先权原则

申请人自发明或实用新型在外国第一次提出专利申请之日起 12 个月内,或者自外观设计在外国第一次提出申请之日起 6 个月,又在中国就相同主题提出专利申请的,依照外国同我国签订的协定和共同参加的国际条约,或依照相互承认优先的原则,可以享受优先权,即把该申请人第一次提出专利申请的申请日,作为在我国的申请日。

(二)授予专利权的条件

根据《专利法》第 22 条规定,授予发明和实用新型专利权应具备下列条件:

1. 新颖性

新颖性,是指是指该发明或者实用新型不属于现有技术;也没有任何单位或者个人就同样的发明或者实用新型在申请日以前向国务院专利行政部门提出过申请,并记载在申请日以后公布的专利申请文件或者公告的专利文件中。

申请专利的发明创造在申请日以前 6 个月内有下列情形之一的,不丧失新颖性:

(1)在中国政府主办或者承认的国际展览会上首次展示的;

(2)在规定的学术会议或者技术会议上首次发表的;

(3)他人未经同意而泄露其内容的。

2. 创造性

创造性是指与现有技术相比,该发明具有突出的实质性特点与显著的进步,该实用新型有实质性特点和进步。

3. 实用性

实用性是指该发明或者实用新型能够制造或者使用,并且能够产生积极效果。如果是产品发明,要求它在生产中能够批量生产;如果是方法发明,则要求能够在实际生产中被反复使用。这是从发明创造的技术属性和社会属性出发提出的要求。

《专利法》还规定了,不能授予专利权的几种情况:

(1)科学发现;

(2)智力活动的规则和方法;

(3)疾病的诊断和治疗方法;

(4)动物和植物品种;

(5)用原子核变换方法获得的物质;

(6)对平面印刷品的图案、色彩或者二者的结合作出的主要起标识作用的设计。

对于第 4 项所列动物和植物品种不能授予专利,但其产品的生产方法,可以依照专利法规定授予专利权。

根据《专利法》第 23 条规定,授予外观设计专利权应具备下列条件:

1. 授予专利权的外观设计,应当不属于现有设计;也没有任何单位或者个人就同样的外观设计在申请日以前向国务院专利行政部门提出过申请,并记载在申请日以后公告的专利文件中。

2. 授予专利权的外观设计与现有设计或者现有设计特征的组合相比,应当具有明显区别。授予专利权的外观设计不得与他人在申请日以前已经取得的合法权利相冲突。

(三)申请专利权的程序

1. 申请

申请人申请发明或者实用新型专利的,必须向专利局提出申请,应当提交请求书、说明书及其摘要和权利要求书等文件。

(1)请求书。这是当事人向专利局提出的请求专利局批准专利权的主要文件,它应当写明发明或实用新型名称、发明人姓名、申请人姓名或名称、地址,以及其他事项。

(2)说明书及其摘要。这是对发明创造内容的具体说明。说明书应当对发明或者实用新型作出清楚、完整的说明,以所属技术领域的技术人员能够实现为准;必要的时候,应当有附图。说明书摘要,应当简要说明发明或者实用新型的技术要点。

(3)权利要求书。这是申请人请求保护的技术内容。权利要求书应当以说明书为依据,清楚、简要地限定要求专利保护的范围。

依赖遗传资源完成的发明创造,申请人应当在专利申请文件中说明该遗传资源的直接来源和原始来源;申请人无法说明原始来源的,应当陈述理由。

申请人申请外观设计专利的,必须向专利局提出申请,应当提交请求书、该外观设计的图片或者照片以及对该外观设计的简要说明等文件。申请人提交的有关图片或者照片应当清楚地显示要求专利保护的产品的外观设计。

2. 审查

专利申请的审查是一项发明创造能否获得专利权的决定性程序,对于发明专利申请,具体要经过以下几个阶段:

(1)初步审查。初步审查又叫形式审查。专利局收到发明专利申请后,对申请文件是否齐备、书写是否规范等,以及是否属于授予专利权和范围和实质性条件是否存在明显缺陷进行审查。对明显不属于专利法保护的客体,对违反国家法律、社会公德或者妨害公共利益的发明创造,不授予专利权。

(2)早期公开。经初步审查,专利局认为符合《专利法》要求,自申请日起满 18 个月,即进行公布;专利局也可根据申请人的请求早日公布其申请。早期公开,有利于避免重复研究造成的浪费。

(3)实质审查。是专利局对发明创造是否具备实质性条件所进行的审查。自申请日起3 年内,专利局可以根据申请人随时提出的请求,对其申请进行审查;申请人无正当理由逾期不请求实质审查的,该申请即被视为撤回。专利局认为必要时,也可自行对发明专利申请进行实质审查。

3. 驳回

专利局对发明专利申请进行实质审查后,认为不符合专利法规定的,应当通知申请人,要求其在指定的期限内陈述意见,或者对其申请进行修改。无正当理由逾期不答复的,该申请即被视为撤回。

发明专利申请经申请人陈述意见或者进行修改后,国务院专利行政部门仍然认为不符合本法规定的,应当予以驳回。

4. 批准

发明专利申请经实质审查没有发现驳回理由的,由国务院专利行政部门作出授予发明专利权的决定,发给发明专利证书,同时予以登记和公告。发明专利权自公告之日起生效。

对实用新型和外观设计专利申请,经初步审查有不符合专利法规定情形的,应当驳回其申请;没有发现驳回理由的,由国务院专利行政部门作出授予实用新型专利权或者外观设计专利权的决定,发给相应的专利证书,同时予以登记和公告。实用新型专利权和外观设计专利权自公告之日起生效。

5. 专利权的复审

专利申请人对专利局驳回申请的决定不服的,可以自收到通知之日起三个月内,向专利复审委员会请求复审。专利复审委员会复审后,作出决定,并通知专利申请人。

专利申请人对专利复审委员会的复审决定不服的,可以自收到通知之日起三个月内向人民法院起诉。

四、专利权人的权利和义务

(一)专利权人的权利

专利权是专利权人在专利有效期内对其发明创造享有独占权,其具体内容有:

1. 专利独占实施权

这是专利权人最基本的权利,包括两个方面的内容:自己实施专利的权利,即自己制造、使用、销售专利产品和使用专利方法的权利;禁止权,即禁止他人在未经专利权人许可的情况下,为生产经营目的制造、使用、销售、进口其专利产品,或者使有其专利方法以及使用、销售、进口依照该专利方法直接获得的产品。

2. 专利转让权

专利转让权是指专利权人依法将自己所有或持有的专利转让给他人的权利。专利权属于知识产权,专利权人可以通过买卖、赠与、出资等方式将其专利进行转让。但转让必须符合法律规定,当事人应当订立书面专利权转让合同,经专利局登记,由专利局予以公告。专利权的转让自登记之日起生效。

中国单位或者个人向外国人转让专利申请权或者专利权的,必须经国务院有关主管部门批准。

3. 专利实施许可权

专利实施许可权是专利权人许可他人实施其专利并取得专利使用费的权利。专利权人应与被许可人订立书面专利实施许可合同,被许可方取得了专利实施权,被许可人取得了可以生产制造、使用、销售专利产品的权利,作为代价被许可人向专利权人支付专利实施许可费。

4. 专利标记权

专利权人有权在其专利产品或者该产品的包装上标明专利标记和专利号。

5. 请求权

当专利受到不法侵害时,专利权人有权请求国家机关消除侵权行为,并有要求赔偿损失的权利。

6. 放弃权

专利权人有权以书面形式放弃其专利权。

(二)专利权人的义务

1. 实施义务

指专利权人及其许可人在中国境内为了生产经营的目的,而制造、使用和销售专利产品或使用其专利方法在中国实施其专利。

2. 缴纳专利年费

专利年费是为维护专利权而需要的必要费用。

专利权人应自被授予专利权的当年开始缴纳年费,否则将导致专利权终止。

3. 对职务发明创造的发明人和设计人给予奖励

被授予专利权的单位应当对职务发明创造的发明人或者设计人给予奖励;发明创造专利实施后,根据其推广应用的范围和取得的经济效益,对发明人或者设计人给予合理的报酬。奖金不能低于国家规定的标准,报酬按实施专利获取利润的一定比例支付。

五、专利权的期限、终止和无效

(一)专利权的期限

《专利法》规定,发明专利权的期限为20年,实用新型和外观设计专利权的期限为10年,均自申请日起计算。

(二)专利权的终止

专利权的终止是指专利权失去法律效力。主要有两种原因:一是因期限届满而终止;二是在期限届满前终止。期限届满前终止主要有两种情况:专利权人未按规定缴纳专利年费;专利权人以书面声明放弃其专利权而在期限届满前终止。

专利权终止后,被授予专利权的发明创造进入公有领域,任何人和组织都可以无偿使用。

(三)专利权无效

专利权被授予之后,任何单位或者个人认为该专利权的授予不符合本法有关规定的,自国务院专利行政部门公告授予专利权之日起,可以请求专利复审委员会宣告该专利权无效。实施专利权无效宣告制度,有利于社会对专利授权行为进行监督,从而保证专利的质量。

专利复审委员会对宣告专利权无效的请求应当及时审查和作出决定,并通知请求人和专利权人。

对专利复审委员会宣告专利权无效或者维持专利权的决定不服的,可以自收到通知之日起三个月内向人民法院起诉。人民法院应当通知无效宣告请求程序的对方当事人作为第三人参加诉讼。

被宣告无效的专利权视为自始不存在。

六、专利实施的强制许可

专利实施的强制许可是指国家专利局依据法律规定的情形,不经专利权人同意而允许他人实施其发明专利和实用新型专利的行政强制许可方式。被强制许可的专利只涉及发明和实用新型,而不包括外观设计。专利强制许可的目的在于防止专利权滥用,维护国家利益和公共利益,促进发明创造的推广和应用。

强制许可的法定情形有以下几种:

(一)国务院专利行政部门根据具备实施条件的单位或者个人的申请,可以给予实施发明专利或者实用新型专利的强制许可:

1. 专利权人自专利权被授予之日起满三年,且自提出专利申请之日起满四年,无正当理由未实施或者未充分实施其专利的;

2. 专利权人行使专利权的行为被依法认定为垄断行为,为消除或者减少该行为对竞争产生的不利影响的。

(二)在国家出现紧急状态或者非常情况时,或者为了公共利益的目的,国务院专利行政部门可以给予实施发明专利或者实用新型专利的强制许可。

(三)为了公共健康目的,对取得专利权的药品,国务院专利行政部门可以给予制造并将其出口到符合中华人民共和国参加的有关国际条约规定的国家或者地区的强制许可。

(四)一项取得专利权的发明或者实用新型比以前的专利有重大技术进步,其实施有赖于前一专利的实施的,国务院专利行政部门根据后一专利权人的申请,可以给予实施前一发明或者实用新型的强制许可。

同样道理,国务院专利行政部门根据前一专利权人的申请,也可以给予实施后一发明或者实用新型的强制许可。

国务院专利行政部门作出的给予实施强制许可的决定,应当及时通知专利权人,并予以登记和公告。

七、专利权的保护

(一)专利权的保护范围

发明或者实用新型专利权的保护范围以其权利要求的内容为准,说明书及附图可以用于解释权利要求。

外观设计专利权的保护范围以表示在图片或者照片中的该外观设计专利产品为准。简要说明可以用于解释图片或者照片所表示的该产品的外观设计。

(二)侵犯专利权的行为

侵犯专利权的行为是指在专利权有效期内,行为人未经专利权人许可,实施其专利的行为。侵犯专利权的行为构成要件为:

1. 有侵权行为发生。即未经专利权人许可,实施其专利技术;

2. 侵犯的客体是有效的专利权。该专利在法律保护的期限范围内。

(三)不视为侵权行为的情形

1. 专利产品或者依照专利方法直接获得的产品,由专利权人或者经其许可的单位、个人售出后,使用、许诺销售、销售、进口该产品的;

2. 在专利申请日前已经制造相同产品、使用相同方法或者已经做好制造、使用的必要准备,并且仅在原有范围内继续制造、使用的;

3. 临时通过中国领陆、领水、领空的外国运输工具，依照其所属国同中国签订的协议或者共同参加的国际条约，或者依照互惠原则，为运输工具自身需要而在其装置和设备中使用有关专利的；

4. 专为科学研究和实验而使用有关专利的；

5. 为提供行政审批所需要的信息，制造、使用、进口专利药品或者专利医疗器械的，以及专门为其制造、进口专利药品或者专利医疗器械的。

（四）侵犯专利权的处理

未经专利权人许可，实施其专利，即侵犯其专利权引起纠纷的，由当事人协商解决；不愿协商或者协商不成的，专利权人或者利害关系人可以向人民法院起诉，也可以请求专利管理部门处理。

专利管理部门认定侵权行为成立的，可以责令侵权人立即停止侵权行为，当事人不服的，可以自收到处理通知之日起十五日内依照《中华人民共和国行政诉讼法》向人民法院起诉；侵权人期满不起诉又不停止侵权行为的，专利管理部门可以申请人民法院强制执行。进行处理的专利管理部门应当事人的请求，可以就侵犯专利权的赔偿数额进行调解；调解不成的，当事人可以依照《中华人民共和国民事诉讼法》向人民法院起诉。

假冒他人专利的，依法应承担民事责任外，由专利管理部门责令其改正并予公告，没收违法所得，可以并处违法所得四倍以下的罚款，没有违法所得的，可以处二十万元以下的罚款；构成犯罪的，依法追究刑事责任。

侵犯专利权的诉讼时效为2年，自专利权人或者利害关系人得知或者应当得知侵权行为发生之日起计算。

☞ 小结

本项目主要介绍了工业产权的概念、特征，商标和专利的相关法律规定。要求学生掌握工业产权的特征；商标注册条件、商标的禁用条款、注册商标的保护期限；专利权的主体、授予专利权的条件、专利权的保护期限。

☞ 实务训练

一、案例分析示范

1. 案情介绍：

2015年6月20日，德国巴斯夫公司（下称巴斯夫）拥有的一件与活性成分"吡唑醚菌酯"杀菌剂相关的中国专利到期。据悉，围绕该专利的相关技术，国内已有不少企业推出了单剂或复配制剂，并进行产品登记。

对于国内企业而言，通过参与仿制相关专利到期药物可以降低成本，增强自身竞争力。然而，对于巴斯夫来说，尽管相关中国专利已经到期，但中国仍是一个巨大的市场，面对国内企业利用相关配方纷纷推出仿制药，巴斯夫必然会采取措施变相"延长"专利保护期。

2. 问题：

国内企业通过仿制相关专利到期药物是否构成侵权？

3. 法律评析

这件到期专利是巴斯夫于 1995 年 6 月 21 日通过《专利合作条约》途径提交、而后进入中国的发明名称为"苯胺的酰胺及其制备方法和用途"（申请号：95194436.3）的专利申请，于 2001 年 7 月 11 日获得授权（专利号：ZL95194436.3），并于 2015 年 6 月 20 日到期。在巴斯夫获得授权的 5 件相关专利中，截至目前，有 1 件专利已经届满到期，仍然处于有效保护期内的专利有 4 件。由此看来，在短期内，巴斯夫还将继续享受后专利保护期的市场优势。

国内相关企业在进行药物仿制时应采取谨慎的态度。

二、案例分析练习

2008 年，中粮酒业有限公司、中法合营王朝葡萄酿酒有限公司、烟台威龙葡萄酒股份有限公司和中粮长城葡萄酒烟台公司 4 家企业，将国家工商行政管理总局商标评审委员告上法庭，认为其作出的"解百纳"为烟台张裕葡萄酿酒股份有限公司注册商标的裁定在程序和事实上均存在问题，要求撤销该裁定。

原告方的四家企业认为"解百纳"是酿造葡萄酒所用葡萄的通用名称（特指某种酿酒原料），并不能够被注册为商标使用。因此，商评委将"解百纳"裁定为张裕公司注册商标是错误的。

问：解百纳是否具有商标显著性？法院应如何判决？

三、思考题

1. 简述工业产权的概念和特征。
2. 商标的禁用条款有哪些？
3. 试述专利权的客体。
4. 试述授予发明和实用新型专利的条件。

项目六 产品质量法

※ 案例导入

2015年1月,周某与汽车销售公司就某品牌汽车签订买卖合同。同年3月份,双方履行了交付车辆和支付价款的义务。该车被使用一年多后于2016年4月,周某在高速公路上行驶期间,该车发生自燃。事后,周某以汽车存在缺陷为由,要求该公司赔偿汽车焚毁导致的损失。汽车销售公司以周某无证据证明汽车存在缺陷为由拒绝赔偿。双方争执不下,周某于6月份将汽车销售公司告上法庭。

※ 任务引入

1. 消费者与商家之间因产品质量问题发生纠纷时,应如何认定责任?
2. 根据《产品质量法》的规定,本案应如何处理?

任务1 产品质量法概述

一、产品质量法的概念

(一)产品质量法的概念

产品质量法是调整在产品的生产、流通、消费和监督管理过程中,因产品质量而发生的各种经济关系的法律规范的总称。广义上来说除上述法律外,包括所有调整产品质量及产品责任关系的法律法规,如《标准化法》、《计量法》、《药品管理法》等。我们通常所说的产品质量法是狭义上的,其特指我国于1993年2月22日颁布、2000年7月8日修订的《产品质量法》。

随着社会经济的发展，我国产品质量管理也逐渐步入法制化轨道，建立了一整套产品质量法律法规体系，并且不断完善。目前，我国的产品质量法律法规体系涵盖了质量、计量、标准化、认证认可、出入境商品检验、特种设备安全监察等多个领域。

(二) 产品质量法的立法宗旨

为了加强对产品质量的监督管理，提高产品质量水平，明确产品质量责任，保护消费者的合法权益，维护社会经济秩序，制定本法。该立法宗旨可从以下几个方面加以理解：

1. 加强质量监督管理，提高产品质量水平。我国质量管理工作有所加强，产品质量总体水平有了较大提高，但某些产品质量差，抽查合格率较低的现象仍然很严重，在这种情况下，加强对产品质量的监督管理，更为必要。加强对产品质量的监督管理，需要综合运用法律的、经济的和必要的行政手段，强化政府对产品质量监督管理的职权。

2. 明确产品质量责任。这里讲的"产品质量责任"，是指产品的生产者、销售者不履行本法规定的保证产品质量的义务，明确所应当承担的法律后果及明确分清政府有关部门、质量检验中介机构等对产品质量进行管理监督的责任。

3. 保护消费者的合法权益。一些生产者、销售者生产、销售伪劣产品，欺骗消费者，损害了消费者的合法权益。制定本法，加强对产品质量的监督管理，明确生产者、销售者保证产品质量的义务，确立产品生产者对因产品缺陷造成的人身、财产损害承担无过错责任的严格产品责任制度和销售者对其售出的不合格产品承担包修、包退、包换的"三包"责任制度，依法惩治生产、销售伪劣产品的行为，一个重要目的，就是以立法保护用户和消费者的合法权益。

4. 维护社会经济秩序。一些地方伪劣产品充斥市场，严重损害了消费者的合法权益。一些伪劣产品的制售者还通过行贿等手段推销其产品，诱导腐败，败坏了社会风气；伪劣产品挤占市场，还影响了一些企业质优价廉产品的销售，妨碍了正常的市场竞争，也影响了国有企业的改革和发展。所有这些，都扰乱了社会主义市场经济的正常秩序，败坏了改革、开放的名声。为了建立和维护正常的经济秩序，有必要通过立法，以法律手段规范生产者、销售者的行为，保证产品质量，依法严惩产品质量违法行为，这也是本法的重要立法目的。

二、产品与产品质量的概念

(一) 产品的概念

产品质量法所称的产品是指经过加工、制作，用于销售的产品。故本法适用的产品，是指经过人类劳动获得的具有一定使用价值的物品，未经加工、制作的产品，如籽棉、稻、麦、饲养的鱼虾等种植业、养殖业的初级产品，采矿业的原油、原煤等直接开采出来未经炼制、洗选加工的原矿产品等，均不适用本法的规定；其次，非用于销售的产品，即不作为商品的产品，如自己制作、自己使用或馈赠他人的产品，不属于国家进行质量监督管理的范围，也不能对其制作者适用本法关于产品责任的严格规定。

另外，根据《产品质量法》第2条第3款的规定，建设工程不属于《产品质量法》所说的产品，但建设工程所使用的建筑材料、建筑构配件和设备，则适用该法的规定。

(二)产品质量的概念

所谓"产品质量",通常是指产品满足需要的适用性、安全性、可靠性、耐用性、可维修性、经济性等特征和特性的总和。按照国际标准化组织制定的国际标准《质量管理和质量保证——术语》中的定义,产品质量是指产品反映实体满足明确和隐含需要的能力和特性的总和。不同质量水平或质量等级的产品,反映了该产品在满足适用性、安全性、可靠性等方面的不同程度。

三、产品质量法的调整对象和适用范围

（一）产品质量法的调整对象

产品质量法是调整产品质量监督管理关系和产品质量责任关系的法律规范的总称。具体来说,产品质量法调整的法律关系包括三方面：

1. 产品质量监督管理关系,即各级技术质量监督部门、工商行政管理部门在产品质量的监督监督检查、行使行政惩罚权时与市场经营主体所发生的法律关系。

2. 产品质量责任关系,是发生在生产者、销售者与消费者及其相关第三人之间的,因产品质量问题引发的纠纷,是一种在商品交易关系中发生的平等主体间的损害赔偿法律关系。

3. 产品质量检验、认证关系,是因中介服务者所产生的中介机构与市场经营主体之间的法律关系,因产品质量检验和认证不实损害消费者利益而产生的法律关系。

（二）产品质量法的适用范围

根据《产品质量法》第2条第1款,凡在我国境内从事产品的生产、销售活动,包括进口产品在我国国内的销售,都必须遵守本法的规定。既要遵守本法有关对产品质量行政监督的规定,同时对因产品存在缺陷造成他人人身、财产损害的,也要依照本法关于产品责任的规定承担赔偿责任。这是对《产品质量法》适用范围的基本界定,同时其他条款也有相关规定。

本法不适用于香港和澳门两个特别行政区。

任务2 产品质量的监督管理

一、产品质量监督管理体制

产品质量监督是指国家产品质量监督部门根据法律、行政法规的规定,对产品质量以及企业保证产品质量的能力进行检查和检验,并根据检查和检验结论督导企业加强质量管理,提供符合要求的产品的活动。国家产品质量监督管理体系由三类政府机构组成,即国务院产品质量监督部门、县级以上地方产品质量监督部门和与产品质量管理有关的部门。国务院产品质量监督部门主管全国产品质量监督工作。县级以上地方产品质量监督部门主管本行政区域内的产品质量监督工作。国务院有关部门在各自的职责范围内负责产品质量监督工作。县级以上地方人民政府有关部门在各自的职责范围内负责产品质量监督工作。

法律对产品质量的监督部门另有规定的，依照其规定。例如，按照《食品卫生法》的规定，主管食品卫生监督的是卫生行政主管部门；《药品管理法》也对主管药品质量监督的部门作了规定。因此，对食品卫生和药品的质量监督，应分别按食品卫生法和药品管理法的规定执行。

二、政府对产品质量的管理规定

政府在对产品质量管理中起到重要作用，产品质量法对政府宏观管理产品质量的职能做出了明确的具体的规定：

1. 各级人民政府应当把提高产品质量纳入国民经济和社会发展规划中，加强对产品质量工作的统筹规划和组织领导，引导、督促生产者、销售者加强产品质量管理，提高产品质量，组织各有关部门依法采取措施，制止产品生产、销售中违反本法规定的行为，保障本法的施行。

2. 各级人民政府工作人员和其他国家机关工作人员不得滥用职权、玩忽职守或者徇私舞弊，包庇、放纵本地区、本系统发生的产品生产、销售中违反本法规定的行为，或者阻挠、干预依法对产品生产、销售中违反本法规定的行为进行查处。各级地方人民政府和其他国家机关有包庇、放纵产品生产、销售中违反本法规定的行为的，依法追究其主要负责人的法律责任。

3. 国家鼓励推行科学的质量管理方法，采用先进的科学技术，鼓励企业产品质量达到并且超过行业标准、国家标准和国际标准。对产品质量管理先进和产品质量达到国际先进水平、成绩显著的单位和个人，给予奖励。

三、产品质量监督制度

（一）产品质量检验制度

产品质量检验制度，是指按照特定的标准、方法和程序，对产品质量进行检测，以判明产品是否符合国家产品质量标准的法律制度。我国《产品质量法》第12条明文规定："产品质量应当检验合格，不得以不合格产品冒充合格产品。"

产品质量检验机构分为两类：一类是依法设置的县级以上政府技术监督部门所属的产品质量检验所；另一类是经授权依法从事产品质量检验的机构，如省级以上技术监督部门授权的国家级产品监督检验中心、产品质量监督检验站等。

（二）质量认证制度

1. 产品质量认证制度

《产品质量法》第14条规定："国家参照国际先进的产品标准和技术要求，推行产品质量认证制度。"所谓产品质量认证，是由依法取得产品质量认证资格的认证机构，依据有关的产品标准和要求，按照规定的程序，对申请认证的产品进行工厂审查和产品检验等，对符合条件要求的，通过颁发认证证书和认证标志以证明该产品符合相应标准要求的活动。

2. 对认证机构的基本要求

认证的社会中介机构必须依法设立，不得与行政机关和其他国家机关存在隶属关系或其他利益关系;认证机构必须依法按照标准,客观、公正地出具检验结果或者认证证明。认证机构还应对准许使用认证标志的产品进行认证后的跟踪调查,对于不符合标准的,可要求其改正,情节严重的,取消其使用认证标志的资格。

(三)产品质量监督检查制度

产品质量监督检查制度是指产品质量监督部门依据国家法律、法规的规定,对生产领域、流通领域的产品实施质量监督的一项制度。产品质量监督检查制度的方式有以下几种:

1. 监督抽查

它包括国家监督抽查和地方监督抽查等。国家监督抽查是指国务院产品质量监督部门统一组织和管理,按季度对全国产品质量进行的监督抽查,其结果由国务院产品质量监督部门依照法律的要求定期公布。县级以上地方产品质量监督部门在本级区域也可组织监督抽查,但是要防止重复抽查。

2. 统一监督检查

统一监督检查是政府对产品质量进行监督检查的另一种方式,通常只用于检查某类质量问题较突出的产品。

3. 定期监督检查

定期监督检查是地方对产品质量进行监督的主要方式。通过制定产品目录,按规定周期,对本地区的重要产品进行连续质量监控,以促进和保持这些产品的质量水平。

除上述三种主要形式外,各级产品质量监督部门还可以根据实际情况、群众举报,或根据上级及有关部门的指示或意见,对某些企业的某种产品组织一些日常执法监督检查活动。

(四)产品质量的社会监督

1. 公民个人对产品质量的监督权。《产品质量法》第 22 条规定:"消费者有权就产品质量问题,向产品的生产者、销售者查询。向产品质量监督部门、工商行政管理部门及有关部门申诉,接受申诉的部门应当负责处理。"

2. 社会组织对产品质量的监督权。《产品质量法》第 23 条的规定,保护消费者权益的社会组织接到消费者反映的产品问题,可以建议有关部门负责处理,并在知道消费者利益受到损害时,帮助消费者向人民法院起诉。此外,任何单位和个人都有权对违反本法规定的行为,向相关部门检举,对产品质量进行舆论监督和社会监督。

四、质量监督部门的职权

县级以上产品质量监督部门根据已经取得的违法嫌疑证据或者举报,对涉嫌违反本法规定的行为进行查处时,可以行使下列职权:

(一)对当事人涉嫌从事违反本法的生产、销售活动的场所实施现场检查;

(二)向当事人的法定代表人、主要负责人和其他有关人员调查、了解与涉嫌从事违反本法的生产、销售活动有关的情况;

(三)查阅、复制当事人有关的合同、发票、账簿以及其他有关资料;

(四)对有根据认为不符合保障人体健康和人身、财产安全的国家标准、行业标准的产品或者有其他严重质量问题的产品,以及直接用于生产、销售该项产品的原辅材料、包装物、生产工具，予以查封或者扣押。

县级以上工商行政管理部门按照国务院规定的职责范围，对涉嫌违反本法规定的行为进行查处时，可以行使前款规定的职权。

任务3　生产者、销售者的产品质量责任和义务

一、生产者的产品质量责任和义务

生产者应当对其生产的产品质量负责。具体要求有以下几点：

(一)产品质量的要求

1. 不存在危及人身、财产安全的不合理的危险，有保障人体健康和人身、财产安全的国家标准、行业标准的，应当符合该标准；
2. 具备产品应当具备的使用性能，但是，对产品存在使用性能的瑕疵作出说明的除外；
3. 符合在产品或者其包装上注明采用的产品标准，符合以产品说明、实物样品等方式表明的质量状况。

(二)产品标识的要求

产品或者其包装上的标识必须真实，并符合下列要求：

1. 有产品质量检验合格证明；
2. 有中文标明的产品名称、生产厂厂名和厂址；
3. 根据产品的特点和使用要求，需要标明产品规格、等级、所含主要成分的名称和含量的，用中文相应予以标明；需要事先让消费者知晓的，应当在外包装上标明，或者预先向消费者提供有关资料；
4. 限期使用的产品，应当在显著位置清晰地标明生产日期和安全使用期或者失效日期；
5. 使用不当，容易造成产品本身损坏或者可能危及人身、财产安全的产品，应当有警示标志或者中文警示说明；
6. 裸装的食品和其他根据产品的特点难以附加标识的裸装产品，可以不附加产品标识。

(三)产品包装上的标识要求

易碎、易燃、易爆、有毒、有腐蚀性、有放射性等危险物品以及储运中不能倒置和其他有特殊要求的产品，其包装质量必须符合相应要求，依照国家有关规定作出警示标志或者中文警示说明，标明储运注意事项。

(四)生产者的不作为义务

1. 生产者不得生产国家明令淘汰的产品；
2. 生产者不得伪造产地，不得伪造或者冒用他人的厂名、厂址；
3. 生产者不得伪造或者冒用认证标志等质量标志；
4. 生产者生产产品，不得掺杂、掺假，不得以假充真、以次充好，不得以不合格产品冒充合格产品。

二、销售者的产品质量责任和义务

(一)销售者应当建立并执行进货检查验收制度

进货验收是销售者保证产品质量的首要义务,严格执行进货验收制度,可以防止不合格产品进入市场,可以为准确判断和区分生产者及销售者的产品质量责任提供有效依据。

(二)验明产品合格证明和其他标识

销售者在销售产品时,应保证产品标识符合产品质量法对产品标示的要求,如有产品质量检验合格证明,有中文标明的产品名称、生产厂厂名和厂址等,也要符合进货时验收的状态,不得更改、覆盖、涂抹产品标识,以保证产品标识的真实性。

(三)销售者应当采取措施,保持销售产品的质量

销售者对进货后的产品质量负责,防止产品变质、腐烂或降低使用性能,从而产生对消费者不利的情形。

(四)不得违反禁止性规范

销售者不得有以下行为发生:

1. 销售者不得销售国家明令淘汰并停止销售的产品和失效、变质的产品。
2. 销售者不得伪造产地,不得伪造或者冒用他人的厂名、厂址。
3. 销售者不得伪造或者冒用认证标志等质量标志。
4. 销售者销售产品,不得掺杂、掺假,不得以假充真、以次充好,不得以不合格产品冒充合格产品。

任务4 产品责任

一、产品责任的归责原则

归责原则是指确定行为人承担法律责任的理由和根据。目前,我国产品质量法采用了严格责任和过错责任相结合的立法模式。严格责任原则又称无过错责任原则,是指确定行为人的责任时,是不考虑行为人的主观状态的,也就是不考虑行为人造成他人损害是出于故意或者行为人能否通过合理的注意而避免对他人的损害,而只根据客观情况来确定行为人的责任。过错责任原则又称过失责任原则,它是以行为人主观上的过错为承担民事责任的基本条件的认定责任的准则。按过错责任原则,行为人仅在有过错的情况下,才承担民事责任。没有过错,就不承担民事责任。

我国产品质量法对生产者、销售者的产品缺陷责任分别作了不同规定:

1. 生产者的严格责任。因产品存在缺陷造成人身、他人财产损害的,生产者应当承担赔偿责任。也就是说,不管生产者处于什么样的主观心理状态,都应当承担赔偿责任。但生产者能够证明有下列情形之一的,不承担赔偿责任:(1)未将产品投入流通的;(2)产品投入流通时,引起损害的缺陷尚不存在的;(3)将产品投入流通时的科学技术水平尚不能发现缺陷的存在的。

2. 销售者的过错责任。由于销售者的过错使产品存在缺陷,造成人身、他人财产损害的,销售者应当承担赔偿责任。但销售者如果能够证明自己没有过错,即可不承担赔偿责任。销售者不能指明缺陷产品的生产者也不能指明缺陷产品的供货者的,销售者应当承担赔偿责任。

二、产品责任的构成要件

从法律的规定看,产品责任的成立需具备以下要件:

(一)须有产品缺陷

产品存在缺陷是被告人承担赔偿责任的前提。根据《产品质量法》第46条的规定:缺陷是指产品存在危及人身、他人财产安全的不合理的危险;产品有保障人体健康和人身、财产安全的国家标准、行业标准的,是指不符合该标准。

(二)须有人身、财产方面的损害事实

财产损害不是指有缺陷的产品本身的损失,即购买该产品所付的价金的损失,而是指缺陷产品以外其他财产的损失,其范围包括直接损失和间接损失。人身损害包括致人死亡、致人伤残以及精神损害。

(三)产品缺陷与损害事实之间具有因果关系

产品责任构成要件的证明责任,通常由受害人承担。因为作为产品责任构成要件,是发生产品责任的根据,而受害人在产品责任的诉讼中,对自己的诉讼请求所依据的事实,有责任提供证据加以证明,否则要承担举证不能的法律后果。在因果关系的证明中,受害人只要证明缺陷产品已经被消费或使用,以及损害事实是在缺陷产品被消费或使用的过程中发生的,那么,依据相当因果关系说,就应当认定产品责任因果关系的成立,除非产品的生产者或销售者能够举出有力的反证来推翻因果关系的成立。

三、损害赔偿

(一)产品缺陷责任的求偿对象

因产品存在缺陷造成人身、他人财产损害的,受害人可以向产品的生产者要求赔偿,也可以向产品的销售者要求赔偿。属于产品的生产者的责任,产品的销售者赔偿的,产品的销售者有权向产品的生产者追偿。属于产品的销售者的责任,产品的生产者赔偿的,产品的生产者有权向产品的销售者追偿。可见,在产品侵权实践中,受害人可以自身意愿为准,来选择向生产者要求赔偿还是选择向销售者索赔。一般而言,由于缺陷产品的交易发生在销售地,受害人向销售者要求赔偿较为便利。

(二)赔偿范围

根据《产品质量法》第44条的规定:"由于产品缺陷造成人身、他人财产损害的,应当按照如下规定进行赔偿。"

1. 人身伤害的赔偿范围

分为三种情况：第一，因产品存在缺陷造成受害人人身伤害的，侵害人应当赔偿医疗费、治疗期间的护理费、因误工减少的收入等费用；第二，造成残疾的，还应当支付残疾者生活自助具费、生活补助费、残疾赔偿金以及由其扶养的人所必需的生活费等费用；第三，造成受害人死亡的，并应当支付丧葬费、死亡赔偿金以及由死者生前扶养的人所必需的生活费等费用。

2．财产损失的赔偿范围

因产品存在缺陷造成受害人财产损失的，侵害人应当恢复原状或者折价赔偿。受害人因此遭受其他重大损失的，侵害人应当赔偿损失。

四、讼诉时效与请求权规定

(一)讼诉时效

因产品存在缺陷造成损害要求赔偿的诉讼时效期间为 2 年，自当事人知道或者应当知道其权益受到损害时起计算。

(二)请求权

损害赔偿请求权是指权利人受到侵害时，受害人享有的要求侵权人给予赔偿损失的权利。产品质量法规定，因产品存在缺陷造成损害要求赔偿的请求权，在造成损害的缺陷产品交付最初消费者满 10 年丧失；但是，尚未超过明示的安全使用期的除外。

任务5　违反《产品质量法》的法律责任

根据《产品质量法》和相关法律、法规的规定，生产者和销售者所承担的责任包括民事责任、行政责任和刑事责任。

一、民事责任

违反产品质量义务的民事责任也称产品质量民事责任，包括违约责任与侵权责任两个方面的内容。

(一)违约责任

即产品的生产者、销售者违反明示或默示担保的产品质量要求而依合同法原理应承担的产品瑕疵担保责任，通常为交付的产品不符合法律规定或合同约定的质量条件，前文已有大概的论述。产品质量违约责任成立的条件是：当事人之间应存在合同关系；生产者、销售者履行的标的不符合法律规定或合同约定的质量要求；生产者、销售者在主观上有过错。

销售者对消费者承担违约责任后，如果该责任依法应由生产者或向销售者提供产品的其他销售者承担时，销售者有权向生产者、其他销售者追偿。

(二)侵权责任

侵权责任又称产品质量侵权责任，是指生产者、销售者因产品存在缺陷而造成他人人身、缺陷产品以外的其他财产损害时，应当承担的赔偿责任。

二、行政责任

产品质量行政责任是生产者、销售者的有关产品质量行政违法行为所导致的法律后果。《产品质量法》规定的行政责任形式根据责任主体的性质不同，可以分为两类：第一类是由各种经营者、产品质量检验机构、认证机构承担的以行政处罚为主的行政责任形式，具体包括：警告，责令停止生产、销售，没收违法生产、销售的产品，没收违法所得，行政罚款，责令停业整顿，撤销检验资格、认证资格，吊销营业执照。吊销营业执照的行政处罚由工商行政管理部门决定，其他的行政处罚由产品质量监督部门或者工商行政管理部门按照国务院规定的职权范围决定。行政罚款以货值金额为计算基础。货值金额以违法生产、销售产品的标价计算；没有标价的，按照同类产品的市场价格计算。行政处罚中所计算的违法生产、销售产品包括已售出和未售出的产品。第二类是产品质量监督部门或者其他国家机关及其工作人员承担的行政责任形式，具体包括责令退还费用，行政处分等形式。

三、刑事责任

刑事责任是指生产者、销售者违反法律规定的产品质量义务并触犯刑律构成犯罪时，由司法机关按照刑事法律的规定强制其承担的法律后果。司法实践中，违反《产品质量法》的刑事责任主要发生在以下场合：生产、销售假药、劣药，已经危害或足以危害人体健康的；生产、销售不符合卫生标准的食品，造成严重食物中毒事故的；在食品、饮料、酒类中掺入有毒、有害物质，造成伤亡事故的；生产销售假农药、假化肥、假种子，造成严重后果的；生产或销售不符合卫生标准的化妆品和不符合保障人身健康、财产安全标准的医疗器械、医用卫生材料、电器、压力容器、易燃易爆产品等。如《产品质量法》第 50 条规定：在产品中掺杂、掺假，以假充真，以次充好，或者以不合格产品冒充合格产品的，责令停止生产、销售，没收违法生产、销售的产品，并处违法生产、销售产品货值金额百分之五十以上三倍以下的罚款；有违法所得的，并处没收违法所得；情节严重的，吊销营业执照；构成犯罪的，依法追究刑事责任。

☞ 小结

本项目主要介绍了《产品质量法》的主要内容，通过本项目的学习，学生应重点掌握《产品质量法》的产品适用范围、产品质量监督制度、生产者和销售者的质量责任和义务以及损害赔偿等问题。

☞ 实务训练

一、案例分析示范

1. 案情介绍

2015 年 10 月，李某在一酒店宴请宾客，宴后有几个客人出现不同程度的恶心、呕吐等症状，后经医院检验发现系轻微食物中毒引起。经查明，该酒店负责采购的员工不慎从一流动小贩手中购入了变质的鱼，食物中毒的原因就在于此，且卖鱼者已无处寻找。于是李某要求该酒店赔偿损失。

2. 问题

(1)李某要求该酒店赔偿损失是否合法？为什么？

(2)如果李某要求该酒店赔偿合法，其求偿范围应如何确定？

3. 法律评析

(1)李某的要求合法。根据《产品质量法》第42条的规定，由于销售者的过错使产品存在缺陷，造成人身、他人财产损害的，销售者应当承担赔偿责任。此案中虽然菜肴变质是由于原材料引起，但该产品系由酒店加工制作并向消费者提供，从而给李某及其客人带来损失，故此酒店应该赔偿损失。(2)根据我国《产品质量法》第44条的规定，因产品存在缺陷造成受害人人身伤害的，侵害人应当赔偿医疗费、治疗期间的护理费、因误工减少的收入等费用；造成残疾的，还应当支付残疾者生活自助具费、生活补助费、残疾赔偿金以及由其扶养的人所必需的生活费等费用；造成受害人死亡的，并应当支付丧葬费、死亡赔偿金以及由死者生前扶养的人所必需的生活费等费用。

二、案例分析练习

1. 案情介绍

王某在本市举行的一个展销会上购买了甲厂生产的一个电动吹风机，在使用过程中发现该产品有缺陷，不能正常使用，于是去找销售商要求换货。但此时展销会已经结束，销售商无法寻找，甲厂离王某所在地路途遥远。

2. 问题

(1)王某如果要索赔，可以要求谁承担责任？

(2)如果王某找到了赔偿责任主体，可以主张哪些合法权益？

三、思考题

1. 什么叫产品？哪些产品不属于《产品质量法》的调整对象？
2. 生产者的产品质量责任和义务有哪些？
3. 销售者的产品质量责任和义务有哪些？
4. 产品责任的构成要件有哪些？

项目七 消费者权益保护法

✲ 案例导入

2015年3月,李某到当地一家商场购买大屏液晶电视一台,支付价款19999元,在使用过程中,李某发现电视机质量出现问题,在保修期内经过两次修理仍不能正常使用,李某便要求更换或者退货。

✲ 任务引入

1. 消费者有要求换货或者退货的权利吗?
2. 经营者在销售过程中,存在欺诈行为,应承担多大限额的惩罚性赔偿金额?

任务1 消费者权益保护法概述

一、消费者权益保护法的概念

消费者权益保护法是调整在保护公民消费权益过程中所产生的社会关系的法律规范的总称。该法是经济法的重要部门法,在经济法的市场监管法中尤为重要。消费者权益保护法在1994年1月1日起施行后,对保护消费者的权益,规范经营者的行为,维护社会经济秩序,促进社会主义市场经济健康发展具有重要意义。该法实施后,经过2009年8月27日和2013年10月25日的两次修正,得以进一步完善。2014年3月15日新版《消费者权益保护法》正式实施。

二、消费者权益保护法的适用对象

1.《消费者权益保护法》第2条规定:"消费者为生活消费需要购买、使用商品或者接受服务的,其权益受本法保护。"所谓消费者,是指为个人生活消费需要,购买、使用商品或接受服务的自然人。而不包括从事消费活动的社会组织、企事业单位等。因为自然人在市场中处于弱者地位,更需要法律的特殊保护。

2.《消费者权益保护法》第62条规定:"农民购买、使用直接用于农业生产的生产资料,参照本法执行。"农民购买、使用直接用于农业生产的生产资料,虽然不是为个人生活消费,但其在市场中仍处于弱者地位,故该法把农民购买、使用直接用于农业生产的生产资料行为纳入到保护范围。

3.《消费者权益保护法》第3条规定:"经营者为消费者提供其生产、销售的商品或者提供服务,应当遵守本法。"经营者作为消费者的相对方,在处理二者关系时,经营者首先应当遵守本法的有关规定,本法未作规定的,应当遵守其他有关法律、行政法规的规定。

三、消费者权益保护法的基本原则

《消费者权益保护法》的基本原则是指贯穿了该法的内容及整个调整过程的总的指导思想,是国家处理有关消费者问题,对相关社会关系进行法律调整的基本准则。它贯穿于消费者权益保护立法、司法以及消费活动的每一个环节,反映市场经济条件下,国家保护消费者权益的根本宗旨。主要包括以下几个方面:

1. 平等自愿、诚实信用原则

《消费者权益保护法》第4条明确规定:"经营者与消费者进行交易,应当遵循自愿、平等、公平、诚实信用的原则。"

2. 国家保护与社会监督相结合的原则

我国《消费者权益保护法》第6条规定:"保护消费者的合法权益是全共同的社会责任。国家鼓励、支持一切组织和个人对损害消费者合法权益的行为进行社会监督。大众传播媒介应当做好维护消费者合法权益的宣传,对损害消费合法权益的行为进行舆论监督。"

3. 消费者的合法权益不受侵犯原则

《消费者权益保护法》规定了消费者的九大权利,基本上概括了消费者在社会生活不同领域、不同方面应当享有的权利。每个消费者的权益均受《消费者权益保护法》保护,《消费者权益保护法》未作规定的,受其他法律保护。此外还规定行政职能机关、消费者权益保护组织和司法机关等,发现损害消费者合法权益的行为应及时立案查处。

4. 经营者应当承担质量责任的原则

《消费者权益保护法》规定了消费者在消费过程中因质量缺陷而遭受损害,可向有直接合同关系或没有直接合同关系的生产商、销售商(含批发商与零售商)提出赔偿,销售者赔偿后,属于生产者的责任的,销售者有权向生产者追偿;属于销售者责任的,生产者赔偿后,有权向销售者追偿。

任务2　消费者的权利和经营者的义务

一、消费者的权利

消费者权利,是指消费者在消费领域中所具有的权利,即在法律的保障下,消费者有权作出一定的行为或者要求他人做出一定的行为,也有权不作出一定行为或者要求他人不做出一定行为。它是消费者权益在法律上的体现。消费者权益保护法为消费者设立了既相互独立又相互关联的九项权利。

(一)保障安全权

我国《消费者权益保护法》第7条规定:"消费者在购买、使用商品和接受服务时享有人身、财产安全不受损害的权利。"安全权包括人身安全权和财产安全权。人身安全权在这里是指生命健康权不受损害,即享有保持身体各器官及其机能的完整以及生命不受危害的权利。财产安全权,是指消费者购买、使用的商品或接受的服务本身的安全,并包括除购买、使用的商品或接受服务之外的其他财产的安全。

安全直接关系到人身和财产的状态,直接影响到消费者的人身权和财产权的保障,因而是消费者权利保障的首要权利。

(二)知悉知情权

知悉知情权是指消费者享有知悉其购买、使用的商品或者接受的服务的真实情况的权利。据此,消费者有权根据商品或者服务的不同情况,要求经营者提供商品的价格、产地、生产者、用途、性能、规格、等级、主要成分、生产日期、有效期限、检验合格证明、使用方法说明书、售后服务,以及服务的内容、规格、费用等有关情况。

(三)自主选择权

自主选择权是指消费者享有自主选择商品或者接受服务的权利,根据自己的消费愿望、兴趣、爱好和需要,自主地、充分地选择商品或者服务。主要内容有:

1. 有权自主选择经营者;
2. 有权自主选择商品品种或服务方式;
3. 有权自主决定是否购买或接受服务;
4. 自主选择商品或服务时,有权进行比较、鉴别和挑选。

(四)公平交易权

公平交易权是指消费者在购买商品或者接受服务时所享有的获得质量保障和价格合理、计量正确等公平交易条件的权利。消费者购买商品或接受服务,是一种市场交易行为,如果经营者违背自愿、平等、公平、诚实信用等原则进行交易,则侵犯了消费者的公平交易权。消费者的公平交易权主要体现在两个方面:第一,有权获得公平交易条件。如有权获得质量保障、价格合理、计量正确等交易条件;第二,有权拒绝经营者的强制交易行为。如强迫消费者购物或接受服务、强迫搭售等。

（五）依法求偿权

求偿权即为损害求偿权，是指当消费者因购买、使用商品或接受服务受到人身、财产损害时，享有依法获得赔偿的权利。它是弥补消费者所受损害的必不可少的救济性权利。消费者在购买、使用商品或接受服务时，既可能人身权受到侵害，也可能财产权受到侵害。人身权受到的侵害，包括生命健康权，人格方面的姓名权、名誉权、荣誉权等受到侵害。财产损害，包括财产上的直接损失和间接损失。直接损失，指现有财产上的损失，如财物被毁损，伤残后使用的医药费等。间接损失，指可以得到的利益没有得到，如因侵害住院而减少的劳动收入或伤残后丧失劳动能力而得不到劳动报酬等。

享有求偿权的主体包括：(1)商品的购买者、使用者；(2)服务的接受者；(3)第三人，指的是消费者之外的因某种原因在事故发生现场而受到损害的人。

（六）依法结社权

依法结社权，是指消费者享有的依法成立维护自身合法权益的社会团体的权利。依法结社可以使消费者从分散的弱小个体走向集中、强大，从而更好地维护自己的合法权益。在我国，目前消费者社会团体主要是中国消费者协会和地方各级消费者协会（或消费者委员会）。消费者依法成立的各级消费者协会，使消费者通过有组织的活动，保护消费者权益起到了积极的作用。

（七）获取知识权

获取知识权，是从知悉知情权中引申出来的一种消费者权利，它是消费者所享有的获得有关消费和消费者权益保护方面的知识的权利。(1)消费知识主要是指有关商品和服务的知识；(2)消费者权益保护知识主要指消费者权益保护方面及权益受到损害时如何有效解决方面的法律知识。

（八）受尊重权

受尊重权是指消费者在购买、使用商品和接受服务时，享有其人格尊严、民族风俗习惯得到尊重的权利。在市场交易过程中，消费者的人格尊严受到尊重，是消费者应享有的最起码的权利。这一权利主要体现在两个方面：

1. 消费者的人格受尊重的权利，人格尊严指人的自尊心和自爱心。其权利包括消费者的姓名权、名誉权、荣誉权、肖像权等。

2. 消费者的民族风俗习惯受尊重的权利，主要体现为尊重少数民族关于饮食、服饰、婚娶、丧葬、节庆、禁忌等方面的风俗习惯，这关系到各民族平等，加强民族团结，处理好民族关系，促进国家安定的大问题，对此，必须引起高度重视。

（九）监督批评权

消费者享有对商品和服务以及保护消费者权益工作进行监督的权利，简称监督权。

消费者监督具体表现为：

1. 有权检举、控告侵害消费者权益的行为；
2. 有权检举、控告消费者权益的保护者的违法失职行为；
3. 有权对保护消费者权益的工作提出批评、建议。

二、经营者的义务

《消费者权益保护法》还规定了经营者的义务,保证消费者权利的实现。经营者义务的承担,对消费者权利的实现至关重要,故此其义务具有法定性、强制性和基础性的特点。经营者义务主要包括以下 11 项。

(一)依法定或约定履行义务

经营者向消费者提供商品或者服务,应当依照本法和其他有关法律、法规的规定履行义务。经营者和消费者有约定的,应当按照约定履行义务,但双方的约定不得违背法律、法规的规定。经营者向消费者提供商品和服务,应当恪守社会公德,诚信经营,保障消费者的合法权益;不得设定不公平、不合理的交易条件,不得强制交易。

(二)听取意见和接受监督的义务

经营者应当听取消费者对其提供的商品或者服务的意见,接受消费者的监督。

(三)保证商品和服务安全的义务

经营者应当保证其提供的商品或者服务符合保障人身、财产安全的要求,经营者应当做到以下几个方面:

1. 经营者应当保证其提供的商品或者服务符合保障人身、财产安全的要求。
2. 对可能危及人身、财产安全的商品和服务,应当向消费者作出真实的说明和明确的警示,并说明和标明正确使用商品或者接受服务的方法以及防止危害发生的方法。
3. 经营者发现其提供的商品或者服务存在缺陷,有危及人身、财产安全危险的,应当立即向有关行政部门报告和告知消费者,并采取停止销售、警示、召回、无害化处理、销毁、停止生产或者服务等措施。

(四)提供真实信息的义务

提供真实信息是消费者自主选择商品或服务的前提和基础,这是与消费者的知悉知情权相对应的经营者的义务,具体包括以下几点:

1. 经营者应当向消费者提供有关商品或者服务的质量、性能、用途、有效期限等信息,应当真实、全面,不得作虚假或者引人误解的宣传。
2. 经营者对消费者就其提供的商品或者服务的质量和使用方法等问题提出的询问,应当作出真实、明确的答复。
3. 商店提供商品应当明码标价。

(五)标明真实名称和标记的义务

经营者应当标明其真实名称和标记。租赁他人柜台或者场地的经营者,应当标明其真实名称和标记。

(六)出具凭证和单据的义务

经营者提供商品或者服务,应当按照国家有关规定或者商业惯例向消费者出具购货凭证或者服务单据;消费者索要购货凭证或者服务单据的,经营者必须出具。

(七)保证质量的义务

经营者有义务保证商品和服务的质量,具体包括以下几点:

1. 经营者应当保证在正常使用商品或者接受服务的情况下其提供的商品或者服务应当具有的质量、性能、用途和有效期限;但消费者在购买该商品或者接受该服务前已经知道其存在瑕疵的除外。

2. 经营者以广告、产品说明、实物样品或者其他方式表明商品或者服务的质量状况的,应当保证其提供的商品或者服务的实际质量与表明的质量状况相符。

3. 经营者提供的机动车、计算机、电视机、电冰箱、空调器、洗衣机等耐用商品或者装饰装修等服务,消费者自接受商品或者服务之日起六个月内发现瑕疵,发生争议的,由经营者承担有关瑕疵的举证责任。

(八)承担售后服务的义务

经营者提供的商品或者服务不符合质量要求的,消费者可以按照国家规定、当事人约定退货,或者要求经营者履行更换、修理等义务。没有国家规定和当事人约定的,消费者可以自收到商品之日起七日内退货;七日后符合法定解除合同条件的,消费者可以及时退货,不符合法定解除合同条件的,可以要求经营者履行更换、修理等义务。依此进行退货、更换、修理的,经营者应当承担运输等必要费用。

如果经营者采用网络、电视、电话、邮购等方式销售商品,消费者有权自收到商品之日起七日内退货,且无需说明理由,但下列商品除外:(1)消费者定做的;(2)鲜活易腐的;(3)在线下载或者消费者拆封的音像制品、计算机软件等数字化商品;(4)交付的报纸、期刊。除前款所列商品外,其他根据商品性质并经消费者在购买时确认不宜退货的商品,不适用无理由退货。

消费者退货的商品应当完好。经营者应当自收到退回商品之日起七日内返还消费者支付的商品价款。退回商品的运费由消费者承担;经营者和消费者另有约定的,按照约定。

(九)正确使用格式条款的义务

格式条款是经营者单方拟定的,消费者只能表示接受或不接受,而不能与之协商和改变其内容的交易条件。格式条款经常会给消费者带来弱化消费合同意识或者设置不公平条款而损害消费者的权益的机会。因此,对经营者使用格式条款规定了两方面的义务:

1. 提示和说明的义务。经营者在经营活动中使用格式条款的,应当以显著方式提请消费者注意商品或者服务的数量和质量、价款或者费用、履行期限和方式、安全注意事项和风险警示、售后服务、民事责任等与消费者有重大利害关系的内容,并按照消费者的要求予以说明。

2. 禁止滥用格式条款的义务。经营者不得以格式条款、通知、声明、店堂告示等方式,作出排除或者限制消费者权利、减轻或者免除经营者责任、加重消费者责任等对消费者不公平、不合理的规定,不得利用格式条款并借助技术手段强制交易。违反此义务的,其条款无效。

(十)不得侵犯消费者人格权的义务

经营者不得对消费者进行侮辱、诽谤,不得搜查消费者的身体及其携带的物品,不得侵犯消费者的人身自由。

(十一)尊重消费者信息自由的义务

经营者收集、使用消费者个人信息,应当遵循合法、正当、必要的原则,明示收集、使用信息的目的、方式和范围,并经消费者同意。经营者收集、使用消费者个人信息,应当公开收集、使用规则,不得违反法律、法规的规定和双方的约定收集、使用信息。

经营者及其工作人员对收集的消费者个人信息必须严格保密,不得泄露、出售或者非法向他人提供。经营者应当采取技术措施和其他必要措施,确保信息安全,防止消费者个人信息泄露、丢失。在发生或者可能发生信息泄露、丢失的情况时,应当立即采取补救措施。

经营者未经消费者同意或者请求,或者消费者明确表示拒绝的,不得向其发送商业性信息。

任务3 国家及消费者组织对消费者权益的保护

一、国家对消费者权益的保护

根据我国《消费者权益保护法》第四章的内容,国家采取各种措施保障消费者依法行使权利,主要体现在以下几个方面:

(一)立法保护

国家在制定有关保护消费者权益的法律、法规、规章和强制性标准时,应当听取消费者和消费者协会等组织的意见和要求。

(二)政府职能的运用

各级人民政府应当加强领导、组织、协调、督促有关行政部门做好保护消费者合法权益的工作,落实保护消费者合法权益的职责。同时应当加强监督,预防危害消费者人身、财产安全行为的发生,及时制止危害消费者人身、财产安全的行为。

(三)相关行政部门的职责

各级人民政府工商行政管理部门和其他有关行政部门应当依照法律、法规的规定,在各自的职责范围内,采取措施,保护消费者的合法权益。主要职责包括以下几点:

1.有关行政部门应当听取消费者和消费者协会等组织对经营者交易行为、商品和服务质量问题的意见,及时调查处理。

2.有关行政部门在各自的职责范围内,应当定期或者不定期对经营者提供的商品和服务进行抽查检验,并及时向社会公布抽查检验结果。

3.有关行政部门发现并认定经营者提供的商品或者服务存在缺陷,有危及人身、财产安全危险的,应当立即责令经营者采取停止销售、警示、召回、无害化处理、销毁、停止生产或者服务等措施。

(三)司法保护

有关国家机关应当依照法律、法规的规定,惩处经营者在提供商品和服务中侵害消费者合法权益的违法犯罪行为。

人民法院应当采取措施,方便消费者提起诉讼。对符合《中华人民共和国民事诉讼法》起诉条件的消费者权益争议,必须受理,并及时审理。

二、消费者组织对消费者合法权益的保护

保护消费者权益,不仅是国家的责任,也是企事业单位、社会团体以及消费者自身的责任。社会保护是国家保护的必要补充,我国社会对消费者权益的保护主要以消费者组织的形式体现。

(一)消费者组织的概述

消费者组织是保护消费者合法权益体系中的一个重要组成部分,其主要特征就是以保护消费者利益为宗旨的社会组织。

消费者组织是消费者运动的产物。我国于1984年建立了全国性的消费者组织—中国消费者协会,而且全国各地都普遍建立了各级消费者协会。

我国的消费者组织分两种,一种是消费者协会,是指中国消费者协会和各地设立的消费者协会(有的成为消费者委员会或消费者监督联合会等)。一种是其他消费者组织,是指除消费者协会系统之外,由消费者依法成立的旨在维护自身合法权益的社会组织。

(二)消费者组织的性质

消费者组织,是依法成立的,对商品和服务进行社会监督,保护消费者合法权益的社会组织。消费者组织属于公益性社会组织,不得从事商品经营和营利性服务,不得以收取费用或者其他牟取利益的方式向消费者推荐商品和服务。

(三)消费者组织的职责

消费者协会履行下列公益性职责:

1. 向消费者提供消费信息和咨询服务,提高消费者维护自身合法权益的能力,引导文明、健康、节约资源和保护环境的消费方式;
2. 参与制定有关消费者权益的法律、法规、规章和强制性标准;
3. 参与有关行政部门对商品和服务的监督、检查;
4. 就有关消费者合法权益的问题,向有关部门反映、查询,提出建议;
5. 受理消费者的投诉,并对投诉事项进行调查、调解;
6. 投诉事项涉及商品和服务质量问题的,可以委托具备资格的鉴定人鉴定,鉴定人应当告知鉴定意见;
7. 就损害消费者合法权益的行为,支持受损害的消费者提起诉讼或者依照本法提起诉讼;
8. 对损害消费者合法权益的行为,通过大众传播媒介予以揭露、批评。

消费者协会应当认真履行保护消费者合法权益的职责,听取消费者的意见和建议,接受社会监督。依法成立的其他消费者组织依照法律、法规及其章程的规定,开展保护消费者合法权益的活动。

(四)消费者组织的公益诉讼

对侵害众多消费者合法权益的行为,中国消费者协会以及在省、自治区、直辖市设立的

消费者协会，可以向人民法院起诉。

任务4 消费者权益争议的解决

一、争议的解决方式

消费者和经营者发生消费者权益争议的，可以通过下列途径解决：

（一）与经营者协商和解

协商和解，是消费者和经营者因商品或服务发生争议时，协商和解应作为首选方式。很多情况下，消费者和经营者是因误解产生的争议，通过解释、谦让及其他补救措施，便可化解矛盾，平息争议。协商和解必须在自愿平等的基础上进行。重大纠纷，双方立场对立严重，要求相距甚远的，可寻求其他解决方式。

（二）请求消费者协会或者依法成立的其他调解组织调解

消费者协会应依照法律、行政法规及公认的商业道德，调解经营者和消费者之间的争议，并由双方自愿接受和执行。其他调解组织主要是指依据《人民调解法》由村民委员会、居民委员会、企事业单位等基层组织设立的人民调解委员会。人民调解委员会是调解民间纠纷的群众性组织。经人民调解委员会调解达成调解协议的，人民法院依法确认有效的，可强制执行。

（三）向有关行政部门申诉

政府有关行政部门依法具有规范经营者的经营行为、维护消费者合法权益和市场经济秩序的职能。消费者可以根据商品和服务的性质向有关行政管理部门提出申诉，如物价部门、工商行政管理部门、技术质量监督部门等，请求处理，求得行政救济。消费者向有关行政部门投诉的，该部门应当自收到投诉之日起七个工作日内予以处理并告知消费者。

（四）提请仲裁

由仲裁机构解决争端，在国际国内商贸活动中被广泛采用。消费者权益争议亦可通过仲裁途径予以解决。不过，仲裁必须具备的前提条件是双方订有书面仲裁协议（或书面仲裁条款）。

（五）向人民法院提起诉讼

司法审判具有权威性、强制性，是解决各种争议的最后手段。消费者权益保护法及相关法律都规定，消费者权益受到损害时，可径直向人民法院起诉，也可因不服行政处罚决定而向人民法院起诉。

在选择具体的争议解决方式时，消费者应权衡争议的解决成本，考虑所付出的费用等因素。

二、损害赔偿责任主体的确定

消费者在其合法权益受到侵害时，根据有利于消费者求偿的原则，可以根据不同情况确定赔偿义务主体。

(一)由生产者、销售者、服务者承担

1. 消费者在购买、使用商品时,其合法权益受到损害的,可以向销售者要求赔偿。销售者赔偿后,属于生产者的责任或者属于向销售者提供商品的其他销售者的责任的,销售者有权向生产者或者其他销售者追偿。

2. 消费者或者其他受害人因商品缺陷造成人身、财产损害的,可以向销售者要求赔偿,也可以向生产者要求赔偿。属于生产者责任的,销售者赔偿后,有权向生产者追偿。属于销售者责任的,生产者赔偿后,有权向销售者追偿。

3. 消费者在接受服务时,其合法权益受到损害的,可以向服务者要求赔偿。

4. 消费者在展销会、租赁柜台购买商品或者接受服务,其合法权益受到损害的,可以向销售者或者服务者要求赔偿。展销会结束或者柜台租赁期满后,也可以向展销会的举办者、柜台的出租者要求赔偿。展销会的举办者、柜台的出租者赔偿后,有权向销售者或者服务者追偿。

5. 消费者通过网络交易平台购买商品或者接受服务,其合法权益受到损害的,可以向销售者或者服务者要求赔偿。网络交易平台提供者不能提供销售者或者服务者的真实名称、地址和有效联系方式的,消费者也可以向网络交易平台提供者要求赔偿;网络交易平台提供者作出更有利于消费者的承诺的,应当履行承诺。网络交易平台提供者赔偿后,有权向销售者或者服务者追偿。

网络交易平台提供者明知或者应知销售者或者服务者利用其平台侵害消费者合法权益,未采取必要措施的,依法与该销售者或者服务者承担连带责任。

(二)由变更后的企业承担

消费者在购买、使用商品或者接受服务时,其合法权益受到损害,因原企业分立、合并的,可以向变更后承受其权利义务的企业要求赔偿。

(三)由营业执照的使用人或持有人承担

使用他人营业执照的违法经营者提供商品或者服务,损害消费者合法权益的,消费者可以向其要求赔偿,也可以向营业执照的持有人要求赔偿。

(四)由从事虚假广告行为的经营者和广告的经营者承担

消费者因经营者利用虚假广告或者其他虚假宣传方式提供商品或者服务,其合法权益受到损害的,可以向经营者要求赔偿。广告经营者、发布者发布虚假广告的,消费者可以请求行政主管部门予以惩处。广告经营者、发布者不能提供经营者的真实名称、地址和有效联系方式的,应当承担赔偿责任。

广告经营者、发布者设计、制作、发布关系消费者生命健康商品或者服务的虚假广告,造成消费者损害的,应当与提供该商品或者服务的经营者承担连带责任。

社会团体或者其他组织、个人在关系消费者生命健康的虚假广告或者其他虚假宣传中向消费者推荐商品或者服务,造成消费者损害的,应当与提供该商品或者服务的经营者承担连带责任。

任务5　违反《消费者权益保护法》的法律责任

消费者权益保护法中的法律责任是经营者违反法律规定的或经营者与消费者约定的义务而依法应当承担的法律后果。它是保证经营者依法履行义务的措施，是保护消费者权利，保障消费者权益保护法顺利实施的重要手段。损害消费者合法权益的法律责任，包括民事责任、行政责任和刑事责任三种形式。

一、民事责任

(一)经营者应承担民事责任的情形

经营者提供商品或者服务有下列情形之一的，除本法另有规定外，应当依照其他有关法律、法规的规定，承担民事责任：

1. 商品或者服务存在缺陷的；
2. 不具备商品应当具备的使用性能而出售时未作说明的；
3. 不符合在商品或者其包装上注明采用的商品标准的；
4. 不符合商品说明、实物样品等方式表明的质量状况的；
5. 生产国家明令淘汰的商品或者销售失效、变质的商品的；
6. 销售的商品数量不足的；
7. 服务的内容和费用违反约定的；
8. 对消费者提出的修理、重作、更换、退货、补足商品数量、退还货款和服务费用或者赔偿损失的要求，故意拖延或者无理拒绝的；
9. 法律、法规规定的其他损害消费者权益的情形。

经营者对消费者未尽到安全保障义务，造成消费者损害的，应当承担侵权责任。

(二)经营者民事责任的具体承担

1. 人身伤害的民事责任。经营者提供商品或者服务，造成消费者或者其他受害人人身伤害的，应当赔偿医疗费、护理费、交通费等为治疗和康复支出的合理费用，以及因误工减少的收入。造成残疾的，还应当赔偿残疾生活辅助具费和残疾赔偿金。造成死亡的，还应当赔偿丧葬费和死亡赔偿金。

2. 侵犯人格尊严、人身自由的民事责任。经营者侵害消费者的人格尊严、侵犯消费者人身自由或者侵害消费者个人信息依法得到保护的权利的，应当停止侵害、恢复名誉、消除影响、赔礼道歉，并赔偿损失。

经营者有侮辱诽谤、搜查身体、侵犯人身自由等侵害消费者或者其他受害人人身权益的行为，造成严重精神损害的，受害人可以要求精神损害赔偿。

3. 财产损害的民事责任。经营者提供商品或者服务，造成消费者财产损害的，应当依照法律规定或者当事人约定承担修理、重作、更换、退货、补足商品数量、退还货款和服务费用或者赔偿损失等民事责任。

4. 经营者欺诈行为的惩罚性赔偿。经营者提供商品或者服务有欺诈行为的,应当按照消费者的要求增加赔偿其受到的损失,增加赔偿的金额为消费者购买商品的价款或者接受服务的费用的三倍;增加赔偿的金额不足五百元的,为五百元。法律另有规定的,依照其规定。

5. 故意侵权的加重责任。经营者明知商品或者服务存在缺陷,仍然向消费者提供,造成消费者或者其他受害人死亡或者健康严重损害的,受害人有权要求经营者依法承担人身伤害赔偿和精神损害赔偿,并有权要求所受损失二倍以下的惩罚性赔偿。

6. 预收款方式提供商品或服务的责任。经营者以预收款方式提供商品或者服务的,应当按照约定提供。未按照约定提供的,应当按照消费者的要求履行约定或者退回预付款;并应当承担预付款的利息、消费者必须支付的合理费用。

7. 行政查处后的退货责任。依法经有关行政部门认定为不合格的商品,消费者要求退货的,经营者应当负责退货。

二、行政责任

我国《消费者权益保护法》不仅规定了违法经营者的民事责任,还规定了违法经营者应承担的行政责任。

(一)经营者应当承担行政责任的情形

1. 提供的商品或者服务不符合保障人身、财产安全要求的;
2. 在商品中掺杂、掺假,以假充真,以次充好,或者以不合格商品冒充合格商品的;
3. 生产国家明令淘汰的商品或者销售失效、变质的商品的;
4. 伪造商品的产地,伪造或者冒用他人的厂名、厂址,篡改生产日期,伪造或者冒用认证标志等质量标志的;
5. 销售的商品应当检验、检疫而未检验、检疫或者伪造检验、检疫结果的;
6. 对商品或者服务作虚假或者引人误解的宣传的;
7. 拒绝或者拖延有关行政部门责令对缺陷商品或者服务采取停止销售、警示、召回、无害化处理、销毁、停止生产或者服务等措施的;
8. 对消费者提出的修理、重作、更换、退货、补足商品数量、退还货款和服务费用或者赔偿损失的要求,故意拖延或者无理拒绝的;
9. 侵害消费者人格尊严、侵犯消费者人身自由或者侵害消费者个人信息依法得到保护的权利的;
10. 法律、法规规定的对损害消费者权益应当予以处罚的其他情形。

(二)经营者行政责任的承担方式

我国相关法律、法规对处罚机关和处罚方式有规定的,则应依照其规定执行;若法律、法规没有规定的,由工商行政管理部门责令改正,可以根据情节单处或者并处警告、没收违法所得、处以违法所得一倍以上十倍以下的罚款,没有违法所得的,处以五十万元以下的罚款;情节严重的,责令停业整顿、吊销营业执照。除此之外,处罚机关还应当把经营者受到处罚的情况记入信用档案,向社会公布。

（三）民事责任优先

经营者违反本法规定，应当承担民事赔偿责任和缴纳罚款、罚金，其财产不足以同时支付的，先承担民事赔偿责任。

（四）经营者不服行政处罚的法律救济

经营者对行政处罚决定不服的，可以依法申请行政复议或者提起行政诉讼，避免行政机关滥用权力作出对经营者不公的处罚。

三、刑事责任

违反消费者权益保护法的下列行为，将依法追究其刑事责任：

（一）经营者违反本法规定提供商品或者服务，侵害消费者合法权益，构成犯罪的，依法追究刑事责任。

（二）以暴力、威胁等方法阻碍有关行政部门工作人员依法执行职务的，依法追究刑事责任；拒绝、阻碍有关行政部门工作人员依法执行职务，未使用暴力、威胁方法的，由公安机关依照《中华人民共和国治安管理处罚法》的规定处罚。

（三）国家机关工作人员玩忽职守或者包庇经营者侵害消费者合法权益的行为的，由其所在单位或者上级机关给予行政处分；情节严重，构成犯罪的，依法追究刑事责任。

☞小结

本项目对《消费者权益保护法》的适用范围、消费者权利、经营者义务、消费者组织、消费者权益争议的解决和法律责任等问题，作了较为详尽的解释，重点掌握消费者权利和消费者权益争议的解决。

☞实务训练

一、案例分析示范

1. 案情介绍

2015年5月10日赵某在一家超市购物，当赵某结账离开时，门口的报警响起，营业员要求赵某将随身携带的提包交由保安检查。赵某断然拒绝。于是该店保安人员及营业员将赵某强行带入保卫室，进行搜包。结果，没有发现可疑物品，便让他们离开了。事后赵某很气愤，遂向法院提起诉讼，声称该店侵犯其受尊重权与人身自由，要求其公开赔礼道歉，并赔偿损失。

2. 问题

(1)消费者享有的受尊重权的含义是什么？

(2)本案中的超市是否侵权？

3. 法律评析

(1)消费者享有受尊重权，是指消费者在购买、使用商品和接受服务时所享有的人格尊严、民族风俗习惯得到尊重的权利。《消费者权益保护法》第14条规定："消费者在购买使用商品及接受服务时,享有其人格尊严、民族风俗习惯得到尊重的权利。"

(2)《消费者权益保护法》第25条规定:"经营者不得对消费者进行侮辱、诽谤、不得搜查消费者身体及其携带的物品,不得侵犯消费者人身自由。"本案中超市对消费者提包擅自搜查,侵犯了其人格尊严,是严重的侵权行为,应承担相应的法律责任。

二、案例分析练习

1. 案情介绍

小王买回一套强化玻璃煤气灶后不久,玻璃灶台爆裂,后被厂家告知是因灶头堵塞回火所致,但使用说明书未说明要经常打扫灶头,商家亦未告知消费者应经常清扫灶头。

2. 问题

(1)小王作为消费者哪项合法权益受到了侵害?

(2)小王应该通过什么途径维护自己的合法权益?

三、简答题

1. 简述消费者权利的主要内容。
2. 简述经营者义务的主要内容。
3. 简述侵害消费者权益责任主体的确定。
4. 消费者权益争议的解决方式有哪些?

项目八 反不正当竞争法

❋ 案例导入

2016年3月,某地"红色印象"饭店开业后,由于菜品质量高和饭店装修风格独特,生意越来越好。同地的"茗味饭店"经暗访发现,"红色印象"饭店的很多装修装饰细节都体现了六十年代独有的时代烙印,如播放该年代歌曲,服务员统一着装该年代服装,菜名和包间名等也具有时代印记。"茗味饭店"遂改名为"红色印记",并且饭店的装修风格、服务员服装、菜名、播放歌曲等一应照搬。造成"红色印象"饭店客源逐渐下降。

❋ 任务引入

1. "茗味饭店"的行为是否合法,为什么?
2. "红色印象"饭店如何维权?

任务1 反不正当竞争法概述

一、反不正当竞争法的概念及立法目的

(一)反不正当竞争法的概念

反不正当竞争法是指制止经营者采用欺骗、胁迫、利诱以及其他违背诚实信用原则的手段从事市场交易的各种不正当竞争行为、维护公平竞争的商业道德和交易秩序的法律制度。反不正当竞争法是市场竞争的基本法和兜底法,凡是其他法律、法规没有明确规定,而经营者的市场行为与反不正当竞争法所确立的市场竞争原则相违背的,均应依照该法进行规范。

《反不正当竞争法》于 1993 年 9 月 2 日颁布，1993 年 12 月 1 日起实施。其后原国家工商行政管理局针对几种特殊的不正当竞争行为，发布了相关的行政规章，如《关于禁止公用企业限制竞争行为的若干规定》《关于禁止仿冒知名商品特有名称、包装、装潢的不正当竞争行为的若干规定》《关于禁止侵犯商业秘密行为的若干规定》等。

（二）立法目的

《反不正当竞争法》第 1 条规定：为保障社会主义市场经济健康发展，鼓励和保护公平竞争，制止不正当竞争行为，保护经营者和消费者的合法权益，制定本法。

任务 2　不正当竞争行为

一、不正当竞争行为的特征

不正当竞争是指经营者违反相关法律、法规的规定，违背诚实信用和公平竞争等商业惯例，损害其他经营者的合法权益，扰乱社会经济秩序的行为。不正当竞争行为有如下特征：

（一）不正当竞争行为的主体是经营者

所谓经营者，是指从事商品经营或营利性服务的法人、其他经济组织和个人。非经营者不是竞争行为主体，所以也不能成为不正当竞争行为的主体。

（二）不正当竞争行为是违法行为

不正当竞争行为具有典型的违法性，主要表现在违反了《反不正当竞争法》的规定，既包括违反了该法第二章关于禁止各种不正当竞争行为的具体规定，也包括违反了该法第 2 条的原则规定。在实际生活中，经营者的某些行为虽然表面上难以确认为违法，但是只要违反了自愿、平等、公平、诚实信用原则或违反了公认的商业道德，损害了其他经营者的合法权益，扰乱了社会经济秩序，也应认定为不正当竞争行为。

（三）不正当竞争以市场竞争为目的，损害竞争者的合法权益

不正当竞争行为侵害的客体是其他经营者的合法权益和正常的社会经济秩序。不正当竞争行为的破坏性主要体现在：危害公平竞争的市场秩序；阻碍技术进步和社会生产力的发展；损害其他经营者的正常经营和合法权益，使守法经营者蒙受物质上和精神上的双重损害。有些不正当竞争行为，如虚假广告和欺骗性有奖销售，还可能损害广大消费者的合法权益。

二、不正当竞争行为的类型

不正当竞争行为在现实生活中形形色色，我国采取列举出典型的、突出的行为，用明文加以禁止。反不正当竞争法第二章列举规定了 11 种不正当竞争行为，分别是如下行为：

（一）混淆行为

所谓混淆行为主要是指经营者以交易为目的，采用假冒或仿冒等手段，使其商品与他

人的商品相混淆,而导致或足以导致购买者误认的行为。根据《反不正当竞争法》第 5 条的规定,经营者不得采用下列不正当手段从事市场交易,损害竞争对手:

1. 假冒他人的注册商标;
2. 擅自使用知名商品特有的名称、包装、装潢,或者使用与知名商品近似的名称、包装、装潢,造成和他人的知名商品相混淆,使购买者误认为是该知名商品;
3. 擅自使用他人的企业名称或者姓名,引人误认为是他人的商品;
4. 在商品上伪造或者冒用认证标志、名优标志等质量标志,伪造产地,对商品质量作引人误解的虚假表示。

(二)公用企业或者其他依法具有独占地位的经营者的限制竞争行为

《反不正当竞争法》第 6 条规定:公用企业或者其他依法具有独占地位的经营者,不得限定他人购买其指定的经营者的商品,以排挤其他经营者的公平竞争。公用企业是指供水、供电、供热、供气、邮政、电讯、交通运输等公用事业或行业的经营者。公用企业具有自然垄断性,应当对其禁止或限制竞争,这样它才能有效经营、降低成本、充分利用资源、提高社会总体福利水平。

(三)政府及其所属部门的限制竞争行为

政府及其所属部门不得滥用行政权力,限定他人购买其指定的经营者的商品,限制其他经营者正当的经营活动。政府及其所属部门不得滥用行政权力,限制外地商品进入本地市场,或者本地商品流向外地市场。行政性强制经营行为是指政府及其所属部门滥用行政权力,对市场经营活动进行非法干涉,强制经营者从事或者不从事某种经营活动的行为。该行为违反了依法行政的原则,损害了法律保护的市场竞争秩序,这种行为必须进行禁止。

(四)商业贿赂行为

商业贿赂是指经营者为争取交易机会,暗中给予交易对方有关人员和能够影响交易的其他相关人员以财物或其他好处的行为。所谓财物,是指现金和实物,包括经营者为销售或者购买商品,假借促销费、赞助费、宣传费等名义,或者以报销费用等方式,暗中给付对方单位或个人的财物。其他好处是指提供国内外各种名义的旅游、考察等手段。

《反不正当竞争法》第 8 条规定:经营者不得采用财物或者其他手段进行贿赂以销售或者购买商品。在账外暗中给予对方单位或者个人回扣的,以行贿论处;对方单位或者个人在账外暗中收受回扣的,以受贿论处。经营者销售或者购买商品,可以以明示方式给对方折扣,可以给中间人佣金。经营者给对方折扣、给中间人佣金的,必须如实入账。接受折扣、佣金的经营者必须如实入账。

(五)虚假宣传行为

虚假宣传行为是指经营者利用广告或者其他方法,对商品的质量、制作成分、性能、用途、生产者、有效期限、产地等作引人误解的虚假宣传。这是《反不正当竞争法》明文禁止的内容,此外该法还规定,广告的经营者不得在明知或者应知的情况下,代理、设计、制作、发布虚假广告。

虚假宣传行为还包括引人误解的宣传,两者的区别在于虚假宣传是指商品宣传的内容与商品的实际情况不符,如将国产产品宣传为进口产品等。而引人误解的宣传则是指就一般社会公众的合理判断而言,宣传的内容足以影响接受宣传的人的认知,造成误会,从而产生错误的认识,影响其购买决策的商品宣传。

(六)侵犯商业秘密行为

商业秘密是指不为公众所知悉,能为权利人带来经济利益、具有实用性并经权利人采取保密措施的技术信息和经营信息。侵犯商业秘密是指经营者通过不正当手段,违法获取、披露、使用或允许他人使用权利人的商业秘密的行为。侵犯商业秘密的行为主要包括:

1. 以盗窃、利诱、胁迫或者其他不正当手段获取权利人的商业秘密;
2. 披露、使用或者允许他人使用以前项手段获取的权利人的商业秘密;
3. 违反约定或者违反权利人有关保守商业秘密的要求,披露、使用或者允许他人使用其所掌握的商业秘密。

第三人明知或者应知前款所列违法行为,获取、使用或者披露他人的商业秘密,视为侵犯商业秘密。

(七)低价倾销行为

低价倾销行为是指经营者以排挤竞争对手为目的,违反法律规定,以低于成本的价格销售商品。该行为会扰乱正常的生产经营秩序,损害国家利益或者其他经营者的合法权益。《反不正当竞争法》第11条规定,经营者不得以排挤竞争对手为目的,以低于成本的价格销售商品。但是在实践中并非所有以低于成本价销售商品的行为均是违法行为,以下是低价倾销行为的4种除外情况:

1. 销售鲜活商品;
2. 处理有效期限即将到期的商品或者其他积压的商品;
3. 季节性降价;
4. 因清偿债务、转产、歇业降价销售商品。

(八)搭售或附加其他不合理条件的行为

《反不正当竞争法》第12条规定:经营者销售商品,不得违背购买者的意愿搭售商品或者附加其他不合理的条件。搭售是附加不合理条件行为中的一种,是指经营者出售商品时,违背对方意愿,强行搭配其他商品的行为。其他不合理条件,是指搭售以外的不合理的交易条件,如限制转售区域等。

(九)不正当有奖销售行为

不正当有奖销售是指经营者在销售商品或提供服务时,以提供奖励为名,实际上采取欺骗或者其他不当手段损害用户、消费者利益,或者损害其他经营者合法权益的行为。

《反不正当竞争法》第13条以列举方式禁止经营者从事三类有奖销售行为。《关于禁止有奖销售活动中不正当竞争行为的若干规定》(国家工商局令1993年第19号)对此加以细化,禁止以下列方式进行有奖销售:

1. 谎称有奖销售或对所设奖的种类、中奖概率、最高奖金额、总金额,奖品种类、数量、质量、提供方法等作虚假不实的表示;
2. 采取不正当手段故意让内定人员中奖;
3. 故意将设有中奖标志的商品、奖券不投放市场或不与商品、奖券同时投放,或者故意将带有不同奖金金额或奖品标志的商品、奖券按不同时间投放市场；

4. 抽奖式的有奖销售，最高奖的金额超过 5000 元的（以非现金的物品或者其他经济利益作为奖励的，按照同期市场同类商品或者服务的正常价格折算其金额）；

5. 利用有奖销售手段推销质次价高的商品；

6. 其他欺骗性有奖销售行为。

（十）诋毁商誉行为

诋毁商誉行为即为损害竞争对手信誉的行为，是指经营者为了竞争的目的，故意捏造、散布虚伪的事实，损害竞争对手的商业信誉和商品声誉，从而削弱竞争对手的竞争能力的行为。商誉是社会公众对市场经营主体名誉的综合性积极评价，它是经营者长期努力追求，刻意创造，并投入一定的金钱、时间及精力才取得的。良好的商誉本身就是一笔巨大的无形财富，法律对通过积极劳动获得的商誉给予尊重和保护，对以不正当手段侵犯竞争者商誉的行为予以严厉制裁。《反不正当竞争法》第 14 条规定：经营者不得捏造、散布虚伪事实，损害竞争对手的商业信誉、商品声誉。

（十一）招标投标中的串通行为

《反不正当竞争法》第 15 条规定：投标者不得串通投标，抬高标价或者压低标价。投标者和招标者不得相互勾结，以排挤竞争对手的公平竞争。具体可将该行为分为两类：第一类，投标者之间串通投标，抬高标价或者压低标价；第二类，投标者与招标者相互勾结排挤竞争对手。

任务 3　对不正当竞争行为的监督和制裁

一、监督检查部门

对不正当竞争行为的监督检查，主要包括两类：一类是国家监督检查，一类是社会监督。

（一）监督检查机关的设置

我国《反不正当竞争法》第 3 条第 2 款规定："县级以上人民政府工商行政管理部门对不正当竞争行为进行监督检查；法律、行政法规规定由其他部门监督检查的，依照其规定。"这说明在我国，县级以上人民政府工商行政管理部门及法律、行政法规规定的其他部门是对不正当竞争行为进行监督检查的部门。

此外，国家还鼓励、支持和保护一切组织和个人对不正当竞争行为进行社会监督。任何国家工作人员，不得支持、包庇不正当竞争行为。

（二）监督检查机关的职权

根据《反不正当竞争法》的规定，县级以上监督检查部门对不正当竞争行为，可以进行监督检查。监督检查部门在监督检查不正当竞争行为时，有权依法行使下列职权：

1. 按照规定的程序询问被检查的经营者、利害关系人、证明人，并要求提供证明材料或者与不正当竞争行为有关的其他资料；被检查的经营者、利害关系人和证明人应当如实提供有关资料或者情况。

2. 查询、复制与不正当竞争行为有关的协议、账册、单据、文件、记录、业务函电和其他资料。

3. 检查与《反不正当竞争法》第 5 条规定的不正当竞争行为有关的财物,必要时可以责令被检查的经营者说明该商品的来源和数量,暂停销售,听候检查,不得转移、隐匿、销毁该财物。

监督检查部门的工作人员监督检查不正当竞争行为时,应当出示检查证件,否则当事人可拒绝接收检查。这既是监督检查工作的程序之一,也是监督检查部门工作人员应遵守的义务。

二、不正当竞争行为的法律责任

不正当竞争行为是经营者违反《反不正当竞争法》的规定,损害其他经营者的合法权益,扰乱社会经济秩序的违法行为。所以,只要实施了各种不正当竞争行为以及与不正当竞争有关的违法行为,就要承担相应的法律责任。根据我国《反不正当竞争法》第四章的规定,不正当竞争行为应承担的法律责任包括民事责任、行政责任和刑事责任。

(一)民事责任

不正当竞争行为的民事法律责任是指市场经营者违反法律规定,实施了不正当竞争行为,给其他经营者的合法权益造成了非法侵害所要承担的民事法律后果,是一种因侵权行为而承担的民事责任。

为保护合法经营者的正当竞争权利,《反不正当竞争法》第 20 条规定:经营者违反本法规定,给被侵害的经营者造成损害的,应当承担损害赔偿责任,被侵害的经营者的损失难以计算的,赔偿额为侵权人在侵权期间因侵权所获得的利润;并应当承担被侵害的经营者因调查该经营者侵害其合法权益的不正当竞争行为所支付的合理费用。该责任的承担方式主要是赔偿财产损失,并以金钱赔偿为主,辅之以非财产损害的责任。

(二)行政责任

《反不正当竞争法》规定的行政责任,通过监督检查部门对不正当竞争行为的查处实现,责任形式主要包括罚款、没收违法所得、责令停止违法行为、责令改正、消除影响、停业整顿以及吊销营业执照等形式。此外,还规定了与不正当竞争行为有关的国家机关工作人员违法的行政处分。行政处分的形式有警告、记过、记大过、降级、降职、撤职、留用察看、开除等。

(三)刑事责任

刑事责任适用于那些对其他经营者、消费者和社会经济秩序损害严重、情节恶劣的不正当竞争行为。对于刑事责任,《反不正当竞争法》只是作了原则规定,确定具体的刑事责任要适用我国刑法的相应规定。

小结

本项目主要介绍了我国《反不正当竞争法》所规定的各种不正当竞争行为的表现形式、违法责任等，重点要掌握不正当竞争行为的表现形式，并能在实务中加以区分。

实务训练

一、案例分析示范

1. 案情介绍

A公司在2015年底有一批存货需要处理，公司经理在业务会上宣布：不论是公司的内部职员，还是外部人员，只要能帮助公司推销该产品100件以上的，都可以给予20%的回扣，回扣可一律不记账。消息传出，一些小商贩争相来批发购买，很快该公司积压的近3万件货物销售一空。该市的工商行政局注意到了这个情况，前来公司查账，告诉该公司管理人员，账外回扣是违法的。但该公司经理辩称，企业有经营自主权，入账与不入账是企业的自由。

2. 问题

(1)回扣、折扣、佣金有什么区别？
(2)该公司的账外回扣行为是商业贿赂行为吗？

3. 法律评析

(1)回扣是指在商品购销活动中，买卖双方按价成交后，卖(买)方不仅交易货物(货币)，而且账外暗中给予买(卖)方钱物或其他利益的行为。折扣也称价格折扣、价格减让或商业让利，也指在商品购销活动中，卖方在新成交的价格或者数量上给买方一定比例的诚让，而返还给对方的一种交易上的互惠。佣金，是指在市场交易中经营者付给具有独立地位的中间商。

(2)该公司的账外回扣行为构成商业贿赂行为。

二、案例分析练习

1. 案情介绍

2015年5月，某市一互联网服务运营商在其营业厅内贴出通知，通知规定：凡在该公司办理宽带业务的用户，一律只能在本公司营业厅购买调制解调器等相关配件，否则不予办理安装手续。

2. 问题

(1)该公司的行为属于什么性质的违法行为？
(2)这类行为为什么被有关法律所禁止？应如何处理？

三、简答题

1. 不正当竞争行为的特征有哪些？
2. 不正当竞争行为的类型具体有哪几类？
3. 低价倾销行为概念及低价倾销行为的4种除外情况是什么？

项目九 反垄断法

✲ 案例导入

2015年2月9日国家发改革就高通公司,在中国滥用市场支配地位的行为进行处罚,决定对当事人处2013年度在中华人民共和国境内销售额8%的罚款,共计60.88亿元人民币。

✲ 任务引入

你了解哪些行为构成垄断吗?

任务1 反垄断法概述

一、垄断的概念和特征

(一)垄断的概念

垄断是一个古老的概念。亚里士多德在其《政治学》一书中,使用了"垄断"和"竞争",且还提出了优胜劣汰规律。垄断,是与自由竞争相对应的概念,是自由竞争的市场经济发展的必然结果,它是排斥、限制、妨碍竞争的各种行为的总称。垄断是指企业或其他经济组织通过一定手段(经济的和非经济的)对生产或市场实施的一种排他性的控制,从而排除或限制竞争的行为或状态。

垄断主体对市场经济运行过程进行排他性控制,或对市场竞争进行实质性限制,妨碍公平竞争秩序的行为或状态,即构成垄断。

(二)垄断的特征

垄断具有两个显著的特征,即违法性和危害性。垄断是违反法律明文禁止规定的行为或状态。垄断是对市场竞争构成实质危害的行为或状态。当然有些限制竞争行为，虽然也对市场竞争构成一定的威胁，但是得到法律的豁免，或者有些企业处于市场优势地位，但是尚未滥用这种优势，则不能被认定为构成垄断。除此外，垄断还具有如下几个特征：

1. 主体具有多样性。既可为经营者，也可为政府及其所属部门。
2. 范围为法定专营范围以外的生产经营活动。
3. 方式是操纵或控制市场。
4. 结果是限制或妨碍了竞争。

（三）垄断的分类

依据不同的标准，垄断可以划分为不同的类型：

1. 根据垄断者占有市场的情况，可分为独占垄断、寡头垄断和联合垄断。

独占垄断也称为完全垄断，它是指一家企业对整个行业的生产、销售和价格有完全的排他性的控制能力，即在该企业所在的行业内，不存在任何竞争。这是典型意义上的垄断，也为各国法律所严格规制。寡头垄断是指市场上只有为数不多的企业生产、销售某种特定的产品或者服务的状况。每个企业都在市场上占有一定的份额，对产品或服务的价格实施了排他性的控制，但它们之间又存在一定的竞争。联合垄断是指多个相互间有竞争关系并有相当经济实力的企业，通过一定的形式（如限制竞争协议等），联合控制某一产业的市场或销售的状态。

2. 根据垄断产生的原因，可分为市场垄断、国家垄断、行政性垄断和自然垄断。

市场垄断，是指市场主体通过自身的力量设置市场进入障碍而形成的垄断，该垄断又被称为经济性垄断。国家垄断是由国家对某一产业的生产、销售等进行直接控制，不允许其他市场主体进入该市场领域的情况，实行计划经济体制的国家大部分是国家垄断。行政性垄断是指由政府行政机构设置的市场进入障碍，排斥、限制合法竞争而形成的垄断，地方和部门保护主义就是典型的行政性垄断。自然垄断是由于特定行业市场的自然条件或原因而产生的垄断经营，这些部门如果竞争经营，则可能导致社会资源的浪费或市场秩序的混乱。如公用企业绝大多数是自然垄断企业。

3. 根据法律对垄断的态度，可分为非法垄断与合法垄断。

非法垄断是指国家法律反对的垄断。实践中大部分垄断是非法的。合法垄断是指某些特殊的行业，在特定阶段，为法律所允许进行的垄断。如对烟草等产品，赋予了专卖、专营企业以独占经营权，知识产权制度所体现的也是一种合法垄断。

4. 根据垄断的表现形式可分为：滥用市场支配地位行为、限制竞争协议行为和企业合并行为。

5. 根据垄断程度的不同可分为：卡特尔、辛迪加、托拉斯、康采恩。

（1）卡特尔一般是指企业或企业协会为了消除或限制竞争，为取得高额利润而在产量、价格、市场分割等，在水平方向上的一种联合。

（2）辛迪加通常指同一生产领域的厂商为统一购销而订立协议所形成的垄断联合。

（3）托拉斯主要指生产同类商品或在生产上有紧密联系的厂商从生产到销售实行全面合并所形成的垄断联合。

（4）康采恩通常指并非同一部门的大企业围绕其中实力最雄厚的企业所结成的垄断联合。

二、反垄断法

(一)反垄断法含义

只要存在商品经济,就必然存在竞争。市场经济是有规制的竞争型经济。垄断是自由竞争的市场经济的发展结果,它使竞争主体的竞争环境恶化,致使公平竞争的基础受到严重破坏。因此,必须依反垄断法来禁止垄断和限制竞争的行为。

反垄断法指国家在限制或反对垄断,保护竞争中所形成的法律规范的总称。反垄断法在国外被誉为"经济宪法"、"自由企业大宪章",其在不同的国家有不同的称谓。如美国反垄断法:《谢尔曼法》、《克莱顿法》、《联邦贸易委员会法》;德国:《反限制竞争法》;法国称之为《公平交易法》;欧盟称之为《竞争法》;日本称之为《禁止垄断法》。我国称《反垄断法》。

《中华人民共和国反垄断法》已由中华人民共和国第十届全国人民代表大会常务委员会第二十九次会议于2007年8月30日通过,自2008年8月1日起施行。

(二)反垄断法的调整对象、适用范围

反垄断法的调整对象是指国家在反对垄断行为的过程中所形成的经济社会关系。包括以下几个方面的内容:

1. 在确定反垄断范围中发生的经济社会关系;
2. 在确定反垄断管理体制的过程中产生的经济社会关系;
3. 在制裁非法垄断行为过程中发生的经济社会关系。

反垄断法适用于中华人民共和国境内经济活动中的垄断行为和中华人民共和国境外,对境内市场竞争产生排除、限制影响的垄断行为。

(三)反垄断法与反不正当竞争法

1. 规制的行为不同。不正当竞争行为是违反诚信原则和商业道德以不正当手段进行竞争。垄断是禁止和限制竞争。
2. 主体不同。垄断行为一般由具有垄断地位的大企业所为,不正当竞争行为则所有市场主体都可能成为其主体。
3. 反垄断法有适用除外制度,反不正当竞争法则不可能有。
4. 经济垄断是竞争发展到一定阶段的产物,但不正当竞争则是和竞争相伴而生的。

(四)反垄断立法的意义

反垄断法对社会经济的作用具体体现在:

1. 预防和制止垄断行为;
2. 保护市场公平竞争;
3. 提高经济运行效率;
4. 维护消费者利益和社会公共利益;
5. 促进社会主义市场经济健康发展。

(五)反垄断法的适用除外制度

反垄断法的适用除外是指各国为保护国家整体利益,在立法上规定允许某些领域对某

一些事项实行垄断经营。反垄断法的适用除外制度,包括反垄断法自身规定的某些事项的适用除外,也包括其他法律中规定的某些事项对反垄断法的不适用。

1. 自然垄断

所谓自然垄断就是指国家根据产业的性质不宜开展竞争的,某些行业的价格和进入在一定的地域或时期内实行全行业管制只允许一家企业垄断全部生产。

2. 知识产权领域

知识产权保护一般是指法律保护知识产权权利人依法行使知识产权的行为。由于知识产权具有法定独占性、垄断性使得知识产权的保护与反垄断法有所冲突。因此各国反垄断法一般都将行使知识产权的行为排除在反垄断法的规制对象外。当然,滥用知识产权的行为也是要受到法律的追究的。

3. 特定组织和人员的垄断

如:各种自由职业者如医生、律师等,由于职业的性质,不宜开展竞争,否则不利于服务质量和职业道德的维护。

4. 法律明确规定的某些特定行为和企业的联合组织

但适用除外规定的前提是必须在法律规定的范围内开展经营活动,不得滥用其合法垄断的市场优势,损害其他经营者的公平竞争及消费者的合法权益。

任务2 垄断行为

我国《反垄断法》第3条规定的垄断行为包括:经营者达成垄断协议;经营者滥用市场支配地位;具有或者可能具有排除、限制竞争效果的经营者集中。

一、垄断协议

(一)垄断协议的含义

垄断协议,也即联合限制竞争行为,是指排除、限制竞争的协议、决定或者其他协同行为。对于垄断协议,判断其合理及合法性的标准在于其是否排除、限制及损害了竞争。

(二)横向垄断协议

横向垄断协议的主要特征是当事人处于同一生产或流通环节,或同为生产者,或同为销售者,或同为购买者。《反垄断法》第13条规定禁止具有竞争关系的经营者达成下列垄断协议:

1. 固定或者变更商品价格

固定价格协议,就是价格同盟或价格卡特尔,是指处于同一生产或流通环节的经营者通过明示或默示的协议,将其产品价格固定在或变更到统一的水平上。

2. 限制商品的生产数量或者销售数量

限制数量的协议,是指由参与企业通过控制或限制相关市场上产销的供给量,进而限制价格的协议。主要包括:限制产量协议、限制销售量协议。

3.分割销售市场或者原材料采购市场

市场划分协议,即各竞争者之间达成协议,就销售市场或原材料采购市场等进行划分以消除彼此间在市场上的竞争。

4.限制购买新技术、新设备或者限制开发新技术、新产品

这是指具有竞争关系的经营者之间限制购买新技术、新设备或者限制开发新技术、新产品等的限制竞争行为。

5.联合抵制交易

联合抵制交易,也称集体拒绝交易,是指一部分经营者共同拒绝与另一个或另一部分经营者交易的限制竞争行为。

6.国务院反垄断执法机构认定的其他垄断协议。

(三)纵向垄断协议

纵向垄断协议的特点是当事人处于不同生产、流通环节,由于相互间的竞争性较弱,对竞争造成损害的可能性也比较小。我国《反垄断法》在此主要规定了"纵向价格约束"行为。纵向价格约束,又称维持转售价格,通常是指处于同一产业不同环节的交易者约定,就交易标的转售给第三人,或由第三人再转售时,应遵守一定价格的限制竞争协议。《反垄断法》第14条规定,禁止经营者与交易相对人达成下列垄断协议:

1. 固定向第三人转售商品的价格;
2. 限定向第三人转售商品的最低价格;
3. 国务院反垄断执法机构认定的其他垄断协议。

(四)垄断协议的适用除外

垄断行为限制了竞争,但未必都有害。反垄断法在禁止垄断的同时,也允许甚至鼓励某些垄断行为的存在,从而形成反垄断法上的适用除外制度。我国《反垄断法》第十五条规定的除外行为包括:

1. 为改进技术、研究开发新产品的;
2. 为提高产品质量、降低成本、增进效率,统一产品规格、标准或者实行专业化分工的;
3. 为提高中小经营者经营效率,增强中小经营者竞争力的;
4. 为实现节约能源、保护环境、救灾救助等社会公共利益的;
5. 因经济不景气,为缓解销售量严重下降或者生产明显过剩的;
6. 为保障对外贸易和对外经济合作中的正当利益的;
7. 法律和国务院规定的其他情形。

经营者依照有关知识产权的法律、行政法规规定行使知识产权的行为;农业生产者及农村经济组织在农产品生产、加工、销售、运输、储存等经营活动中实施的联合或者协同行为,为不适用《反垄断法》。

(五)行业协会限制竞争行为

行业协会的限制竞争行为是指行业协会在其运作中,以行业协会决议等方式实施的排除、限制及损害竞争的行为。行业协会不得组织本行业的经营者从事法律禁止的垄断行为。

二、滥用市场支配地位

(一)滥用市场支配地位界定

滥用市场支配地位是指具有某种市场支配地位的主体滥用其优势,排除、限制及损害竞争的行为。

1. 市场支配地位的含义

市场支配地位,是指经营者在相关市场内具有能够控制商品价格、数量或者其他交易条件,或者能够阻碍、影响其他经营者进入相关市场能力的市场地位。

所谓经营者,是指从事商品生产、经营或者提供服务的自然人、法人和其他组织。所谓相关市场,是指经营者在一定时期内就特定商品或者服务(以下统称商品)进行竞争的商品范围和地域范围。

2. 认定具有市场支配地位的方法

认定经营者具有市场支配地位,应当依据下列因素:

(1)该经营者在相关市场的市场份额,以及相关市场的竞争状况;

有下列情形之一的,可以推定经营者具有市场支配地位:

①一个经营者在相关市场的市场份额达到二分之一的;

②两个经营者在相关市场的市场份额合计达到三分之二的;

③三个经营者在相关市场的市场份额合计达到四分之三的。

有上述②项、③项规定的情形,其中有的经营者市场份额不足十分之一的,不应当推定该经营者具有市场支配地位。被推定具有市场支配地位的经营者,有证据证明不具有市场支配地位的,不应当认定其具有市场支配地位。

(2)该经营者控制销售市场或者原材料采购市场的能力;

(3)该经营者的财力和技术条件;

(4)其他经营者对该经营者在交易上的依赖程度;

(5)其他经营者进入相关市场的难易程度;

(6)与认定该经营者市场支配地位有关的其他因素。

(二)滥用市场支配地位的表现形式

禁止具有市场支配地位的经营者从事下列滥用市场支配地位的行为:

(1)以不公平的高价销售商品或者以不公平的低价购买商品;

(2)没有正当理由,以低于成本的价格销售商品;

(3)没有正当理由,拒绝与交易相对人进行交易;

(4)没有正当理由,限定交易相对人只能与其进行交易或者只能与其指定的经营者进行交易;

(5)没有正当理由搭售商品,或者在交易时附加其他不合理的交易条件;

(6)没有正当理由,对条件相同的交易相对人在交易价格等交易条件上实行差别待遇。

三、经营者集中

经营者集中主要是指一个经营者通过特定的行为取得对另一个经营者的全部或部分控制权。

(一)经营者集中的基本界定

经营者集中主要包括三种情形:

1. 经营者合并;

2. 经营者通过取得股权或者资产的方式取得对其他经营者的控制权;

3. 经营者通过合同等方式取得对其他经营者的控制权或者能够对其他经营者施加决定性影响。

经营者集中具有有利于竞争和可能影响竞争的双重效果。一方面,经营者集中是形成规模经济,提高市场竞争力的重要手段;另一方面,过度的集中又会产生或加强市场支配地位,限制竞争,损害效率。反垄断法规定经营者集中制度的目的,就是通过对集中的控制,防止出现过度集中的市场力量,避免导致排除、限制竞争的结果。我国反垄断法规定了经营者集中的事前申报制度,将申报标准授权国务院规定外,对审查标准、审查应考虑的因素及审查程序做了规定。

(二)经营者集中的事先申报

事先申报制度是防止出现经营者集中的预防性措施。它的主要内容有:

1. 申报的标准

经营者集中达到国务院规定的申报标准的,经营者应当事先向国务院反垄断执法机构申报,未申报的不得实施集中。

2. 申报资料

经营者向国务院反垄断执法机构申报集中,应当提交下列文件、资料:

(1)申报书;

(2)集中对相关市场竞争状况影响的说明;

(3)集中协议;

(4)参与集中的经营者经会计师事务所审计的上一会计年度财务会计报告;

(5)国务院反垄断执法机构规定的其他文件、资料。申报书应当载明参与集中的经营者的名称、住所、经营范围、预定实施集中的日期和国务院反垄断执法机构规定的其他事项。

经营者提交的文件、资料不完备的,应当在国务院反垄断执法机构规定的期限内补交文件、资料。经营者逾期未补交文件、资料的,视为未申报。

3. 申报的免除

经营者集中有下列情形之一的,可以不向国务院反垄断执法机构申报:

(1)参与集中的一个经营者拥有其他每个经营者百分之五十以上有表决权的股份或者资产的;

(2)参与集中的每个经营者百分之五十以上有表决权的股份或者资产被同一个未参与集中的经营者拥有的。

(三)经营者集中的审查程序

1. 初步审查

国务院反垄断执法机构应当自收到经营者提交的符合规定的文件、资料之日起三十日内,对申报的经营者集中进行初步审查,作出是否实施进一步审查的决定,并书面通知经营者。国务院反垄断执法机构作出决定前,经营者不得实施集中。国务院反垄断执法机构作出不实施进一步审查的决定或者逾期未作出决定的,经营者可以实施集中。

2. 实质审查

国务院反垄断执法机构决定实施进一步审查的,应当自决定之日起九十日内审查完毕,作出是否禁止经营者集中的决定,并书面通知经营者。作出禁止经营者集中的决定,应当说明理由。审查期间,经营者不得实施集中。对延长审查期限的,最长也不得超过六十日。国务院反垄断执法机构逾期未作出决定的,经营者可以实施集中。

(四)经营者集中控制的审查标准和豁免规则

1. 审查标准

经营者集中具有或者可能具有排除、限制竞争效果的,国务院反垄断执法机构应当作出禁止经营者集中的决定。

2. 分析因素

审查经营者集中,应当考虑下列因素:

(1)参与集中的经营者在相关市场的市场份额及其对市场的控制力;

(2)相关市场的市场集中度;

(3)经营者集中对市场进入、技术进步的影响;

(4)经营者集中对消费者和其他有关经营者的影响;

(5)经营者集中对国民经济发展的影响;

(6)国务院反垄断执法机构认为应当考虑的影响市场竞争的其他因素。

3. 豁免规则

经营者能够证明该集中对竞争产生的有利影响明显大于不利影响,或者符合社会公共利益的,国务院反垄断执法机构可以作出对经营者集中不予禁止的决定。对不予禁止的经营者集中,国务院反垄断执法机构可以决定附加减少集中对竞争产生不利影响的限制性条件。

4. 审查决定

国务院反垄断执法机构应当将禁止经营者集中的决定或者对经营者集中附加限制性条件的决定,及时向社会公布。

任务3 行政垄断

我国《反垄断法》第8条规定行政机关和法律、法规授权的具有管理公共事务职能的组织不得滥用行政权力,排除、限制竞争。

一、行政垄断的含义

行政性垄断是指凭借政府行政机关或其授权单位所拥有的行政权力,滥施行政行为,而使某些企业得以实现垄断和限制竞争的一种状态和行为。

行政垄断的主要特征表现为:

1. 行为主体不是市场经营者,而是市场管理者,即行政主体行政垄断的主体是行政机关和法律、法规授权的具有管理公共事务职能的组织。行政机关包括各级政府及其政府组成部门、政府直属机构。非行政组织在法律、法规授权管理公共事务时，即成为具有管理公共事务职能的组织。

2. 行为的性质不属于市场经营行为，而属于行政行为

行政垄断既包括集体行政行为，如限定购买指定经营者提供的商品，也包括抽象行政作为，如发布通告等。

3. 行政垄断的目或结果在于排除、限制正常的市场竞争

行政机关违反法律、法规和国家政策的规定，超越职权或违反程序从事破坏市场发挥作用的排除、限制竞争行为。

二、行政垄断行为

我国目前的行政垄断主要有以下几种表现形式：

1. 限定购买行为

《反垄断法》第32条规定，行政机关和法律、法规授权的具有管理公共事务职能的组织不得滥用行政权力，限定或者变相限定单位或者个人经营、购买、使用其指定的经营者提供的商品。因此，行政机关滥用行政权力，限定购买、使用其指定的经营者提供的商品是一种行政垄断行为。

2. 妨碍商品在本地区自由流通的行为

《反垄断法》第33条规定，行政机关和法律、法规授权的具有管理公共事务职能的组织不得滥用行政权力，实施下列行为，妨碍商品在地区之间的自由流通：

（1）对外地商品设定歧视性收费项目、实行歧视性收费标准，或者规定歧视性价格；

（2）对外地商品规定与本地同类商品不同的技术要求、检验标准，或者对外地商品采取重复检验、重复认证等歧视性技术措施，限制外地商品进入本地市场；

（3）采取专门针对外地商品的行政许可，限制外地商品进入本地市场；

（4）设置关卡或者采取其他手段，阻碍外地商品进入或者本地商品运出；

（5）妨碍商品在地区之间自由流通的其他行为。

3. 妨碍外地经营者进入本地市场

《反垄断法》第34条规定，行政机关和法律、法规授权的具有管理公共事务职能的组织不得滥用行政权力，以设定歧视性资质要求、评审标准或者不依法发布信息等方式，排斥或者限制外地经营者参加本地的招标投标活动。

《反垄断法》第35条规定，行政机关和法律、法规授权的具有管理公共事务职能的组织不得滥用行政权力，采取与本地经营者不平等待遇等方式，排斥或者限制外地经营者在本地投资或者设立分支机构。

4. 其他滥用行政权力，排斥和限制竞争的行为

《反垄断法》第36条规定，行政机关和法律、法规授权的具有管理公共事务职能的组织不得滥用行政权力，强制经营者从事本法规定的垄断行为。

《反垄断法》第37条规定，行政机关不得滥用行政权力，制定含有排除、限制竞争内容的规定。

任务4 反垄断执法

一、反垄断执法机构

（一）反垄断委员会

国务院设立反垄断委员会，负责组织、协调、指导反垄断工作，履行下列职责：

1. 研究拟订有关竞争政策；
2. 组织调查、评估市场总体竞争状况，发布评估报告；
3. 制定、发布反垄断指南；
4. 协调反垄断行政执法工作；
5. 国务院规定的其他职责。

国务院反垄断委员会的组成和工作规则由国务院规定。

（二）反垄断执法机构。

《反垄断法》授权国务院规定具体的反垄断执法机构。国务院反垄断执法机构依法负责反垄断执法工作。根据国务院规定，应由国家工商行政管理总局、国家发展和改革委员会、商务部三部门按职责分工负责反垄断行政执法工作。反垄断委员会负责领导三个反垄断执法机构。

国务院反垄断执法机构根据工作需要，可以授权省、自治区、直辖市人民政府相应的机构，依法负责有关反垄断执法工作。

1. 商务部下设反垄断局

反垄断局主要职责是：负责审查经营者集中行为，指导中国企业在国外的反垄断应诉工作以及开展多双边竞争政策国际交流与合作。

2. 国家发展改革委员会下设价格监督检查司

价格监督检查司的主要职责是：负责依法查处价格垄断协议行为。国家和省两级具有行政执法权，市县两级是配合调查，跨省案件由国家发改委负责指定牵头办案或者联合办案，重大案件由国家发改委直接组织查处。

3. 国家工商行政管理总局下设反垄断与不正当竞争执法局

反垄断与不正当竞争执法局的主要职责是：负责垄断协议、滥用市场支配地位、滥用行政权力排除限制竞争的反垄断执法（价格垄断协议除外）等方面的工作。

二、对涉嫌垄断行为的调查

（一）对涉嫌垄断行为的调查

《反垄断法》第38条规定，反垄断执法机构依法对涉嫌垄断行为进行调查。

对涉嫌垄断行为，任何单位和个人有权向反垄断执法机构举报。反垄断执法机构应当为举报人保密。举报采用书面形式并提供相关事实和证据的，反垄断执法机构应当进行必要的调查。

（二）对涉嫌垄断行为采取的措施

《反垄断法》第 39 条规定，反垄断执法机构调查涉嫌垄断行为，可以采取下列措施：

1. 进入被调查的经营者的营业场所或者其他有关场所进行检查；
2. 询问被调查的经营者、利害关系人或者其他有关单位或者个人，要求其说明有关情况；
3. 查阅、复制被调查的经营者、利害关系人或者其他有关单位或者个人的有关单证、协议、会计账簿、业务函电、电子数据等文件、资料；
4. 查封、扣押相关证据；
5. 查询经营者的银行账户。

采取这些措施，应当向反垄断执法机构主要负责人书面报告，并经过批准。

（三）中止调查

对反垄断执法机构调查的涉嫌垄断行为，被调查的经营者承诺在反垄断执法机构认可的期限内采取具体措施消除该行为后果的，反垄断执法机构可以决定中止调查。中止调查的决定应当载明被调查的经营者承诺的具体内容。

反垄断执法机构决定中止调查的，应当对经营者履行承诺的情况进行监督。经营者履行承诺的，反垄断执法机构可以决定终止调查。

有下列情形之一的，反垄断执法机构应当恢复调查：

1. 经营者未履行承诺的；
2. 作出中止调查决定所依据的事实发生重大变化的；
3. 中止调查的决定是基于经营者提供的不完整或者不真实的信息作出的。

（四）向社会公布

反垄断执法机构对涉嫌垄断行为调查核实后，认为构成垄断行为的，应当依法作出处理决定，并可以向社会公布。

三、法律责任

违反反垄断法应承担的法律责任主要有以下三种：

（一）民事责任

经营者实施垄断行为，给他人造成损失的，依法承担民事责任。

（二）行政责任

1. 经营者违反《反垄断法》规定，达成并实施垄断协议的，由反垄断执法机构责令停止违法行为，没收违法所得，并处上一年度销售额百分之一以上百分之十以下的罚款；尚未实施所达成的垄断协议的，可以处五十万元以下的罚款。

行业协会违反规定，组织本行业的经营者达成垄断协议的，反垄断执法机构可以处五十万元以下的罚款；情节严重的，社会团体登记管理机关可以依法撤销登记。

2. 经营者违反《反垄断法》规定，滥用市场支配地位的，由反垄断执法机构责令停止违法行为，没收违法所得，并处上一年度销售额百分之一以上百分之十以下的罚款。

3. 经营者违反《反垄断法》规定实施集中的，由国务院反垄断执法机构责令停止实施集中、限期处分股份或者资产、限期转让营业以及采取其他必要措施恢复到集中前的状态，可以处五十万元以下的罚款。

4. 行政机关和法律、法规授权的具有管理公共事务职能的组织滥用行政权力，实施排除、限制竞争行为的，由上级机关责令改正；对直接负责的主管人员和其他直接责任人员依法给予处分。

5. 对反垄断执法机构依法实施的审查和调查，拒绝提供有关材料、信息，或者提供虚假材料、信息，或者隐匿、销毁、转移证据，或者有其他拒绝、阻碍调查行为的，由反垄断执法机构责令改正，对个人可以处二万元以下的罚款，对单位可以处二十万元以下的罚款；情节严重的，对个人处二万元以上十万元以下的罚款，对单位处二十万元以上一百万元以下的罚款。

6. 反垄断执法机构工作人员滥用职权、玩忽职守、徇私舞弊或者泄露执法过程中知悉的商业秘密，不构成犯罪的，依法给予处分。

(三) 刑事责任

对反垄断执法机构依法实施的审查和调查，拒绝提供有关材料、信息，或者提供虚假材料、信息，或者隐匿、销毁、转移证据，或者有其他拒绝、阻碍调查行为的，构成犯罪的，依法追究刑事责任。

反垄断执法机构工作人员滥用职权、玩忽职守、徇私舞弊或者泄露执法过程中知悉的商业秘密，构成犯罪的，依法追究刑事责任。

☞ 小结

本项目主要介绍了反垄断法的概念、特征，垄断行为的具体表现、反垄断执法及违反反垄断法的法律责任等问题。

☞ 实务训练

一、案例分析示例

1. 案情介绍

2008年9月3日，汇源果汁发布公告称可口可乐公司全资附属公司以约179.2亿港元收购汇源果汁，引发市场关于民族企业如何发展争论。由于涉及到反垄断的问题，商务部随后介入并进入了长达6个月的审查阶段。商务部2009年3月18日表示，可口可乐并购汇源(1886.HK)未通过反垄断审查。这是反垄断法出台后，商务部第一次对跨国公司并购国内品牌企业亮出红牌。

2. 问题

可口可乐并购汇源是否构成垄断？

3. 法律评析

(1) 2008年9月18日，可口可乐公司向商务部递交了申报材料。2008年11月20日，商务部对此项申报进行立案审查,并通知了可口可乐公司。

(2)商务部的审查涉及六项审查内容。包括参与集中的经营者在相关市场的市场份额及其对市场的控制力;相关市场的市场集中度;经营者集中对市场进入、技术进步的影响;经营者集中对消费者和其他有关经营者的影响;经营者集中对国民经济发展的影响以及汇源品牌对果汁饮料市场竞争产生的影响。

(3)商务部根据反垄断法作出禁止收购的决定。

二、案例分析练习

2012年12月上旬,茅台曾为了稳定价格、维护品牌形象,对经销商的零售价格制定了严格的限价令,并且对6家低价和串货的经销商作出了严厉的惩罚措施。同样五粮液曾对全国市场进行例行抽查,批评了15家低价、违规销售的经销商。

在上述两家白酒公司向其经销商发布限价令后不久,国家发改委对茅台、五粮液的行为进行调查。2013年1月15日,茅台发布公告称,由于国家发改委介入,公司宣布取消"限价令"。随着国家发改委反垄断调查的扩大,1月17日五粮液相继撤销了对经销商的限制令。2013年2月22日,茅台和五粮液因实施价格垄断行为分别被处以2.47亿元与2.02亿元的罚款。均占其各自2012年度销售额的1%。

问:茅台和五粮液违反了反垄断法的哪些规定?

三、思考题

1. 垄断的含义是什么?
2. 我国《反垄断法》规定的垄断行为有哪些?
3. 认定具有市场支配地位的方法有哪些?
4. 我国反垄断执法机构的构成有哪些?

项目十 税法

✽ 案例导入

中国公民王某为国有企业的职工,2015年每月工资、薪金收入6000元,12月份除当月工资外,还取得一次性奖金8000元。王某全年应缴纳个人所得税多少元?

✽ 任务引入

个人所得税应税项目有哪些?

任务1 税法概述

一、税收的概念和特征

1. 税收的概念

税收是指国家为了实现其职能,凭借政治权力,按照预先规定的标准,强制地、无偿地向单位和个人征收实物或货币的一种形式。它是国家财政收入的主要来源。随着市场经济的发展,税收的地位和作用越来越重要,它已经成为国家调节经济生活的主要杠杆。

2. 税收的特征

税收与国家收入的其他形式相比具有以下四个方面的特征:

(1)强制性。税收是国家凭借政治权力强制征收的。征税的依据是国家法律、法规的明文规定。依法进行的征税行为具有强制执行力。纳税人必须依法纳税,否则就要受到法律的制裁。

(2)无偿性。税收的无偿性,是指国家征税以后,税款即进入国家金库,成为国家所有的财政收入,由国家支配,不再归还纳税人,也不需要向纳税人支付任何报酬。

(3)固定性。税收的固定性,是指国家在征税以前,就以法律的形式规定了征税对象、征收比例或征收数额、纳税地点、纳税期限等。征收机关必须按照标准征税,不得多征,也不得少征;纳税人必须按照标准及时、足额地缴纳,否则就要受到处罚。从而保证了国家及时地、稳定地取得财政收入。

(4)义务性。税收的义务性,是指纳税人必须依法向国家纳税,缴纳税款是每个纳税人应尽的义务。任何单位和个人只要发生了应税行为或取得了应税收入,就必须依法履行纳税义务。

二、税法的概念及调整对象

税法是国家制定的用以调整国家与纳税人之间产生的税收征纳关系的法律规范的总称。它是国家及纳税人以法征税、依法纳税的行为准则。

税法调整对象是税收征纳关系。所谓税收征纳关系,就是国家为了实现其职能,由国家各级税务机关向负有纳税义务的单位和个人无偿地征收货币和实物的关系。这种关系具体体现为:国家权力机关与国家行政机关之间、上级国家机关与下级国家机关之间因税收管理权限的划分所产生的行政关系;代表国家一方的税务机关与纳税人之间发生的征纳关系;因税收监督检查所产生的社会关系。

三、我国现行税收法律制度

我国在1994年对税制进行全面改革以来,税收法律制度在不断的发展和完善。已经建立纳税申报制度;税务代理制度;税务稽核制度;中央和地方两套税务机构;健全税收法制建设,逐步完善税收立法、司法、执法相互独立、相互制约的机制。

目前我国税收法律制度主要税种有:增值税、消费税、关税、企业所得税、个人所得税、资源税、城镇土地使用税、房产税、车辆购置税、车船使用税、车船使用牌照税、城市维护建设税、印花税等。

四、税法的分类

税法体系中按各税法的立法目的、征税对象、权限划分、适用范围、职能作用的不同,可分为不同类型。

1. 按照税法征收对象的不同,可分为四种:流转税类、所得税类、财产税类、资源税类和行为税类

流转税,是对流转额课税的税法。主要包括增值税、消费税、关税等。这类税法的特点是与商品生产、流通、消费有密切联系;课税商品,税率高低,对商品经济活动都有直接的影响,易于发挥对经济的宏观调控作用。

所得税,对所得额课税的税法。主要包括企业所得税、个人所得税、农(牧)业税等。其特点是可以直接调节纳税人收入,发挥其公平税负、调整分配关系的作用。

财产税,是以纳税人拥有的财产数量或财产价值为征税对象的一类税收。其特点是:税收负担与财产价值、数量关系密切,体现调节财富、合理分配等原则。主要包括房产税、

车船使用税、船舶吨税等。

资源税,是以对自然资源和某些社会资源为征税对象的一类税法。其特点是:税负高低与资源级差收益水平关系密切,征税范围的选择比较灵活。主要包括资源税、城镇土地使用税等。

行为税,是对某种行为课税的税法。其特点是:征收范围有限,政策目的性强,税源分散。主要包括土地增值税、印花税等。

2. 按照税法的职能作用的不同,可分为税收实体法和税收程序法

税收实体法主要是指确定税种立法,具体规定各税种的征收对象、征收范围、税目、税率、纳税地点等。例如《中华人民共和国企业所得税法》、《中华人民共和国个人所得税法》就属于税收实体法。税收程序法是指税务管理方面的法律,主要包括税收管理法、纳税程序法、发票管理法、税务机关组织法、税务争议处理法等。《中华人民共和国税收征收管理法》就属于税收程序法。

3. 按照征收管理的分工不同,分为工商税类、关税类和农业税类

工商税类,是指以工业品、商业零售、交通运输、服务性业务的流转额为征税对象的各种税收的总称,是我国现行税制的主体部分。该类税收由税务机关负责征收管理。工商税类主要包括:增值税、消费税、资源税、企业所得税、个人所得税、城市维护建设税、房产税、车船税、土地增值税、城镇土地使用税、印花税、屠宰税、筵席税、车辆购置税等税种。

关税类,是指对进出境的货物、物品征收的税收总称,主要包括:进出口关税、由海关代征的进口环节增值税、消费税和船舶吨税。该类税收由海关负责征收管理。

农业税类,是指参与农业收入分配和调节农业生产的各种税收总称,主要包括农(牧)业税、耕地占用税。

4. 按照税收的征收权限和收入支配权限不同,分为中央税、地方税和中央地方共享税

这种划分明确了在财政收支管理权上中央与地方的关系,有利于调动中央和地方的积极性。

中央税,是指由全国人民代表大会或国务院立法或法规、收入划归中央并由中央政府征收管理的税收。包括:关税、消费税、海关代征的进口环节增值税、车辆购置税。

地方税,是指由全国人大或国务院统一立法或法规或授权立法或法规、收入划归地方并由地方负责征收管理的税收。包括:城镇土地使用税、耕地占用税、土地增值税、房产税、车船税、契税、屠宰税、筵席税、农(牧)业税等。

中央地方共享税,是指税收收入支配由中央和地方按比例或法定方式分享的税收。

五、税法的作用

由于税法调整的对象涉及社会经济活动的各个方面,税收与国家利益及企业、单位、个人的利益有着密切的关系,国家通过制定实施税法,加强对国民经济的宏观调控,税法对经济生活发挥着重要作用。主要表现在以下几个方面:

1. 税法是国家组织财政收入的法律保障

为了维护国家机器的正常运转以及促进国民经济健康发展,必须筹集大量的资金,即组织国家财政收入。为了保证税收组织财政收入职能的发挥,必须通过制定税法,以法律

的形式确定企业、单位和个人履行纳税义务的具体项目、数额和纳税程序,惩治偷逃税款的行为,防止税款流失,保证国家依法征税,及时足额地取得税收收入,以保障财政收入。

2. 税法是国家宏观调控经济的法律手段

税收作为国家宏观调控的重要手段,通过制定税法,以法律的形式确定国家与纳税人之间的利益分配关系,调节社会成员的收入水平,调整产业结构和社会资源的优化配置,使之符合国家的宏观经济政策,改变过去国家习惯于用行政手段直接管理经济的状况,促进国家向主要通过运用法律、经济的手段宏观调控经济转变。

3. 税法对维护经济秩序有重要的作用

由于税法的贯彻执行,涉及从事生产经营活动的每个单位和个人,一切经营单位和个人通过办理税务登记、建账建制、纳税申报,其各项经营活动都将纳入税法的规范制约和管理范围,都将较全面地反映出纳税人的生产经营情况,构建一个规范有效的纳税秩序和经济秩序。

4. 税法能有效地保护纳税人的合法权益

由于国家征税直接涉及纳税人的切身利益,如果税务机关随意征税,就会侵犯纳税人的合法权益,影响纳税人的正常经营,这是法律所不允许的。因此,税法在确定税务机关征税权力和纳税人履行纳税义务的同时,相应规定了税务机关必尽的义务和纳税人享有的权利,还规定了对税务机关执法行为的监督制约制度。所以说,税法不仅是税务机关征税的法律依据,同时也是纳税人保护自身合法权益的重要法律依据。

六、税法的构成要素

税法的构成要素是指税法或税收条例包括的基本结构或内容。一般包括总则、纳税义务人、征税对象、税目、税率、纳税环节、纳税期限、纳税地点、减税免税、罚则、附则等项目。

1. 总则

主要包括立法依据、立法目的、适用原则等。

2. 纳税义务人

即纳税主体,主要是指一切履行纳税义务的法人、自然人及其他组织。纳税主体从法律形态上可分为法人、自然人和非法人单位三类。所谓"法人",是指依法成立并能以自己的名义行使法定权利和承担法律义务的组织,如各类企事业单位;"自然人"是相对于法人而言的,包括中国公民、外国公民和无国籍人。"非法人单位"是指虽不具有法人资格,但是依照税法规定需要承担纳税义务的单位。

3. 征税对象

即纳税客体,主要是指税收法律关系中征纳双方权利义务所指向的物或行为。这是区分不同税种的主要标志,我国现行税收法律、法规都有自己特定的征税对象。比如,增值税的征税对象就是商品或劳务在生产和流通过程中的增值额。

4. 税目

是各个税种所规定的具体征税项目。它是征税对象的具体化。比如,消费税具体规定了烟、酒等15个税目。

5. 税率

是对征税对象的征收比例或征收额度。税率是计算税额的尺度,也是衡量税负轻重与否的重要标志。我国现行使用的税率主要有:

(1)比例税率。即对同一征税对象,不分数额大小,规定相同的征收比例。我国的增值税、城市维护建设税、企业所得税等采用的是比例税率。

(2)超额累进税率。即把征税对象按数额的大小分成若干等级,每一等级规定一个税率,税率依次提高,但每一纳税人的征税对象则依所属等级同时适用几个税率分别计算,将计算结果相加后得出应纳税款。目前采用这种税率的有个人所得税。

(3)定额税率。即按征税对象确定的计算单位,直接规定一个固定的税额。

目前采用定额税率的有资源税、城镇土地使用税、车船使用税等。

(4)超率累进税率。即以征税对象数额的相对率划分若干级距,分别规定相应的差别税率,相对率每超过一个级距的,对超过的部分就按高一级的税率计算征税。目前,采用这种税率的是土地增值税。

6. 纳税环节

主要指税法规定的征税对象在从生产到消费的流转过程中应当缴纳税款的环节。如流转税在生产和流通环节纳税;所得税在分配环节纳税等。

7. 纳税期限

纳税期限是指纳税人按照税法规定缴纳税款的期限。比如,企业所得税在月份或者季度终了后15日内预缴,年度终了后5个月内汇算清缴,多退少补。

8. 纳税地点

主要是指根据各个税种纳税对象的纳税环节和有利于对税款的源泉控制而规定的纳税人(包括代征、代扣、代缴义务人)的具体纳税地点。

任务2 流转税法律制度

流转税是指以商品生产、商品交换过程中发生的流转额为课税对象的一类税收。流转额包括:(1)商品流转额,指商品交换的金额。对销售方来说,是销售收入额。对购买方来说,是商品的采购金额。(2)非商品流转额,即各种劳务收入或者服务性业务收入的金额。流转税类是在生产经营及销售环节征收,收入不受成本费用变化的影响,而对价格变化较为敏感。

我国现行税制中属于流转税的税种主要有:增值税、消费税、关税三个税种。

一、增值税法律制度

增值税是指对从事销售货物或者提供加工、修理修配劳务,以及进口货物的单位和个人取得的增值额为计税依据征收的一种流转税。这里所说的"增值额"是指纳税人在生产、经营或劳务服务活动中所创造的新增价值,即纳税人在一定时期内销售产品或提供劳务服务所取得的收入大于其购进商品或取得劳务服务时所支付金额的差额。增值税与其他税种比较,具有三个特征:一是增值税具有征收普遍性、连续性和税负的合理性。二是增值税具有同一商品总体税负的一致性。三是增值税减免限制性。

我国自1983年1月1日起开始试行增值税,现行增值税法律制度,国务院发布的《中华人民共和国增值税暂行条例》(以下简称《增值税暂行条例》),财政部、国家税务总局发布的《中华人民共和国增值税暂行条例实施细则》(以下简称《实施细则》)。

(一)增值税的纳税人

1.增值税的纳税人和扣缴义务人

增值税的纳税人是指在中国境内销售货物或者提供加工、修理修配劳务,以及进口货物的单位和个人。单位包括国有企业、集体企业、私有企业、股份制企业、外商投资企业和外国企业、其他企业和行政单位、事业单位、军事单位、社会团体和其他单位。个人包括个体经营者及其他个人。

增值税的扣缴义务人是指境外的单位或个人在境内销售应税劳务而境内未设有经营机构的,其应纳税款以代理人为扣缴义务人;没有代理人的,以购买者为扣缴义务人。

2.小规模纳税人和一般纳税人

《增值税暂行条例》参照国际惯例,将纳税人按其经营规模及会计核算健全与否划分为小规模纳税人和一般纳税人。

(1)小规模纳税人。小规模纳税人是指年销售额在规定标准以下,并且会计核算不健全,不能按规定报送有关税务资料的增值税纳税人。会计核算不健全是指不能正确核算增值税的销项税额、进项税额和应纳税额。

对小规模纳税人的确认,由主管税务机关依税法规定的标准定。

(2)一般纳税人。一般纳税人是指年应征增值税销售额(应税销售额)超过《实施细则》规定的小规模纳税人标准的企业和非企业性单位。

此外,可以认定为一般纳税人的还有:销售额超过小规模企业标准,但分支机构年应税销售额未超过小规模企业标准的,其分支机构可申请办理一般纳税人认定手续,但须提供总机构所在地主管税务机关批准其总机构为一般纳税人的证明。个体经营者符合《增值税暂行条例》所规定条件的,经省级国家税务局批准,可以认定为一般纳税人。

增值税一般纳税人须向其企业所在地主管国税机关申请办理一般纳税人认定手续,以取得法定资格。被认定为一般纳税人的企业,可以使用增值税专用发票。但是,如一般纳税人违反专用发票使用规定,税务机关除按税法规定处罚外,还要在6个月内停止其使用专用发票;对会计核算不健全,不能向税务机关提供准确税务资料的,停止其抵扣进项税额,取消其专用发票使用权。

(二)增值税的征收范围

1.销售货物或者进口货物

销售货物是指在中华人民共和国境内有偿转让货物的所有权;货物是指有形动产,包括电力、热力、气体在内;进口货物是指申报进入我国海关境内的货物。在中华人民共和国境内是指销售货物的起运地或所在地在境内。

2.提供加工、修理修配劳务

提供加工、修理修配劳务是指在中华人民共和国境内有偿提供加工、修理修配劳务。

加工,是指受托加工货物,即委托方提供原料及主要材料,受托方按照委托方的要求制造货物并收取加工费的业务;修理修配是指受托对损失和丧失功能的货物进行修复,使其恢复原状和功能的业务。

3. 征收增值税的特殊项目

如货物期货,银行销售金银的业务,集邮商品的生产等。

(三)增值税的税率

增值税采取比例税率,在生产和批发环节实行以不含税价计税方式,即税款不是商品价格的组成部分,而是在价格之外另行收取,亦称价外税。

我国现行增值税税率基本上是按照国际通行做法,遵循中性和简便原则,结合本国实际加以设计的,包括:

1. 基本税率

纳税人销售或者进口货物,提供加工、修理修配劳务的,税率为17%,这就是通常所说的基本税率。

2. 低税率

纳税人销售或者进口下列货物,按低税率13%,计征增值税:

(1)粮食、食用植物油;

(2)暖气、冷气、热水、煤气、石油液化气、天然气、沼气、居民用煤炭制品;

(3)图书、报纸、杂志;

(4)饲料、化肥、农药、农机、农膜;

(5)国务院规定的其他货物。

3. 零税率

纳税人出口货物(国家另有规定的除外)税率为零。出口货物包括两类:(1)报关出境的货物;(2)运往海关管理的保税工厂、保税仓库和保税区的货物。对于从保税工厂、保税仓库和保税区运往境内其他地区的货物,则按进口货物对待。

4. 小规模纳税人适用税率

考虑到小规模纳税人经营规模小,且会计核算不健全,难以按上述两档税率计税和使用增值税专用发票抵扣进项税款,因此实行按销售额与征收率计算应纳税额的简易办法。小规模纳税人征收率是3%。

(四)增值税应纳税额的计算

1. 一般纳税人应纳税额的计算

一般纳税人销售货物或者提供应税劳务,应纳税额为当期销项税额抵扣当期进项税额后的余额。计算公式:

应纳税额 = 当期销项税额 - 当期进项税额

上述公式中,当期销项税额等于增值税销项额乘以适用的增值税税率;当期进项额等于购进货物或则接受应税劳务所支付或负担的增值税额。如果当期销项税额小于进项税额时,其不足抵扣的部分可以结转到下期继续抵扣。

2. 计算应纳税额的时间限定

为了保证计算应纳税额的合理、准确性，纳税人必须严格把握当期进项税额从当期销项税额中抵扣这个要点。"当期"是指税务机关依照税法规定对纳税人确定的纳税期限；只有在纳税期限内实际发生的销项税额、进项税额，才是法定的当期销项税额或当期进项税额。目前，有些纳税人为了达到逃避纳税的目的，把当期实现的销售额隐瞒不记账或滞后记账，以减少当期销项税额，或者把不是当期实际发生的进项税额（上期结转的进项税额除外）也充作当期进项税额，以加大进项税额，少纳税甚至不纳税，这是违反税法规定的行为。

3. 小规模纳税人应纳税额的计算

小规模纳税人销售货物或者提供应税劳务，实行简易办法计算应纳税额，即按照销售额和规定的征收率计算应纳税额，不得抵扣进项税额。计算公式为：

应纳税额＝销售额×征收率

这里需要注意两点：一是小规模纳税人不得抵扣进项税额；二是小规模纳税人取得的销售额与一般纳税人一样，都是销售货物或提供应税劳务向购买方收取的全部价款和价外费用，不包括收取的增值税税额。

二、消费税法律制度

消费税是国家为体现消费政策，有选择地对生产、委托加工和进口的应税消费品和消费行为的流转额征收的一种流转税。它是国家在增值税普遍征收基础上，为调节产品结构，引导消费，对少数特殊消费品，征收消费税，发挥特殊调节作用的税种。

消费税属价内税，实行单一环节征收，一般在应税消费品的生产、委托加工和进口环节缴纳，在以后的批发、零售等环节中，由于价款中已包含消费税，因此不必再缴纳消费税。但金银首饰、钻石及钻石饰品消费税在零售环节征收。

我国现行消费税法律制度的基本规范是国务院颁布的《中华人民共和国消费税暂行条例》（以下简称《消费税暂行条例》），财政部、国家税务总局发布的《中华人民共和国消费税暂行条例实施细则》。

（一）消费税的纳税人

消费税的纳税人是指在我国境内从事生产、委托加工和进口《消费税暂行条例》规定的应税消费品的单位和个人，以及国务院确定的销售条例规定的消费品的其他单位和个人。"在我国境内"是指生产、委托加工和进口属于应征收消费税的消费品的起运地或所在地在境内；"单位"是指企业和行政单位、事业单位、军事单位、社会团体及其他单位；"个人"是指个体工商户及其他个人，包括中国公民和外国公民在内的其他个人。

（二）消费税的征税范围与税目、税率

1. 消费税的征税范围

《消费税暂行条例》选择了15类消费品列举征收，具体可归纳为以下5个类别：（1）过度消费会对人类健康、社会秩序、生态环境等方面造成危害的特殊消费品，如烟、酒、鞭炮和焰火等；（2）奢侈品和非生活必需品，如贵重首饰及珠宝玉石、化妆品等；（3）高能耗及高档消费品，如小汽车、高档手表等；（4）不能再生和替代的石油类消费品，如实木地板、成品油

等；(5)为促进节能环保，对特定的消费品如电池、涂料征收消费税。根据国家经济发展变化和消费结构的变化情况，消费税的征税范围也会做适当调整。

2. 消费税的税目、税率

《消费税暂行条例》消费税税目包括：烟；酒及酒精；化妆品；贵重首饰及珠宝玉石；鞭炮、焰火；成品油；摩托车；小汽车；高尔夫球及球具；游艇；木制一次性筷子；实木地板共有15个，有的税目还进一步划分为若干子税目。

现行消费税税率有比例税率和定额税率两种。比例税率共有13档，最低的税率为1%，最高的税率为56%；定额税率，如黄酒每吨240元。比例税率，如铅蓄电池4%。

(三)消费税应纳税额的计算

我国消费税的征收办法采取从价定率征收和从量定额征收两种办法，这主要是根据课税对象的具体情况来考虑的。实行从价定率征收的，其计税依据为含消费税不含增值税的销售额。实行从量定额征收的，其计税依据为应税消费品数量。从量定额通常以每单位应税消费品的重量、容积或数量为计税依据。对于实行从量定额和从价定率相结合的复合计税办法计算应纳税额的，其计税依据既包括销售数量也包括销售额。具体计算方法为：

1. 从价定率计算方法

在从价定率计算方法下，应纳税额的计算取决于应税消费品的销售额和适用税率两个因素。其基本计算公式为：

应纳税额 = 应税消费品的销售额 × 适用税率

2. 从量定额计算方法

在从量定额计算方法下，应纳税额的计算取决于应税消费品的销售数量和单位税额两个因素。其基本计算公式为：

应纳税额 = 应税消费品的销售数量 × 单位税额

销售数量是指纳税人生产、加工和进口应税消费品的数量。

3. 从价定率和从量定额混合计算方法

现行消费税的征税范围中，只有卷烟、粮食白酒、薯类白酒采用混合计算方法。其基本计算公式为：

应纳税额 = 应税销售数量 × 定额税率 + 应税销售额 × 比例税率

任务3　所得税法律制度

所得税属于收益税类，是以纳税人的各种收益额为征税对象的一类税收。该税类目前已经成为世界各国税收制度中的主要税种。该种税的特点是：征税对象是总收入减除准予扣除项目后的余额，即应纳税所得额，征税数额受成本、费用、利润高低的影响较大。对纳税人的应纳税所得额征税，便于调节国家与纳税人之间的利益分配关系，能使国家、企业、个人三者的利益结合起来。我国现行的企业所得税、个人所得税等属于所得税类。

一、企业所得税

企业所得税是国家对企业的生产经营所得和其他所得依法征收的一种税。《中华人民共和国企业所得税法》是于2007年3月16日通过,自2008年1月1日起施行。

(一)企业所得税的纳税人

在中华人民共和国境内,企业和其他取得收入的组织(以下统称企业)为企业所得税的纳税人。包括依照中国法律、行政法规在中国境内成立的企业、事业单位、社会团体以及其他取得收入的组织。但不包括个人独资企业、合伙企业。

企业分为居民企业和非居民企业。居民企业,是指依法在中国境内成立,或者依照外国(地区)法律成立但实际管理机构在中国境内的企业。非居民企业,是指依照外国(地区)法律成立且实际管理机构不在中国境内,但在中国境内设立机构、场所的,或者在中国境内未设立机构、场所,但有来源于中国境内所得的企业。

(二)企业所得税的征税范围

居民企业应当就其来源于中国境内、境外的所得缴纳企业所得税。非居民企业在中国境内设立机构、场所的,应当就其所设机构、场所取得的来源于中国境内的所得,以及发生在中国境外但与其所设机构、场所有实际联系的所得,缴纳企业所得税。非居民企业在中国境内未设立机构、场所的,或者虽设立机构、场所但取得的所得与其所设机构、场所没有实际联系的,应当就其来源于中国境内的所得缴纳企业所得税。

企业所得,包括销售货物所得、提供劳务所得、转让财产所得、股息红利等权益性投资所得、利息所得、租金所得、特许权使用费所得、接受捐赠所得和其他所得。

除企业所得税法明确规定不征税或免税的所得,企业从各种来源,以各种方式取得的全部所得,都属于企业所得税的征税范围。

(三)企业所得税税率

企业所得税的税率是指对纳税人应纳税所得额征税的比率,即企业应纳税额与应纳税所得额的比率。

根据《企业所得税法》的规定,企业所得税实行25%的基本税率。符合条件的小型微利企业,减按20%的税率征收企业所得税。国家需要重点扶持的高新技术企业,减按15%的税率征收企业所得税。在中国境内未设立机构场所或虽设立机构场所但取得的所得与其所设机构场所没有实际联系的非居民企业,实际征税时适用10%。

(四)应纳税所得额的计算

应纳税所得额是指企业每一纳税年度的收入总额,减除不征税收入、免税收入、各项扣除以及允许弥补的以前年度亏损后的余额,为应纳税所得额。其计算公式是:

应纳税所得额 = 收入总额 - 准予扣除项目金额

(五)企业所得税应纳税额的计算

企业所得税应纳税额按照纳税人应纳税所得额乘以适用税率计算,其计算公式为:

应纳税额 = 应纳税所得额 × 适用税率 - 减免税额 - 抵免税额

公式中的减免税额和抵免税额,是指依照企业所得税法和国务院的税收优惠规定减征、免征和抵免的应纳税额。

二、个人所得税法律制度

个人所得税,是指对自然人取得的各项应税所得征收的一种税。我国的《个人所得税法》于1980年9月10通过,并于2011年6月30日再次通过了《个人所得税法》修正案。

(一)个人所得税的纳税人、征税范围和项目

1. 纳税人

个人所得税的纳税人包括中国公民,外籍个人,香港、澳门、台湾同胞等。

按住所和居住时间的标准对纳税人划分为居民纳税人和非居民纳税人,即凡在中国境内有住所或者无住所而在境内居住满1年的个人,就是居民纳税人;凡在中国境内无住所又不居住,或者无住所而在中国境内居住不满1年的个人,就是非居民纳税人。个人所得税,以所得人为纳税义务人,以支付所得的单位或者个人为扣缴义务人。

2. 征税范围

对于居民纳税人,应就来源于中国境内和境外的全部所得征税;对于非居民纳税人,则只就来源于中国境内所得部分征税,境外所得部分不属于我国《个人所得税法》规定的征税范围。

3. 征税项目

现行个人所得税共有11个应税项目:

(1)工资、薪金所得;

(2)个体工商户的生产、经营所得;

(3)对企事业单位的承包经营、承租经营所得;

(4)劳务报酬所得;

(5)稿酬所得;

(6)特许权使用费所得;

(7)利息、股息、红利所得;

(8)财产租赁所得;

(9)财产转让所得;

(10)偶然所得;

(11)经国务院财政部门确定征税的其他所得。

除上述列举的各项个人应税所得外,其他确有必要征税的个人所得,由国务院财政部门确定。个人取得的所得难以界定应纳税所得项目的,由主管税务机关确定。

(二)个人所得税税率

个人所得税实行超额累进税率与比例税率相结合的税率体系。具体规定如下:

1. 工资、薪金所得,适用3%~45%的超额累进税率。

2. 个体工商户的生产、经营所得和对企事业单位的承包经营、承租经营所得,适用5%~35%的超额累进税率。

3. 稿酬所得，适用比例税率，税率为20%，并按应纳税额减征30%，其实际税率为14%。

4. 劳务报酬所得，适用比例税率，税率为20%。对劳务报酬所得一次收入畸高的，可以实行加成征收。

5. 特许权使用费所得，利息、股息、红利所得，财产租赁所得，财产转让所得，偶然所得和其他所得，适用比例税率，税率为20%。

(三) 个人所得税减免规定

根据《个人所得税法》的规定，下列各项所得，免征个人所得税：

1. 省级人民政府、国务院部委和中国人民解放军军以上单位，以及外国组织、国际组织颁发的科学、教育、技术、文化、卫生、体育、环境保护等方面的奖金；

2. 国债和国家发行的金融债券利息；

3. 按照国家统一规定发给的补贴、津贴；

4. 福利费、抚恤金、救济金；

5. 保险赔款；

6. 军人的转业费、复员费；

7. 按照国家统一规定发给干部、职工的安家费、退职费、退休工资、离休工资、离休生活补助费；

8. 依照我国有关法律规定应予免税的各国驻华使馆、领事馆的外交代表、领事官员和其他人员的所得；

9. 中国政府参加的国际公约、签订的协议中规定免税的所得；

10. 经国务院财政部门批准免税的所得。

有下列情形之一的，经批准可以减征个人所得税：

1. 残疾、孤老人员和烈属的所得；

2. 因严重自然灾害造成重大损失的；

3. 其他经国务院财政部门批准减税的。

(四) 个人所得税应纳税额的计算

个人所得税基本计算公式为：

应纳税额 = 应纳税所得额 × 税率

任务4 房产税法律制度

房产税是以房产为征税对象，按照房产的计税价值或房产的租金收入，向房产所有人征收的一种税。现行房产税的基本规范，是1986年9月15日国务院颁布并于同年10月1日起施行的《中华人民共和国房产税暂行条例》（以下简称《房产税暂行条例》）。目前我国房地产税制改革方案正在积极推进中。

一、房产税的纳税人、征税对象和征税范围

1. 房产税的纳税人

房产税的纳税人,是指在我国城市、县城、建制镇和工矿区内拥有房屋产权的单位和个人。具体包括产权所有人、经营管理单位、承典人、房产代管人或者使用人。产权属于国家所有的,其经营管理的单位为纳税人;产权属于集体和个人的,集体单位和个人为纳税人;产权出典的,承典人为纳税人;产权所有人、承典人均不在房产所在地的,或者产权未确定以及租典纠纷未解决的,房产代管人或者使用人为纳税人。对个人所有的非营业用的房产免征房产税。

2. 房产税的征税对象

房产税的征税对象是房产。这里所说的"房产",是指以房屋形态表现的财产。房屋是指有屋面和围护结构(有墙或两边有柱),能够遮风避雨,可供人们在其中生产、工作、学习、娱乐、居住或储藏物资的场所。独立于房屋之外的建筑物,如围墙、烟囱、水塔、菜窖、室外游泳池等不属于房产,不是房产税的征税对象。

3. 房产税的征税范围

房产税的征税范围是城市、城市是指国务院批准设立的市,县城、建制镇和工矿区的房屋。其征税范围为市区、郊区和市辖县城,不包括农村。县城是指未设立建制镇的县人民政府所在地。建制镇是指经省、自治区、直辖市人民政府批准设立的建制镇,其具体征税范围由各省、自治区、直辖市地方税务局提出方案,经省、自治区、直辖市人民政府确定批准后执行,并报国家税务总局备案。工矿区是指工商业比较发达,人口比较集中,符合国务院规定的建制标准但尚未建制镇的大中型工矿企业所在地。

二、税率

我国现行房产税采用的是比例税率。由于房产税的计税依据分为从价计征和从租计征两种形式,所以房产税的税率也有两种:一种是按房产原值一次减除10%~30%后的余值计征的,税率为1.2%;另一种是按房产出租的租金收入计征的,税率为12%。

三、应纳税额的计税依据和计算

房产税的计税依据是房产的计税价值或房产的租金收入。与之相适应的应纳税额计算也分为两种:一是从价计征的计算;二是从租计征的计算。按照房产计税价值征税的称为从价计征;按照房产的租金收入的称为从租计征。

1. 从价计征的计算

从价计征是按房产的原值减除一定比例后的余值计征,其公式为:

应纳税额 = 应税房产原值 × (1 - 扣除比例) × 1.2%

如前所述,房产原值是"固定资产"科目中记载的房屋原价;减除一定比例是省、自治区、直辖市人民政府规定的10%~30%的减除比例;计征的适用税率为1.2%。

2. 从租计征的计算

从租计征是按房产的租金收入计征,其公式为:

应纳税额 = 租金收入 × 12%

任务5　契税法律制度

契税是国家在土地、房屋权属转移时,按照当事人双方签订的合同(契约),以及所确定价格的一定比例,向权属承受人一次性征收的一种行为税。现行契税的基本规范,是1997年7月7日国务院颁布并于同年10月1日起施行的《中华人民共和国契税暂行条例》。

一、契税的纳税人和征税对象

1. 契税的纳税人

契税的纳税人,是指在我国境内承受土地、房屋权属转移的单位和个人。

契税由权属的承受人缴纳。这里所说的"承受",是指以受让、购买、受赠、交换等方式取得土地、房屋权属的行为。土地、房屋权属,是指土地使用权和房屋所有权;"单位"是指企业单位、事业单位、国家机关、军事单位和社会团体以及其他组织;"个人"是指个体经营者及其他个人。

2. 契税的征税对象

契税以在我国境内转移土地、房屋权属的行为作为征税对象。土地、房屋权属未发生转移的,不征收契税。

契税的征税对象具体包括以下五种行为:

(1)国有土地使用权出让。是指土地使用者向国家交付土地使用权出让费用,国家将国有土地使用权在一定年限内让予土地使用者的行为。出让费用包括出让金、土地收益等项。

(2)土地使用权转让。是指土地使用者以出售、赠与、交换或者其他方式将土地使用权转移给其他单位和个人的行为。土地使用权的转让不包括农村集体土地承包经营权的转移。

(3)房屋买卖。是指房屋所有者将其房屋出售,由承受者交付货币、实物、无形资产或其他经济利益的行为。

(4)房屋赠与。是指房屋所有者将其房屋无偿转让给受赠者的行为。

(5)房屋交换。是指房屋所有者之间相互交换房屋的行为。

二、纳税义务人与税率

1. 纳税义务人

契税的纳税义务人是境内转移土地、房屋权属,承受的单位和个人。

2. 税率

契税实行3%~5%的幅度税率。实行幅度税率是考虑到我国经济发展的不平衡,各地经济差别较大的实际情况。因此,各省、自治区、直辖市人民政府可以在3%~5%的幅度税率规定范围内,按照本地区的实际情况决定。

三、契税的计税依据

按照土地、房屋权属转移的形式、定价方法的不同,契税的计税依据确定如下:

1. 国有土地使用权出让、土地使用权出售、房屋买卖，以成交价格作为计税依据。成交价格是指土地、房屋权属转移合同确定的价格，包括承受者应交付的货币、实物、无形资产或其他资产，或者其他经济利益。

2. 土地使用权赠与、房屋赠与，由征收机关参照土地使用权出售、房屋买卖的市场价格核定。

3. 土地使用权交换、房屋交换，为所交换的土地使用权、房屋的价格差额。就是说，交换价格相等时，免征契税；交换价格不等时，由多交付的货币、实物、无形资产或者其他经济利益的一方交纳契税。

四、应纳税额的计算方法

契税采用比例税率。当计税依据确定以后，应纳税额的计算比较简单。应纳税额的计算公式为：

应纳税额＝计税依据×税率

任务6　法律责任

违反税收法律制度的违法行为应当承担的法律责任，《税收征管法》、《刑法》及相关法律、行政法规作出了相应的规定。

一、违反税务管理行为的法律责任

税务管理是由一系列税收组织活动组成的，是税收征收管理的基础。根据《税收征管法》第60条规定，纳税人有下列行为之一的，由税务机关责令限期改正，可以处2000元以下的罚款；情节严重的，处2000元以上10000元以下的罚款：

1. 未按照规定的期限申报办理税务登记、变更或者注销登记的；
2. 未按照规定设置、保管账簿或者保管记账凭证和有关资料的；
3. 未按照规定将财务、会计制度或者财务、会计处理办法和会计核算软件报送税务机关备查的；
4. 未按照规定将其全部银行账号向税务机关报告的；
5. 未按照规定安装、使用税控装置，或者损毁或擅自改动税控装置的。

纳税人不办理税务登记的，由税务机关责令限期改正；逾期不改正的，经税务机关提请工商行政管理机关吊销其营业执照。

纳税人未按照规定使用税务登记证件，或者转借、涂改、损毁、买卖、伪造税务登记证件的，处2000元以上1万元以下的罚款；情节严重的，处1万元以上5万元以下的罚款。

根据《税收征管法》第61条规定，扣缴义务人未按照规定设置、保管代扣代缴、代收代缴税款账簿或者保管代扣代缴、代收代缴税款记账凭证及有关资料的，由税务机关责令限期改正，可以处2000元以下的罚款；情节严重的，处2000元以上5000元以下的罚款。

二、违反纳税申报规定行为的法律责任

纳税申报是依法纳税的重要环节,通过纳税申报,税务机关可以了解纳税人的有关收支活动,有效控制税款的征收。根据《税收征管法》第62条规定,纳税人未按照税法规定的期限办理纳税申报和报送纳税资料的,或者扣缴义务人未按照规定的期限向税务机关报送代扣代缴、代收代缴税款报告表和有关资料的,由税务机关责令限期改正,可以处2000元以下罚款;情节严重的,可以处2000元以上1万元以下的罚款。

三、拒绝税务机关检查的法律责任

税务机关依法进行税务检查时,有权向有关单位和个人调查纳税人、扣缴义务人和其他当事人与纳税或者代扣代缴、代收代缴税款有关的情况。根据《税收征管法》第70规定,纳税人、扣缴义务人逃避、拒绝或者以其他方式阻挠税务机关检查的,由税务机关责令改正,可以处1万元以下的罚款;情节严重的,处1万元以上5万元以下的罚款。

四、偷税行为的法律责任

根据《税收征管法》第63条规定,纳税人伪造、变造、隐匿、擅自销毁账簿、记账凭证,或者在账簿上多列支出或者不列、少列收入,或者经税务机关通知申报而拒不申报或者进行虚假的纳税申报,不缴或者少缴应纳税款的,是偷税。对纳税人偷税的,由税务机关追缴其不缴或者少缴的税款、滞纳金,并处不缴或者少缴的税款50%以上5倍以下的罚款;构成犯罪的,税务机关应当依法移送司法机关追究刑事责任。

扣缴义务人采取伪造、变造、隐匿、擅自销毁账簿、记账凭证或虚假报送代扣代缴、代收代缴税款报告表和有关资料等手段,不缴或者少缴已扣、已收税款,由税务机关追缴其不缴或者少缴的税款、滞纳金,并处不缴或者少缴的税款百分之五十以上五倍以下的罚款;构成犯罪的,依法追究刑事责任。

五、抗税行为的法律责任

根据《税收征管法》第67条规定,以暴力、威胁方法拒不缴纳税款的,是抗税,除由税务机关追缴其拒缴的税款、滞纳金外,税少缴的税款、滞纳金,并处以不缴或者少缴的税款50%以上5倍以下的罚款;构成犯罪的,依法追究刑事责任。

根据《刑法》第201条的规定,纳税人采取欺骗、隐瞒手段进行虚假纳税申报或者不申报,逃避缴纳税款数额较大并且占应纳税额百分之十以上的,处三年以下有期徒刑或者拘役,并处罚金;数额巨大并且占应纳税额百分之三十以上的,处三年以上七年以下有期徒刑,并处罚金。

六、拖欠税款行为的法律责任

根据《税收征管法》第68条规定,纳税人、扣缴义务人在规定期限内不缴或者少缴应纳或者应解缴的税款,经税务机关责令限期缴纳,逾期仍未缴纳的,税务机关除依照《税收征管法》的规定,采取强制执行措施追缴其不缴或者少缴的税款外,可以处不缴或者少缴

的税款50%以上5倍以下的罚款。

七、扣缴义务人不履行扣缴义务的法律责任

《税收征管法》第69条规定:"扣缴义务人应扣未扣、应收而不收税款的,由税务机关向纳税人追缴税款,对扣缴义务人处应扣未扣、应收未收税款50%以上3倍以下的罚款。"

☞ **小结**

本项目主要讲述了税法的概念、分类、构成要素,流转税、所得税、房产税、契税等税收法律制度规定的纳税人、征税范围、应纳税额的计算、纳税义务发生时间、纳税期限、纳税地点,以及相关的法律责任等问题。

☞ **实务训练**

一、案例分析示例

1. 案情介绍

某商店系小规模纳税人。2015年5月该商店发生如下业务:(1)购进办公用品一批,支付货款13500元、增值税税款2295元。(2)当月销售办公用品取得含增值税销售额为8528元,开具了普遍发票。(3)销售给一般纳税人某公司仪器两台,取得不含增值税销售额38500元、增值税税款6545元,增值税专用发票已由税务所代开。

2. 问题

要求计算该商店5月份应纳增值税额。

3. 法律评析

小规模纳税人销售货物或者提供应税劳务,按照销售和征收率,实行简易办法计算应纳税额,不得抵扣进项税额。小模商业企业增值税征收率为3%。该商店6月份应纳增值税额 = 销售额 × 征收率 = 含税销售额 ÷ (1 + 征收率) × 征收率 = 【8528 ÷ (1 + 3%) + 38500】× 3% = 1403.39(元)。

二、案例分析练习

案情介绍:某生产型企业为增值税一般纳税人,2014年10月销售一批货物给某商场,取得不含税销售收入100万元;销售甲产品给商场增值税专用发票上注明销售额80万元;本月外购货物取得增值税专用发票注明金额85万元。以上相关发票均在当月认证并抵扣。

问题:2014年10月该企业应纳增值税多少万元?

三、思考与练习

1. 税法的构成要素包括哪些?
2. 流转税各税种的征收范围有何区别和联系?
3. 增值税的征收范围有哪些?
4. 哪些收入需要交纳个人所得税?
5. 偷税行为和拖欠税款行为法律责任有什么不同?

项目十一 劳动法

❋ 案例导入

2015年6月10日,周某等4人分别与一证券公司公司签订了为期3年的劳动合同。4人在签订合同时,职务分别是四个部门的部门经理,每月工资10000元。2015年8月,该公司总经理根据董事会的决定,将原有的4个部门合并为一个综合性业务部,周某等4人由部门经理降为业务主管,每月工资降至8000元。周某等4人认为公司的决定违反劳动合同约定,公司总经理则认为这是企业发展的需要,周某等4人应当服从安排,否则,公司将解除与他们之间的劳动合同。周某等4人同意解除劳动合同,要求公司给予经济补偿,遭公司拒绝。

❋ 任务引入

劳动纠纷如何处理?

任务1　劳动法概述

一、劳动法的概念和调整对象

(一)劳动法的概念

劳动法是指调整劳动关系以及与劳动关系密切联系的其他社会关系的法律规范的总称。劳动法的概念有广义和狭义之分。广义的劳动法包括劳动法律、劳动法司法解释、劳动行政法规、劳动行政规章、地方性法规和规章,以及具有法律效力的其他规范性文件等。狭义的劳动法仅指《中华人民共和国劳动法》、《中华人民共和国劳动合同法》。

1994年7月5日我国通过了《中华人民共和国劳动法》(以下简称《劳动法》),该法于1995年1月1日起施行。这是我国建国以来颁布的第一部劳动法。《劳动法》的主要内容包括:总则、促进就业、劳动合同和集体合同、工作时间和休息休假、工资、劳动安全卫生、女职工和未成年工特殊保护、职业培训、社会保障和福利、劳动争议、监督检查、法律责任和附则等。该法共分13章,共有107条。2007年6月29日我国通过了《中华人民共和国劳动合同法》,自2008年1月1日起施行,2013年7月1日修正案实施。《劳动合同法》的颁布对于完善劳动合同制度,明确劳动合同双方当事人的权利和义务,保护劳动者的合法权益,构建和发展和谐稳定的劳动关系,均具有重要的意义。

(二)劳动法的调整对象

劳动法调整的对象是劳动关系以及与劳动关系密切联系的其他社会关系。

1. 劳动关系

劳动关系是指劳动者与用人单位之间在劳动过程中发生的社会关系。它是劳动者在运用劳动能力、实现劳动过程中与用人单位所发生的社会关系。劳动关系具有以下特征:

(1)劳动关系的当事人,一方是劳动者,另一方固定为用人单位。作为劳动力于生产资料的结合,劳动关系只能存在于劳动者和用人单位之间。因此,双方的身份都是特定的。

(2)劳动关系是在实现劳动过程中所发生的关系,与劳动有着直接的联系,劳动关系的内容是以劳动力的所有权与使用权分离为核心。劳动者拥有劳动力的所有权,而把劳动力的使用权让渡给用人单位。

(3)劳动关系具有平等关系和隶属关系的属性。劳动关系是按照"双向选择,平等协商"的原则建立起来的,劳动关系具有平等性。而劳动关系一旦建立,特定劳动者要成为一方用人单位的成员,用人单位对劳动力有使用和管理的权利,劳动者应遵守用人单位内部劳动规则。

(4)劳动关系兼有人身关系的属性和财产关系的属性。

劳动是人体的一种生理机能的运用,它和劳动力密不可分,因此,劳动关系是一种人身关系;在现阶段,劳动是人们谋生的一种手段,人们通过等量劳动与商品等价物交换来换取生活资料,劳动关系又具有财产关系的性质。

2. 与劳动关系密切联系的其他社会关系

这种社会关系本身不是劳动关系,但是和劳动关系有密切联系,这些社会关系是实现劳动关系的前提或直接结果。主要包括以下几种关系:

(1)劳动力管理关系,即劳动行政主管部门与用人单位之间在劳动力招收、录用方面发生的关系,劳动者和用人单位之间在劳动力市场相互选择而发生的关系;

(2)工资管理关系,即国家机关、用人单位和劳动者之间,关于工资管理和实施工资保障的关系;

(3)社会保险关系,即劳动者与用人单位、社会保险机构之间发生的关系;

(4)劳动保护关系,即有关国家机关、用人单位和劳动者之间,为维护劳动者合法权益,关于劳动安全卫生的关系;

(5)劳动争议关系,即劳动争议机构在处理劳动争议时与用人单位、劳动者之间发生的关系;

(6)劳动监察关系,即劳动行政主管部门在监督劳动法实施过程中与用人单位之间发生的关系。

二、劳动法立法的指导思想

《劳动法》第1条规定:"为了保护劳动者的合法权益,调整劳动关系,建立和维护适应社会主义市场经济的劳动制度,促进经济的发展和社会进步,根据宪法,制定本法。"这就规定了立法的指导思想。

(一)保护劳动者的合法权益

我国《宪法》规定了劳动者的劳动权利和义务。《劳动法》第3条进一步明确了:"劳动者享有平等就业和选择就业的权利、取得劳动报酬的权利、休息休假的权利、获得劳动安全卫生保护的权利、接受职业技能培训的权利、享受社会保险和福利的权利、提请劳动争议处理的权利以及法律规定的其他劳动权利。"《劳动法》还对用人单位违反劳动法的法律责任作了明确的规定。有了这些具体的劳动法律制度,使保护劳动者的合法权益有了根本的保障。

(二)建立和维护适应社会主义市场经济的劳动制度

《劳动法》通过调整用人单位和劳动者之间的劳动关系,使它具有权利和义务的性质,并建立起用人单位和劳动者自行协调劳动关系,监督检查部门、司法机关维护劳动关系,工会代表参与协调劳动关系等一系列法律协调机制,从而促进稳定、和谐的劳动关系的建立和发展。

(三)促进经济的发展和社会进步

《劳动法》在坚持以保护劳动者合法权益为宗旨的同时,注重有利于解放和发展生产力,规定了企业自主用人、自主分配工资、非过失性辞退职工等权力,明确了劳动关系主体的权利和义务,充分调动了用人单位和劳动者双方的积极性,以促进经济发展和社会进步。

三、劳动法的适用范围

《劳动法》第2条规定:"在中华人民共和国境内的企业、个体经济组织和与之形成劳动关系的劳动者,适用本法。国家机关、事业组织、社会团体和与之建立劳动合同关系的劳动者，依照本法执行。"

劳动法的适用范围主要是，企业与职工之间的劳动关系，国家机关、事业单位、社会团体与之建立劳动合同的劳动关系。具体包括：

1. 中华人民共和国境内的企业、个体经济组织、民办非企业单位和与之形成劳动关系的劳动者；

2. 通过劳动合同与国家机关、事业组织、社会团体建立劳动关系的劳动者；

3. 非全日制用工和劳务派遣也是劳动法调整范围。

《劳动法》不适用于公务员和比照实行公务员制度管理的事业单位和社会团体的工作人员，以及非农场的农业劳动者、现役军人和家庭保姆等的劳动关系，它们分别由公务员法、农业法、军事法、民法等调整。

四、劳动者的权利和义务

（一）劳动者的权利

《劳动法》第3条第1款规定："劳动者享有平等就业和选择职业的权利、取得劳动报酬的权利、休息休假的权利、获得劳动安全卫生保护的权利、接受职业技能培训的权利、享受社会保险和福利的权利、提请劳动争议处理的权利以及法律规定的其他劳动权利。"

按照劳动法的规定，我国劳动者应依法享有以下权利：

1. 劳动权利

（1）平等就业和选择职业的权利；

（2）取得劳动报酬的权利；

（3）获得劳动安全卫生保护的权利；

（4）接受职业技能培训的权利；

（5）提请劳动争议处理的权利。

2. 休息休假的权利

3. 享有社会保险和福利的权利

4. 依法参加和组织工会的权利

5. 依法参与企业民主管理的权利

（二）劳动者的义务

《劳动法》第3条第2款同时规定："劳动者应完成劳动任务，提高职业技能、执行劳动安全卫生规程，遵守劳动纪律和职业道德。"

按照劳动法的规定，我国劳动者应依法承担以下义务：

1. 完成劳动任务，提高职业技能。

2. 执行劳动安全卫生规程。

3. 遵守劳动纪律和职业道德。

任务2 劳动合同

一、劳动合同的概念

劳动合同是指劳动者与用人单位确立劳动关系、明确双方权利和义务的协议。

《劳动法》第16条规定:"劳动合同是劳动者与用人单位确立劳动关系、明确双方权利和义务的协议。建立劳动关系应当订立劳动合同。"劳动合同具有以下特征:

1. 劳动合同是劳动者与用人单位之间的协议

劳动合同的主体,一方固定为劳动者,另一方为用人单位。劳动合同是经双方当事人在平等自愿的基础上,共同协商达成一致的意思表示。当事人中的劳动者,是指具有劳动能力,并且为用人单位所录用的自然人;用人单位是指企业、个体经济组织,民办非企业单位等组织以及与劳动者建立劳动合同关系的国家机关、事业组织和社会团体等。

2. 订立劳动合同的目的是确立劳动关系

订立劳动合同的目的,是为了在劳动者与用人单位之间确立劳动关系。劳动关系一旦确立,劳动者可以通过向用人单位提供劳动,创造社会财富,实现劳动力与生产资料的结合,并因此获得劳动报酬。用人单位通过对劳动力的使用,实现生产目的,创造社会价值。

3. 劳动合同规范了双方当事人的权利和义务

在劳动关系存续期间,双方当事人的权利和义务由劳动合同约定。如劳动者应服从用人单位的安排、遵守劳动纪律,用人单位应按照劳动合同向劳动者支付劳动报酬和提供劳动保险等。但劳动合同约定的内容不得违法,如果违法,该约定内容无效。

二、劳动合同的订立

(一)订立劳动合同的原则

劳动合同的订立,是指劳动者与用人单位之间为确立劳动关系,依法就双方的权利义务协商一致,签订劳动合同的法律行为。

我国《劳动法》第17条规定:"订立和变更劳动合同,应当遵循平等自愿、协商一致的原则,不得违反法律、行政法规的规定。"《劳动合同法》第3条规定"订立劳动合同,应当遵循合法、公平、平等自愿、协商一致、诚实信用的原则。"

1. 合法原则

订立劳动合同必须合法,劳动合同合法包括:主体合法、内容合法、形式合法。

(1)主体合法

劳动合同当事人具有合法的主体资格。我国境内合法的企业、个体经济组织,民办非企业单位以及国家机关、事业组织和社会团体都具有订立劳动合同的主体资格。劳动者必须具有劳动权利能力和劳动行为能力,年满16周岁,身体健康的公民具有签订劳动合同的资格。未满16周岁、丧失或完全丧失劳动能力的人,不能成为劳动合同的主体。

(2)内容合法

劳动合同的内容必须符合法律、行政法规的规定,劳动合同的内容必须全面,具有劳动法规定的必备条款,劳动合同约定的内容不得违反劳动法规定。关于工作时间,不得违反国家关于工作时间的规定;关于劳动报酬,不得低于当地最低工资标准;还有劳动保护,不得低于国家规定的劳动保护标准等。

(3)形式合法

劳动合同应当以书面形式订立。订立劳动合同应采用书面形式方为有效,口头形式的劳动合同不具有法律效力。

2. 公平原则

公平原则是指劳动合同的内容应当公平、合理。就是在符合法律规定的前提下,劳动合同双方公正、合理地确立双方的权利和义务。相关劳动法律、法规往往只规定了一个最低标准,在此基础上双方自愿达成协议,就是合法的,但有时合法的未必公平、合理。此外,用人单位不能滥用优势地位,迫使劳动者订立不公平的合同。

用人单位应支付加班费、绩效奖金,提供与工作岗位相关的福利待遇;劳动者享有在岗进行工作岗位所必需的培训;连续用工的,实行正常的工资调整机制。劳动者享有同工同酬、男女同酬的权利。

3. 平等自愿

平等自愿原则包括两层含义,一是平等原则,一是自愿原则。平等是指劳动者与用人单位在订立劳动合同过程中的法律地位平等,是法律上的平等,形式上的平等。只有地位平等,双方才能自由表达真实的意思。自愿是指订立劳动合同完全是出于劳动者和用人单位双方的真实意志,是双方协商一致达成的,任何一方不得把自己的意志强加给另一方。自愿原则包括订不订立劳动合同由双方自愿,与谁订劳动合同由双方自愿,合同的内容双方自愿约定等。根据自愿原则,任何单位和个人不得强迫劳动者订立劳动合同。

4. 协商一致

协商一致,是指双方当事人在平等自愿的基础上,就劳动合同内容,充分协商达成一致意见。一方不能凌驾于另一方之上,不得把自己的意志强加给对方,也不能强迫命令、胁迫对方订立劳动合同。在订立劳动合同时,用人单位和劳动者都要仔细研究合同的每项内容,进行充分的沟通和协商,解决分歧,达成一致意见。只有体现双方真实意志的劳动合同,双方才能忠实地按照合同约定履行。

5. 诚实信用

就是在订立劳动合同时要诚实,讲信用。如在订立劳动合同时,双方都不得有欺诈行为。根据本法第八条的规定,用人单位招用劳动者时,应当如实告知劳动者工作内容、工作条件、工作地点、职业危害、安全生产状况、劳动报酬,以及劳动者要求了解的其他情况;用人单位有权了解劳动者与劳动合同直接相关的基本情况,劳动者应当如实说明。双方都不得隐瞒真实情况。诚实信用是劳动合同法的一项基本原则,它也是一项社会道德原则。

(二)劳动合同的形式

1. 书面形式

《劳动法》第19条规定,劳动合同应当以书面形式订立。《劳动合同法》第10条规定"建立劳动关系,应当订立书面劳动合同。"

订立劳动合同应采用书面形式方为有效,口头形式的劳动合同不具有法律效力。

已建立劳动关系,未同时订立书面劳动合同的,应当自用工之日起一个月内订立书面劳动合同。

用人单位与劳动者在用工前订立劳动合同的,劳动关系自用工之日起建立。

《劳动合同法》第11条规定"用人单位未在用工的同时订立书面劳动合同,与劳动者约定的劳动报酬不明确的,新招用的劳动者的劳动报酬按照集体合同规定的标准执行;没有集体合同或者集体合同未规定的,实行同工同酬。"

2. 两份合同文本

劳动合同由用人单位与劳动者协商一致,并经用人单位与劳动者在劳动合同文本上签字或者盖章生效。

劳动合同文本由用人单位和劳动者各执一份。

3. 法律责任

《劳动合同法》第81条规定:用人单位提供的劳动合同文本未载明本法规定的劳动合同必备条款或者用人单位未将劳动合同文本交付劳动者的,由劳动行政部门责令改正;给劳动者造成损害的,应当承担赔偿责任。

第82条规定:用人单位自用工之日起超过一个月不满一年未与劳动者订立书面劳动合同的,应当向劳动者每月支付二倍的工资。

(三)劳动合同的内容

劳动合同内容,是指劳动合同当事人用以确立双方权利义务的各项条款。劳动合同的条款分为法定条款和当事人约定的条款。

1. 法定条款

法定条款也称为必备条款。是劳动法规定劳动合同必须具备的条款。根据我国《劳动合同法》第17条的规定,劳动合同应当具备以下条款:

(1)用人单位的名称、住所和法定代表人或者主要负责人;

(2)劳动者的姓名、住址和居民身份证或者其他有效身份证件号码;

(3)劳动合同期限;依法可以订立固定期限、无固定期限、或者订立完成一定工作的劳动合同;

(4)工作内容和工作地点;是关于劳动者的劳动岗位、劳动任务的条款;

(5)工作时间和休息休假;

(6)劳动报酬;是关于劳动报酬的形式、构成、标准、支付规则的条款;

(7)社会保险;

(8)劳动保护、劳动条件和职业危害防护;

(9)法律、法规规定应当纳入劳动合同的其他事项。

2. 约定条款

我国《劳动合同法》规定,用人单位与劳动者可以约定试用期、培训、保守秘密、补充保险和福利待遇等其他事项。

劳动合同可以约定以下条款:

(1)试用期条款

用人单位对新录用的职工可以实行试用期。在试用期内,用人单位可以随时解除劳动关系,被试用者也有权随时终止劳动关系。

我国《劳动合同法》规定,劳动合同可以约定试用期,但试用期最长不得超过6个月。劳动合同期限3个月以上不满1年的,试用期不得超过1个月;劳动合同期限1年以上3年以下的,试用期不得超过2个月;3年以上固定期限和无固定期限的劳动合同试用期不得超过6个月。同一用人单位与同一劳动者只能约定一次试用期。以完成一定工作任务为期限的劳动合同或者劳动合同期限不满三个月的,不得约定试用期。

劳动合同仅约定试用期或者劳动合同期限与试用期相同的,试用期不成立,该期限为劳动合同期限。

劳动者在试用期的工资不得低于本单位同岗位最低档工资或者劳动合同约定工资的百分之八十,并不得低于用人单位所在地的最低工资标准。

(2)保密条款

劳动者对用人单位的商业秘密负有保密义务的条款,它包括对保密的内容、范围和期限等的约定。我国《劳动合同法》第23条规定,用人单位与劳动者可以在劳动合同中约定保守用人单位的商业秘密和与知识产权相关的保密事项。

对负有保密义务的劳动者,用人单位可以在劳动合同或者保密协议中与劳动者约定竞业限制条款,并约定在解除或者终止劳动合同后,在竞业限制期限内按月给予劳动者经济补偿。劳动者违反竞业限制约定的,应当按照约定向用人单位支付违约金。

(3)违约金

违约金,亦称违约惩罚款,是指合同当事人约定在一方不履行合同时向另一方支付一定数额的货币。这种民事责任形式只有在合同当事人有约定或法律有直接规定时才能适用,当事人一方不能自行规定所谓违约金。违约金可分为赔偿性违约金和惩罚性违约金。除《劳动合同法》第22条和第23条规定的情形外,用人单位不得与劳动者约定由劳动者承担的违约金。

合同内容要尽量全面。合同的语言表达要明确、易懂。

(三)劳动合同的期限

劳动合同的期限,是指劳动合同的有效期限。《劳动合同法》第12条规定:"劳动合同分为固定期限劳动合同、无固定期限劳动合同和以完成一定工作任务为期限的劳动合同。

1.有固定期限的劳动合同

有固定期限的劳动合同是指双方当事人规定劳动合同的起始和终止日期的劳动合同。根据我国的行政法规,有固定期限的劳动合同包括三种:①长期工,劳动合同期限在5年以上;②短期工,劳动合同的期限在1-5年;③定期轮换工,劳动合同的期限在3-5年,最长8年。

2.无固定期限的劳动合同

无固定期限的劳动合同是指双方当事人不规定合同终止日期的劳动合同。这类劳动合同的期限,从劳动合同签订时起,直到劳动者达到法定退休年龄为止,除非出现法律、法规或双方约定的可以变更、解除、终止劳动合同的条件,劳动合同就不能变更、解除、终止。①用人单位与劳动者协商一致,可以订立无固定期限劳动合同。②劳动者提出或者同意续订劳动合同的,除劳动者提出订立固定期限的劳动合同外,应当订立无固定期限劳动合同:劳动者在同一用人单位连续工作满10年以上;用人单位初次实行劳动合同制度或者国有企业改制重新订立劳动合同时,劳动者在该用人单位连续工作满10年且距法定退休年龄不足10年的;连续订立二次固定期限劳动合同,劳动者没有可以被用人单位依法解除劳动合同的情形,续订劳动合同的。

3. 以完成一定工作为期限的劳动合同

以完成一定工作为期限的劳动合同是指双方当事人将完成某项工作作为劳动合同期限的劳动合同。该项工作一旦完成,劳动合同即告终止。

三、劳动合同的无效

无效的劳动合同是指劳动者和用人单位订立劳动合同因违反劳动法律法规,这种劳动合同从订立时起就不具有法律效力。根据《劳动合同法》第26条规定,下列劳动合同无效:

(一)以欺诈、胁迫的手段或者乘人之危,使对方在违背真实意思的情况下订立劳动合同的

以欺诈手段订立的劳动合同是指一方故意实施欺骗他人的行为,如故意捏造事实、歪曲事实,掩盖事实真象,并使他人陷入错误认识而订立的合同。

以胁迫手段订立的劳动合同是指一方当事人,以将要发生的损害或直接施加损害相威胁,使对方产生恐惧而违背自己的真实意思而订立的劳动合同。

乘人之危订立的劳动合同是指一方当事人乘对方处于危难之机,为牟取不正当利益,迫使对方作出不真实的意思表示,严重损害对方利益的行为。

以欺诈、胁迫手段或者乘人之危订立或变更劳动合同,违背了要遵循平等自愿、协商一致、诚实信用等劳动合同订立的基本原则,也非对方当事人的真实意思的表示。因此,此类形式订立的劳动合同属于无效的劳动合同。

(二)用人单位免除自己的法定责任、排除劳动者的权利的

指法律规定责任是用人单位的,权利是劳动者的,但用人单位却通过劳动合同的约定,免除了自己的法定责任,排除了劳动者的法定权利。主要目的是为防止用人单位通过制定企业内部规章制度规避自身义务或责任,从而损害了劳动者的利益。因此,用人单位在制定企业规章制度时,不能规避自身的义务或责任,应当照顾到劳动者的切身利益,尊重劳动者。这一规定充分体现了劳动合同法的公平原则。

(三)违反法律、行政法规强制性规定的

订立劳动合同不得违反法律法规。劳动法律法规是保护劳动者的合法权益,调整劳动关系,是订立劳动合同的准绳和依据。如果劳动合同违反了劳动法律法规的强制性规范,该劳动合同无效。违法的劳动合同包括订立劳动合同的主体违反和劳动合同的内容违法。

1. 主体违法

主体违法是指劳动合同的当事人的主体资格不合格。用人单位与未成年人订立的劳动合同无效。

2. 内容违法

内容违法是指劳动合同的内容违反法律法规的规定。如劳动合同约定的劳动时间超过

国家法律规定,该劳动合同的这项约定无效。

根据《劳动法》第18条规定,"无效的劳动合同,从订立的时候起,就没有法律约束力。"无效劳动合同又分为全部无效和部分无效。确认劳动合同部分无效的,不影响其他部分的效力,其余部分仍然有效。劳动合同的无效或者部分无效,由劳动争议仲裁机构或者人民法院确认。

四、劳动合同的变更、解除和终止

(一)劳动合同的变更

劳动合同的变更,是指劳动合同依法成立后,在合同尚未履行或者尚未履行完毕之前,经用人单位和劳动者双方当事人协商同意,对劳动合同的内容进行修改或补充。劳动合同依法订立后即具有法律约束力,当事人必须履行劳动合同规定的义务,一般不得变更和解除,但法律法规允许和双方当事人协商一致,劳动合同可以变更和解除。

变更劳动合同,应当遵循平等自愿、协商一致的原则,不得违反法律、行政法规的规定。劳动合同变更的原因主要有:

1. 用人单位和劳动者双方当事人协商一致

劳动合同是劳动关系双方协商达成的协议,对于劳动合同的内容,只要是经双方当事人协商一致可以变更。其次,对变更劳动合同,用人单位和劳动者之间应采取自愿协商的方式,不允许合同的一方当事人未经协商单方变更劳动合同。再次,劳动合同的变更只是对原劳动合同的部分内容作修改、补充或者删减,而不是对合同内容的全部变更。最后,在变更过程中必须遵循合法、公平、平等自愿、协商一致、诚实信用的原则。

2. 劳动合同订立时所依据的客观情况发生重大变化

(1)订立劳动合同所依据的法律、法规已经修改或者废止。劳动合同如果不变更,就可能出现与法律、法规不相符甚至是违反法律、法规的情况,导致合同因违法而无效。因此,根据法律、法规的变化而变更劳动合同的相关内容是必要而且是必须的。

(2)用人单位方面的原因。用人单位经上级主管部门批准或者根据市场变化决定转产、调整生产任务或者生产经营项目等。有些工种、产品生产岗位就可能因此而撤销,或者为其他新的工种、岗位所替代,原劳动合同就可能因签订条件的改变而发生变更。

(3)劳动者方面的原因。如劳动者的身体健康状况发生变化、劳动能力部分丧失、所在岗位与其职业技能不相适应、职业技能提高等,造成原劳动合同不能履行或者继续履行原合同对劳动者明显不公平。

(4)客观方面的原因。这种客观原因主要有:①由于不可抗力的发生,使得原来合同的履行成为不可能或者失去意义。如自然灾害、意外事故、战争等。②由于物价大幅度上升等客观经济情况变化致使劳动合同的履行会花费太大代价而失去经济上的价值。

变更劳动合同,应当采用书面形式。变更后的劳动合同文本由用人单位和劳动者各执一份。

(二)劳动合同的解除

劳动合同的解除是指劳动合同订立后,尚未全部履行以前,由于某种原因导致劳动合同一方或双方当事人提前消灭劳动关系的法律行为。

《劳动合同法》第36条规定，用人单位与劳动者协商一致，可以解除劳动合同。

按解除劳动合同的原因不同，可将劳动合同的解除分为法定解除和约定解除。法定解除劳动合同又分为用人单位解除劳动合同和劳动者解除劳动合同。

1. 劳动者解除劳动合同的条件

（1）劳动者解除劳动合同，应当提前30日以书面形式通知用人单位

《劳动合同法》第37条规定，劳动者解除劳动合同，应当提前30日以书面形式通知用人单位。劳动者在试用期内提前3日通知用人单位，可以解除劳动合同。

（2）用人单位有下列情形之一的，劳动者可以解除劳动合同：

①未按照劳动合同约定提供劳动保护或者劳动条件的；

②未及时足额支付劳动报酬的；

③未依法为劳动者缴纳社会保险费的；

④用人单位的规章制度违反法律、法规的规定，损害劳动者权益的；

⑤因以欺诈、胁迫的手段或者乘人之危，订立劳动合同的，致使劳动合同无效的；

⑥法律、行政法规规定劳动者可以解除劳动合同的其他情形。

用人单位以暴力、威胁或者非法限制人身自由的手段强迫劳动者劳动的，或者用人单位违章指挥、强令冒险作业危及劳动者人身安全的，劳动者可以立即解除劳动合同，不需事先告知用人单位。

2. 用人单位解除劳动合同的条件

（1）劳动者有下列情形之一的，用人单位可以解除劳动合同：

①在试用期被证明不符合录用条件的；

②严重违反用人单位的规章制度的；

③严重失职、营私舞弊，给用人单位造成重大损害的；

④劳动者同时与其他用人单位建立劳动关系，对完成本单位的工作任务造成严重影响，或者经用人单位提出，拒不改正的；

⑤以欺诈的手段订立劳动合同，致使劳动合同无效的；

⑥被依法追究刑事责任的。

（2）用人单位提前三十日以书面形式通知劳动者本人或者额外支付劳动者一个月工资后，可以解除劳动合同：

①劳动者患病或者非因工负伤，在规定的医疗期满后不能从事原工作，也不能从事由用人单位另行安排的工作的；

②劳动者不能胜任工作，经过培训或者调整工作岗位，仍不能胜任工作的；

③劳动合同订立时所依据的客观情况发生重大变化，致使劳动合同无法履行，经用人单位与劳动者协商，未能就变更劳动合同内容达成协议的。

（3）不得解除劳动合同的条件：

《劳动合同法》第42条规定，劳动者有下列情况之一的，用人单位不得解除劳动合同：

①从事接触职业病危害作业的劳动者未进行离岗前职业健康检查，或者疑似职业病病人在诊断或者医学观察期间的；

②在本单位患职业病或者因工负伤并被确认丧失或者部分丧失劳动能力的;
③患病或者非因工负伤,在规定的医疗期内的;
④女职工在孕期、产期、哺乳期的;
⑤在本单位连续工作满十五年,且距法定退休年龄不足五年的;
⑥法律、行政法规规定的其他情况。

(4)用人单位因客观原因确需解除劳动合同。

《劳动合同法》第41条规定,用人单位确需裁减人员的,应当提前30日向工会或全体职工说明情况,听取工会或职工的意见,向劳动行政部门报告,裁减人员方案经向劳动行政部门报告,可以裁减人员。用人单位裁减人员后6个月内需要录用人员的,同等条件下应当优先录用被裁减的人员。

3. 解除劳动合同后的经济补偿

根据《劳动合同法》的规定,经济补偿按劳动者在本单位工作的年限,每满一年支付一个月工资的标准向劳动者支付。六个月以上不满一年的,按一年计算;不满六个月的,向劳动者支付半个月工资的经济补偿。

经济补偿的标准最高按职工月平均工资三倍的数额支付,向其支付经济补偿的年限最高不超过十二年。

(三)劳动合同的终止

劳动合同的终止是指劳动合同期限届满或当事人约定的条件出现,劳动合同归于消灭。

劳动合同成立后,任何一方当事人都不得随意终止劳动合同,除非法律法规规定或当事人约定的条件出现,劳动合同才能终止。根据《劳动合同法》的规定,有下列情形之一的,劳动合同终止:

1. 劳动合同期满的;
2. 劳动者开始依法享受基本养老保险待遇的;
3. 劳动者死亡,或者被人民法院宣告死亡或者宣告失踪的;
4. 用人单位被依法宣告破产的;
5. 用人单位被吊销营业执照、责令关闭、撤销或者用人单位决定提前解散的;
6. 法律、行政法规规定的其他情形。

任务3 工作时间、休息休假和工资

一、工作时间

工作时间是指劳动者根据国家法律规定,在一定时间内(工作日、工作周),为履行劳动义务而从事工作或生产的时间。工作时间是衡量每个劳动者的劳动贡献和付给劳动报酬的主要标准,也是对劳动者进行劳动保护的具体体现。

工作时间的种类分为:日工作时间、周工作时间、缩短工作时间、延长工作时间、不定时工作时间、综合计算工作时间等。

1. 标准工作时间

标准工作时间是指由国家法律规定的，在正常情况下，一般职工从事工作或劳动的时间。目前我国法律规定的工作时间为：职工每日工作不超过 8 个小时，每周工作不超过 40 小时。

2. 缩短工作时间

缩短工作时间是指在特殊情况下，劳动者的工作时间少于标准工作时间的工时形式。我国实行缩短工作时间的情况主要有：

（1）从事矿山、井下、高山、高温、低温、有害有毒、特别繁重或过度紧张的劳动的职工；

（2）从事夜班工作的职工，实行缩短工作时间；

（3）在哺乳期工作的女职工，实现缩短工作时间；

（4）其他依法可以实行缩短工作时间的职工。

3. 延长工作时间

延长工作时间是指超标准工作时间长度的工作时间，包括加班和加点两种形式。任何用人单位和个人不得擅自延长工作时间或强迫劳动者延长劳动时间。

（1）延长工作时间的条件：用人单位由于生产经营需要，经与工会和劳动者协商后可以延长工作时间。

（2）延长工作时间的限度：一般每日不得超过一小时；因特殊原因需要延长工作时间的，在保障劳动者身体健康的条件下延长工作时间每日不得超过 3 小时，但是每月不得超过 36 小时。

（3）有下列情况之一的，不受延长工作时间限制的规定：①发生自然灾害、事故，或者因其他原因，威胁劳动者生命健康和财产安全，需要紧急处理的；②生产设备、交通运输线路、公共设施发生故障，影响生产和公众利益，必须及时抢修的；③法律、行政法规规定的其他情形。

（4）延长工作时间的，用人单位应依法给职工支付工资报酬或安排补休。①安排劳动者延长工作时间的，支付不低于工资的 150% 的工资报酬；②休息日安排劳动者工作又不能安排补休的，支付不低于工资的 200% 的工资报酬；③法定休假日安排劳动者工作的，支付不低于工资的 300% 的工资报酬。

4. 不定时工作时间

不定时工作时间是指每日没有固定工作时数的工时形式。这主要适用于：

（1）高级管理人员、外勤人员、推销人员、部分值班人员和其他因工作无法按标准工作时间衡量的职工；

（2）长途运输工作、出租司机和铁路、港口、仓库的部分装卸人员以及因工作性质特殊，需要机运的职工；

（3）其他因生产特点、工作特殊需要或职责范围的关系，适合实行不定时工作制的职工。

5. 综合计算工作时间

综合计算工作时间是指因用人单位生产或工作特点，劳动者的工作时间不宜以日计算，需要以一定时间为周期综合计算工作时间长度的工时形式。其平均工作时间与标准工作时间基本相同。如铁路、邮电、水运、航空等行业中因工作性质特殊，需连续作业的职工；

又如地质勘探、建筑、旅游等受季节和自然条件限制的行业的部分职工。

二、休息休假

休息休假时间,是指劳动者在工作时间以外,依法不从事生产或工作而自行支配的时间。劳动者有休息的权利,休息时间的规定是实现劳动者休息权的一项重要法律保障。休息休假制度有:日休息、周休息、节日休息、工作间歇时间、两段工作时间休息、探亲假休息、年休假休息。

1. 一个工作日内间歇时间。主要指在工作日内给予劳动者休息和用膳时间。一般为1至2小时,最少不得少于半小时。

2. 工作日间的休息时间。指两个邻近工作日之间的休息时间,一般为15至16小时。

3. 每周休假日。又称周休日,是指劳动者享受至少有2日的公休假日休息制定。

4. 法定节假日。是指国家法律规定用以开展纪念、庆祝活动的休息时间。如:元旦、春节、劳动节、国庆节等。

5. 探亲假。是指法律规定分居两地的职工,与配偶或父母团聚的假期。职工探望配偶,每年给予一方探亲假一次,假期为30天;未婚职工探望父母,原则上每年给假一次,假期为20天;已婚职工探望父母,每4年给假一次,假期20天。

6. 年休假。是指职工在工作满一定期限后,每年所享有的保留工作和带薪连续休息的时间。

三、工资

(一) 工资的概念

工资是指用人单位按照法律规定和劳动合同约定的标准,根据劳动者提供的劳动数量和质量,以货币形式直接支付给本单位劳动者的劳动报酬。

工资具有以下法律特征:

1. 工资是对劳动者付出劳动的物质补偿。工资是对有劳动关系的劳动者,因履行劳动义务,由用人单位所支付的劳动报酬。不包括依民事法律关系提供劳务所获得的收入。

2. 工资是依法确定的。工资标准是依工资法律法规、政策及劳动合同所确定的。

3. 工资是用人单位以法定货币形式定期支付给劳动者本人。

(二) 工资形式

工资形式,是指计量劳动和支付工资的方式。我国的工资形式主要有计件工资、计时工资两种基本形式和奖金、津贴、浮动工资、加班工资等辅助形式。

(三) 工资分配原则

《劳动法》第46条规定:工资分配应当遵循按劳分配原则,实行同工同酬。工资水平在经济发展的基础上逐步提高。国家对工资总量实行宏观调控。第47条规定:用人单位根据本单位的生产经营特点和经济效益,依法自主确定本单位的工资分配方式和工资水平。

在工资分配过程中应遵循以下原则:

1. 按劳分配的原则。是指根据劳动者提供的劳动数量和劳动质量分配个人消费品,等量劳动领取等量报酬。实行按劳分配原则,要体现奖勤罚懒、奖优罚劣;体现多劳多得、少劳少得,不劳动者不得食。

2. 同工同酬的原则。是指劳动者提供的劳动数量和质量相同,领取相等的劳动报酬。实行同工同酬要求所有职工不分性别、年龄、民族、种族,只要付出同等劳动,就应领取同等的报酬。

3. 逐步提高工资水平原则。工资水平在经济发展的基础上逐步提高。劳动生产率提高的速度必须超过劳动报酬增长的速度,劳动报酬增长的速度必须与劳动生产率提高的速度相适应。

4. 工资总量宏观调控原则。工资总量的增长低于企业效益的增长,职工实际工资的增长低于企业劳动生产率的增长。

(四)最低工资保障制度

国家实行最低工资保障制度。最低工资的具体标准由省、自治区、直辖市人民政府规定,报国务院备案。用人单位支付劳动者的工资不得低于当地最低工资标准。所谓最低工资是指劳动者在法定工作时间内提供了正常劳动的前提下,其用人单位应支付的最低劳动报酬。

(五)工资的支付

《劳动法》第50条规定:工资应当以货币形式按月支付给劳动者本人。不得克扣或者无故拖欠劳动者的工资。这是对劳动者取得工资的法律保障。

1. 工资支付的形式。工资必须以货币的形式按月支付给劳动者,不得以实物及有价证券替代支付。

2. 工资应依法足额支付,不得克扣或无故拖延。劳动行政部门、政府部门、工会组织对克扣劳动者工资或无故拖欠劳动者工资的用人单位具有监督、纠正和要求赔偿损失的权利。

3. 工资应支付给劳动者本人。

按现行劳动法律法规,允许用人单位可以扣除工资的情况有:用人单位代扣代缴的个人所得税;用人单位代扣代缴的应由劳动者个人负担的各项社会保险费用;法院判决、裁定中要求代扣的扶养费、赡养费;法律、法规规定可以从劳动者工资中扣除的其他费用。

任务4　劳动安全卫生和特殊保护

一、劳动安全卫生的概念

劳动安全卫生,是指劳动场所的安全卫生条件或状态。包括劳动安全和劳动卫生。劳动安全,是指在劳动场所中无急性伤害事故发生,即无急性中毒、触电、机械外伤、坠落、塌陷、爆炸、火灾等危及劳动者人身安全的事故发生。劳动卫生,是指在劳动场所中无慢性职业危害发生,即无不良劳动条件、有毒有害物质危害劳动者身体健康的职业中毒、职业病发生。

在生产过程中,客观存在着各种不安全、不卫生的因素,如不采取防范措施,必然危害劳动者的生命安全和身体健康，进而影响工作的正常进行。因此，国家必须采取各种措施，改善劳动条件，以保护劳动者在生产过程中的安全与健康。为此，国家制定了相关的法律法规，以加强对职工的劳动保护。劳动安全卫生工作要做到安全第一，预防为主。始终把保障劳动者的安全放在第一位，采取有效措施消除事故隐患和防止职业病的发生。

劳动安全卫生是改善劳动条件的主要措施，也是我国的一项基本国策。我国劳动法明确规定：用人单位必须建立、健全劳动安全卫生制度；严格执行国家劳动安全卫生规程和标准；对劳动者进行劳动安全卫生教育和培训；为劳动者提供符合国家规定的劳动安全卫生条件和必要的劳动防护用品，定期进行健康检查；国家建立伤亡事故和职业病统计报告和处理制度。

劳动者在劳动过程中必须严格遵守安全操作规程，防止劳动过程中的事故，减少职业危害的发生。

二、劳动安全卫生规程和标准

劳动安全卫生规程和标准，是国家为了防止伤亡事故和减少职业病发生，消除职业危害因素，而制定的具体技术要求和标准。《劳动法》第53条规定，"劳动安全卫生设施必须符合国家规定的标准。"劳动安全卫生规程和标准主要有劳动安全规程、标准和卫生规程、标准两类。

（一）劳动安全规程和标准

严格执行劳动安全规程和标准，主要是防止劳动过程中的事故发生。经常维护和定期检修机器设备，使其经常保持良好状态，减少和防止发生设备事故和人身事故，保证安全生产。

（二）劳动卫生规程和标准

严格执行劳动卫生规程和标准，主要目的是防止或减少职业危害，保障劳动者的身体健康。必须采取措施，加强防护，防止有毒有害物质对职工的危害。

三、对女职工和未成年工的特殊保护

1. 对女职工的特殊保护

女职工特殊保护是国家为维护女职工的合法权益，针对女职工的生理特点和劳动条件，对女职工身体健康的特殊影响而采取的保护措施。是保护妇女劳动权利以及在生产中的安全与健康的特殊规定。

女职工特殊保护制度的主要内容有：

（1）禁止安排女职工从事矿山井下、国家规定的第四级体力劳动强度的劳动和其他禁忌从事的劳动。

（2）不得安排女职工在经期从事高处、低温、冷水作业和国家规定的第三级体力劳动强度的劳动。

（3）不得安排女职工在怀孕期间从事国家规定的第三级体力劳动强度的劳动和孕期禁忌从事的劳动。对怀孕七个月以上的女职工，不得安排其延长工作时间和夜班劳动。

(4)女职工生育享受不少于九十天的产假。

(5)不得安排女职工在哺乳未满一周岁的婴儿期间从事国家规定的第三级体力劳动强度的劳动和哺乳期禁忌从事的其他劳动,不得安排其延长工作时间和夜班劳动。

2.对未成年工的特殊保护

未成年工是指年满十六周岁未满十八周岁的劳动者。未成年工特殊保护,是指根据未成年工生长发育的特点和对其义务教育的需要,对其在劳动过程中的健康所采取的特殊保护。

对未成年工的特殊劳动保护的主要内容有:

(1)不得安排未成年工从事矿山井下、有毒有害的劳动。

(2)不得安排未成年工从事国家规定的第四级体力劳动强度的劳动和其他禁忌从事的劳动。

(3)用人单位应当对未成年工定期进行健康检查。

(4)限制工作时间。国家规定未成年工实行缩短工作时间。

任务5　社会保险

一、社会保险的概念和特点

社会保险,是指国家通过立法设立社会保险基金,使劳动者在丧失劳动能力或劳动机会时能获得物质帮助和补偿的一种社会保险制度。《劳动法》第70条规定:"国家发展社会保险事业,建立社会保险制度,设立社会保险基金,使劳动者在年老、患病、工伤、失业、生育等情况下获得帮助和补偿。"

社会保险具有以下特点:

1.补偿性。即是对劳动者过去劳动的补偿。

2.互济性。通过统筹社会保险基金来分散劳动风险。

3.强制性。国家通过立法强制实施的,劳动者必须参加社会投保。

4.非营利性。社会保险不存在营利。

二、社会保险制度

按照我国《劳动法》的规定,我国社会保险的原则是建立多层次社会保险制度、社会保险水平应当与社会经济发展水平和社会承受能力相适应、社会保险基金逐步实行社会统筹。

我国社会保险制度是实行国家基本保险、单位补充保险、个人储蓄保险的多层次社会保险制度。

1.国家基本保险,是指国家立法强制实施的保障劳动者遇到劳动风险时最低生活需要的保险制度。它是最主要的保险方式。它具有覆盖面广,标准统一,强制程度高的特点。

2.单位补充保险,是指除了国家基本保险以外,用人单位根据自己的经济条件为劳动者投保高于基本保险标准的补充保险。

3.个人储蓄保险,是指劳动者个人以储蓄形式参加社会保险。国家提倡劳动者个人进行储蓄性保险。

我国正在建立和逐步完善社会保险制定，我国的社会保险制度主要包括：养老保险、医疗保险、工伤保险、失业保险、生育保险等制度。

三、社会保险待遇

劳动者在下列情形下，依法享受社会保险待遇：退休；患病、负伤；因工伤残或者患职业病；失业；生育。

1. 养老保险。凡符合国家规定退休年龄和退休条件的劳动者，在退休后根据国家标准可以享受养老保险待遇。

2. 医疗保险。当劳动者非因工患病、负伤，在法定条件下，可以享受医疗保险待遇。

3. 工伤保险。劳动者因工伤残或患职业病，享受工伤保险待遇。

4. 失业保险。当劳动者丧失就业机会，失去原工作岗位时，在符合国家法定条件喜下，失业人员可以享受失业保险待遇。

5. 生育保险。生育，是社会再生产劳动力的需要。女职工在生育时可依法享受生育保险待遇。

6. 劳动者死亡后的遗属补贴。劳动者死后，其遗属依法可以享受遗属津贴。

任务6　劳动争议的解决

一、劳动争议的概念

劳动争议亦称劳动纠纷，是指用人单位与劳动者之间因执行劳动法律、法规和履行劳动合同发生的争执。劳动争议包括因确认劳动关系发生的争议；因订立、履行、变更、解除和终止劳动合同发生的争议；因除名、辞退和辞职、离职发生的争议；因工作时间、休息休假、社会保险、福利、培训以及劳动保护发生的争议；因劳动报酬、工伤医疗费、经济补偿或者赔偿金等发生的争议；法律、法规规定的其他劳动争议。

劳动争议具有两个基本特点：一是争议的主体必须是劳动者与用人单位；二是争议的内容必须是因劳动合同及其他有关劳动法律、法规而产生的劳动权利和劳动义务。

二、劳动争议的处理

《中华人民共和国劳动争议调解仲裁法》已于2007年12月29日通过，自2008年5月1日起施行。

（一）劳动争议的处理机构

劳动争议的处理部门主要有劳动争议调解委员会、劳动争议仲裁委员会和人民法院。

1. 劳动争议调解委员会

发生劳动争议，当事人可以到下列调解组织申请调解：

（1）企业劳动争议调解委员会；

（2）依法设立的基层人民调解组织；

（3）在乡镇、街道设立的具有劳动争议调解职能的组织。

企业劳动争议调解委员会由职工代表和企业代表组成。职工代表由工会成员担任或者由全体职工推举产生，企业代表由企业负责人指定。企业劳动争议调解委员会主任由工会成员或者双方推举的人员担任。

当事人申请劳动争议调解可以书面申请，也可以口头申请。自劳动争议调解组织收到调解申请之日起十五日内未达成调解协议的，当事人可以依法申请仲裁。达成调解协议后，一方当事人在协议约定期限内不履行调解协议的，另一方当事人可以依法申请仲裁。

2. 劳动争议仲裁委员会

劳动争议仲裁委员会是指依法成立的行使劳动争议仲裁权的劳动争议处理机构。一般在县、市、市辖区设立，专门处理用人单位与职工之间发生的劳动争议的仲裁机关。

劳动争议仲裁委员会由劳动行政部门代表、工会代表和企业方面代表组成。劳动争议仲裁委员会组成人员应当是单数。

3. 人民法院

人民法院处理提起诉讼的劳动争议。劳动争议案件由人民法院的民事审判庭受理。

（二）劳动争议处理的基本原则和方式

1. 劳动争议处理的基本原则

解决劳动争议，应当根据实事，遵循合法、公正、及时、着重调解的原则，依法保护当事人的合法权益。

2. 劳动争议处理的方式

（1）协商。劳动争议发生后，当事人应当协商解决，也可以请工会或者第三方共同与用人单位协商，达成和解协议。

（2）调解。劳动争议发生后，当事人不愿协商、协商不成或者达成和解协议后不履行的，可以向调解组织申请调解；。

（3）仲裁。不愿调解、调解不成或者达成调解协议后不履行的，可以向劳动争议仲裁委员会申请仲裁；劳动争议申请仲裁的时效期间为一年。仲裁时效期间从当事人知道或者应当知道其权利被侵害之日起计算。申请人向劳动争议仲裁委员会提出书面申请。仲裁庭裁决劳动争议案件，应当自劳动争议仲裁委员会受理仲裁申请之日起四十五日内结束。

（4）诉讼。劳动争议当事人对仲裁裁决不服的，可以自收到仲裁裁决书之日起15日内向人民法院提起诉讼。一方当事人在法定期限内不起诉又不履行仲裁裁决的，另一方当事人可以申请人民法院强制执行。

任务7 监督检查和法律责任

一、劳动监督检查

（一）劳动监督检查的概念

劳动监督检查，是指劳动行政部门、有关主管部门、工会组织、劳动者个人，对用人单位执行劳动法律、法规的情况进行监督检查的法律制度。

劳动监督检查有利于用人单位加强法制概念，提高贯彻执行劳动法的自觉性；有利于维护劳动者的合法权益，使劳动者的合法权益得到保障；有利于不断完善劳动立法，通过劳动监察，发现问题，为修改劳动法律、法规打下基础。

（二）劳动监督检查机构

根据《劳动法》的规定，我国的劳动监督机构由行政监督和社会监督相结合而构成，其中，行政监督由劳动行政部门监督和相关行政部门监督组成；社会监督主要由工会监督和群众监督所组成。

1. 劳动行政部门的监督

《劳动法》第85条规定："县级以上各级人民政府劳动行政部门依法对用人单位遵守劳动法律、法规的情况进行监督检查，对违反劳动法律、法规的行为有权制止，并责令改正。"

劳动行政部门的监督在劳动监督中处于重要地位，主要行使三项监督职责：

（1）对用人单位遵守劳动法律、法规的情况进行监督检查。

（2）对违反劳动法律、法规的行为，有权制止，并责令改正。

（3）对违反劳动法律、法规的行为，依法进行行政处罚。

作为本级政府主管劳动工作的劳动行政部门的监督检查，其劳动监督行为是代表本级政府实施的，属于国家劳动监察，具有权威性和强制性的特点。因此，加强劳动监督，首先就是要加强劳动行政部门的监督。

2. 有关部门的监督

《劳动法》第87条规定："县级以上各级人民政府有关部门在各自职责范围内，对用人单位遵守劳动法律、法规的情况进行监督。"

有关部门的监督检查，性质属于行业监督，其监督职责由法律、法规规定。

（1）行业监督是行业主管部门对本系统的内部监督。不具有国家监督的法律权威性。

（2）行业监督的依据，是劳动法以及有关法规、规章。除非法律有特别规定，行业监督没有行政处罚权。

3. 工会组织的监督

《劳动法》第88条规定："各级工会依法维护劳动者的合法权益，对用人单位遵守劳动法律、法规的情况进行监督。"工会组织的劳动监督，属于社会监督，劳动监督的范围非常广泛。但社会监督不具有强制性，劳动监督的方式主要有建议、检举和控告，不能对违法事件处理,也没有处罚权。

(1)用人单位违反劳动法律、法规,侵犯职工合法权益,工会有权要求用人单位和有关部门认真处理。

(2)用人单位违反国家有关劳动时间的规定,工会有权要求用人单位纠正。

(3)用人单位违反保护女职工特殊权益的法律、法规,工会有权要求用人单位纠正。

4. 群众监督

《劳动法》第88条规定:"任何组织和个人对于违反劳动法律、法规的行为有权检举和控告。"这是对群众进行劳动监督方式的确认。

二、违反劳动法的法律责任

(一)违反劳动法的法律责任的概念

违反劳动法的法律责任,是指用人单位、劳动者、劳动行政机关和有关部门及其工作人员,因违反了劳动法,依法应当承担的法律后果。

违反劳动法的法律责任必须具备以下三个条件:

(1)行为人必须是具有劳动关系或与劳动关系密切相关的社会关系主体。即用人单位、劳动者、劳动行政机关和有关部门及其工作人员。

(2)行为人必须实施了违反劳动法律、法规的行为。

(3)行为人在主观上有过错。

(二)违反劳动法的法律责任形式

1. 行政责任

行政责任是指行为人违反劳动法律、法规的规定,由国家行政机关依法给予的行政制裁。根据《劳动法》规定,违反劳动法的行政责任主要有:警告、责令改正、吊销营业执照、拘留、罚款、行政处分等。

2. 民事责任

民事责任是指在劳动关系中,行为人因过错违反劳动法律、法规规定,侵犯了当事人一方的合法权益,并造成了经济损失,依法所应承担的民事法律责任。民事责任主要表现为损害赔偿责任。

3. 刑事责任

刑事责任是指在劳动关系中,行为人因违反劳动法律、法规规定,构成犯罪的,应当承担的刑事责任。

小结

本项目主要介绍了我国的劳动法律制度。通过学习,应了解劳动法的调整对象和立法宗旨,明确劳动者的权利和义务,掌握我国《劳动法》《劳动合同法》等中关于劳动合同、工作时间、休息时间、工资、劳动保护以及劳动争议的解决等相关规定。

实务训练

一、案例分析示范

1. 案情介绍

申诉方：张某，女，22岁，某合资饭店中餐厅服务员。

被诉方：某合资饭店。

张某系职业高中毕业生，到某合资饭店工作，并与饭店正式签订了为期二年的劳动合同。在劳动合同终止前的一个月，张某合同到期后不再与饭店续订一事向饭店提出了请求，饭店人事部表示同意并答复张某过一个月后来办手续。一个月以后，张某手持接收单位的商调函找到饭店要求办理调离手续时，人事部负责人却突然提出："要调走可以，但必须交齐后三年的培养费2400元，然后才给办理调动手续。"张某认为，与饭店签订的是为期二年的劳动合同，自己既没有经过饭店培训，又没有提前解除合同，饭店收取培训费是非法的。饭店根据其制定的《饭店员工须知》第18条"凡到饭店工作的人员至少应服务五年……"的规定则认为：张某与饭店签订的二年劳动合同虽然已经到期，但至少还应与饭店续签三年的劳动合同，如果张某不再为饭店服务，则应赔偿饭店培训费2400元。否则，不能办理调离手续。合同到期后职工不再续签劳动合同，饭店强行收取培训费的作法，张某无法接受，遂向劳动争议仲裁委员会提请仲裁，要求给予公正处理。

2. 问题

(1)《饭店员工须知》第18条对张某是否有约束力？

(2) 张某是否负有赔偿饭店培训费的义务？

3. 法律评析

《饭店员工须知》是在该饭店与张某签订劳动合同后的一年零九个月时制定的，在制定过程中及实施之前，既没有征求过工会的意见，也没有征求职工本人的意见，纯属饭店单方面的意见，其中第18条"凡到饭店工作的人员至少应服务五年……"的规定与双方协商制定的劳动合同的期限相悖，饭店以此为由要求张某与饭店续订三年的劳动合同或赔偿培训费2400元，依据不足。

我们可以得出以下结论：

1.《饭店员工须知》第18条只是饭店单方面的意思表示，不能视为劳动合同的组成部分，因与劳动合同相抵触，对张某没有约束力。

2. 劳动合同的终止是指由于法律规定或当事人约定的情况出现，劳动合同的法律效力终止。根据劳动法的规定，当劳动合同期满时，劳动合同即行终止。本案中张某与某合资饭店签订的劳动合同的二年期限届满，饭店应为张某办理调离手续，不得强迫另一方延长劳动合同期满。

经过仲裁机关的裁决，认定饭店的行为违法，双方的劳动合同终止。

二、案例分析练习

1. 案情介绍

李某于对外经贸大学外贸会计专业本科毕业。在人才交流市场的激烈竞争中，他凭着自己突出、优异的专业成绩，如愿应聘进入一家大型国有外贸公司，与公司签订了一份六年期限的劳动合同。上班伊始，李某就被分配从事办公室工作，主要负责的是电话答询及传真收发。刚开始工作，李某的工作热情很高，积极努力，受到同事们的一致好评。但是时间一长，李某感觉到工作性质过于简单，不能充分发挥所学的外贸会计的特长。于是李某逐渐开始心情压抑，对待工作也情绪低落，经过深思熟虑，他找到公司领导，如实说明了自己的想法，向公司领导提出辞职，要求立即解除劳动合同。但被对方断然拒绝，公司领导认为李某应严格按劳动合同规定的六年合同期限履约，不能够提前解约。多次接触请求都没能得到许可的情况下，李某百般无奈，只得提起劳动仲裁。

2．问题

劳动仲裁委员会应如何处理这起劳动仲裁？为什么？李某应该怎么办？

三、思考题

1．劳动者的基本权利和义务有哪些？
2．劳动合同的主要内容有哪些？
3．劳动者的休息休假制度有哪些规定？
4．对女职工和未成年工有哪些特殊保护？
5．劳动争议处理机构有哪些？

项目十二 金融法

❋ 案例导入

2015年10月20日,张某在某银行分理处开立一银行卡,并设置了密码,将当日收到的4.5万元货款存入该卡。

2015年11月5日,张某到银行取钱时,突然发现银行卡上仅剩100元了,通过查询,才发现在2015年10月22日,被人在异地刷卡消费共计4.49万元。

❋ 任务引入

该商业银行有无法律责任?

任务1 金融法概述

一、金融机构、金融市场的含义

(一)金融机构的概念和分类

金融就是指货币的转移,资金的融通。凡专门从事各种金融活动的组织,均称金融机构。金融机构的职能,就是组织社会资金的运动,建立或疏通资金融通的渠道。金融机构在间接金融中充当信用中介,为直接金融提供服务,为社会提供有效率的支付机制。

金融机构分为银行和非银行金融机构。根据金融机构的性质和目的,可分为中央银行、政策性金融机构、商业性金融机构、合作金融机构;按照金融机构的所有制或资本结构,可以分为国有金融机构、集体所有制金融机构、股份制金融机构和外资金融机构;按照金融机构的业务范围,可分为综合性金融机构和专业性金融机构;按照金融机构的经营区域,可分为全国性金融机构、地方性金融机构和跨国金融机构。

(二)金融市场的概念和分类

金融市场是资金融通的场所。金融市场是金融体系的重要组成部分。金融体系由金融工具、金融机构、金融市场和金融制度构成。金融工具又称为信用工具,通常是按照一定格式作成、用以证明或创设金融交易各方权利义务的书面凭证。金融制度是由金融立法、基本金融政策和金融规章建立起来的,有关金融交易、金融调控和金融监管的相对稳定的运行框架和办事规程。

金融市场是一个大系统,按照不同的标准,可以对金融市场进行以下分类:货币市场和资本市场;现货市场与期货市场;国内金融市场和国际金融市场等。

二、金融法的概念与调整对象

(一)金融法的概念

金融法是调整金融关系的法律规范的总称。即是调整货币流通和信用活动中所发生的社会关系的法律规范的总称。

金融法有广、狭义之分。狭义的金融法是指国家权力机关按照法定权限和程序制定或认可的,并以国家强制力保证其实施的有关金融方面的规范性文件。如:《人民银行法》、《商业银行法》、《银行业监督管理法》等都属于金融法律。广义金融法不仅指金融法律,还包括国家行政机关制定的有关金融方面的规范性文件即金融行政法规和金融行政规章,国家司法机关依法制定的金融司法解释等规范性文件。如:《外汇管理条例》等。

(二)金融法的调整对象

金融法是调整在货币流通和各种信用活动中各主体之间发生的社会关系。金融法的调整对象主要包括以下两个方面的社会关系:

1. 金融监督管理关系

金融监督管理关系主要包括:(1)中央银行因货币发行和货币流通而同各类金融机构和非金融机构发生的货币管理关系;(2)中央银行或财政部因审核、登记各类银行、非银行金融机构的设定、变更、终止而发生的管理关系;(3)中央银行、证券监督管理机关和保险监督管理机关对各类金融机构的业务活动依法进行领导、组织、管理、监督、协调而发生的业务管理关系。

2. 金融交易关系

金融交易关系包括金融机构与非金融机构之间的资金融通关系和金融机构相互之间的同业资金融通关系。

(1)因存款业务而产生的存款关系;(2)因放款业务而产生的资金信贷关系;(3)因汇兑、结算、代理等业务而产生的金融中介服务关系。(4)中央银行与各金融机构之间因信用贷款、票据贴现等活动而产生的资金融通关系;(5)金融机构之间因资金拆借、票据转贴现、汇兑结算、外汇买卖等活动而产生的资金融通关系。

(三)金融法的法律地位

金融法是经济法的重要组成部分,是经济法的法律部门法,在经济法律体系中有着重要地位。随着金融体制改革的深化,我国的金融法律法规正在趋向健全。现有的金融法律法规主要有《中国人民银行法》、《商业银行法》、《票据法》、《保险法》、《外汇管理条例》、《中华人民共和国银行业监督管理法》等。

三、金融法的基本原则

金融法的基本原则,是贯穿金融立法体系始终的主线和纲领,它通过对若干重大基本问题的定性和定位,对国家金融法制建设起基础性的指导作用。

(一)以稳定货币为前提促进经济发展的原则

促进经济健康稳健发展,保证物价相对稳定是社会主义市场经济发展的重要标志,也是一国货币政策的主要目标。金融对国民经济有重要的调节作用。一方面通过调节货币供应量和信贷规模,来调节社会总需求使之与总供给相适应,实现总量控制;另一方面,通过运用利率杠杆和信贷资金投向,调节产业结构乃至整个经济结构,实现结构合理和优化。金融对国民经济的总量控制和结构调整是灵敏而有效的。因此,建立和完善以中央银行为中心的金融宏观调控体系是至关重要的。金融宏观调控的基本任务就是坚持稳定货币,抑制通货膨胀,促进经济发展。

(二)保护投资者利益的原则

信用的基本特征是有借有还、到期归还、还本付息。无论是存款信用还是贷款信用,均必须符合这条信用的基本要求。因此,金融法的制定和实施,就必须遵循信用活动的基本规律,充分维护存款人、借款人和投资人等债权人的合法权益。这样,才能保障借贷资金的安全性和效益性。

(三)混业经营、混业管理的原则

金融的活动领域极为广阔,涉及到银行、信托、保险、证券等。为了提高效益,就必须坚持银行业、信托业、保险业、证券业的混业经营、混业管理的原则,保护竞争。

(四)维护金融稳定的原则

金融健康稳定的发展,是国家宏观经济发展的需要,是人民生产、生活水平提高的要求,金融的稳定关系到社会的稳定和安定团结。在国务院领导下,在国务院银行业监督管理机构的监督管理下,金融机构通过利用货币政策、货币工具等经济手段,防范和化解金融风险,维护金融稳定。

任务2 中国人民银行法

一、中国人民银行法的立法宗旨

中国人民银行法,是指调整中央银行因制定和实施货币政策、行使对金融业的监督管理职能而产生的银行管理关系的法律规范的总称。《中国人民银行法》第1条明确提出了该法的立法目的。

（一）确立中国人民银行的地位和职责

中国人民银行作为中央银行，要积极发挥其应有的作用，立法机关就应对它的性质、地位和职责给予清楚地界定，保障中央银行的地位与作用。中国人民银行是国务院的职能部门，因此，中国人民银行是政府的银行；是全国货币的发行机关；是银行中的银行，在我国银行体系中居于主导地位。

（二）保证国家货币政策的正确制定和执行

货币政策就是中央银行为实现既定的经济目标运用各种工具调节货币供应和信贷规模，进而影响宏观经济的方针、措施的总和。货币政策是中央银行发挥其职能和作用的集中表现，同时又是国家宏观经济调控的重要内容，与国民经济的健康发展有着密切的联系。因此，制定《中国人民银行法》的一个重要目标，就是要保证货币政策的正确制定和执行。

（三）建立和完善中央银行宏观调控体系

中央银行的宏观调控主要是指中央银行运用信贷利率和汇率等政策、措施及手段，实现对货币供求总量、信贷投资规模及进出口贸易总量的宏观控制。

（四）维护金融稳定

一个国家的金融稳定对国家的经济发展至关重要。中央银行主要通过经济手段，对国家经济实施宏观调控，防范和化解金融风险，以确保国家经济以健康、稳定、快速地向前发展，避免出现周期性的经济波动。在中国经济快速发展的今天，维护金融稳定，更具有重要的意义。

二、中国人民银行的法律地位

中国人民银行是中华人民共和国的中央银行，在我国金融体系中居于主导地位。中国人民银行在国务院领导下，制定和执行货币政策，防范和化解金融风险，维护金融稳定。它是国家机关，其性质是特殊国家机关和特殊金融企业。

中国人民银行的法律地位主要包括以下五个方面：

第一，中国人民银行是中华人民共和国政府的银行，它受国务院领导，专门负责货币政策的制定和执行，以此来调控国民经济，并代表中国从事有关的国际金融活动。

第二，中国人民银行是货币发行银行，所发行的货币以国家信用为保证，它是惟一合法发行我国法定货币的机构，其依法发行的人民币是我国惟一的法定货币（特别行政区除外）。

第三，中国人民银行是银行的银行，它作为最后贷款人。当商业银行出现临时资金短缺时，它能够以再贴现和再贷款的方式提供短期融资。中国人民银行同时还是国务院监督管理全国金融事业的职能部门。

第四，中国人民银行在国务院直接领导下依法独立执行货币政策，履行职责，开展业务，不受地方政府、各级政府部门、社会团体和个人的干涉。

第五，中国人民银行应当向全国人民代表大会常务委员会提出有关货币政策情况和金融业运行情况的工作报告。

三、中国人民银行的职责及组织机构

（一）中国人民银行的职责

根据《中国人民银行法》的规定，中国人民银行履行下列职责：

1. 发布与履行其职责有关的命令和规章。作为国家机关，人民银行可以依职权发布金融命令、金融规章等金融规范性文件。
2. 依法制定和执行货币政策。运用货币政策手段，保证各项金融政策的实施，保持经济稳定健康的发展，维护金融安全有序地进行。
3. 发行人民币，管理人民币流通。中国人民银行负责人民币的印刷、发行、管理，调节货币流通，抑制通货膨胀。
4. 监督管理银行间同业拆借市场和银行间债券市场；中国人民银行负责制定金融市场管理规则，保证市场正常运行，实行公开市场业务操作。
5. 实施外汇管理，监督管理银行间外汇市场。调节国际收支。
6. 监督管理黄金市场。
7. 持有、管理、经营国家外汇储备、黄金储备。
8. 经理国库。编制国库会计报表、监督国库收支，代理政府债券的发行和还本付息。对国库进行管理，负责经理国家预算收支业务。
9. 维护支付、清算系统的正常运行。管理金融机构之间的资金清算，建立和健全全国金融系统的清算体系。
10. 指导、部署金融业反洗钱工作，负责反洗钱的资金监测。
11. 负责金融业的统计、调查、分析和预测。负责对社会公布金融信息。
12. 作为国家的中央银行，从事有关的国际金融活动。中国人民银行代表政府从事有关的国际金融活动。
13. 国务院规定的其他职责。

（二）中国人民银行的组织机构

1. 行长

中国人民银行设行长一人，副行长若干人。中国人民银行行长的人选，根据国务院总理的提名，由全国人民代表大会决定；全国人民代表大会闭会期间，由全国人民代表大会常委会决定，由中华人民共和国主席任免。中国人民银行副行长由国务院总理任免。

中国人民银行实行行长负责制，行长领导中国人民银行的工作，副行长协助行长工作。中国人民银行的领导体制实行的是行长负责制。

2. 货币政策委员会

中国人民银行设立货币政策委员会。货币政策委员会的职责、组成和工作程序，由国务院规定，报全国人民代表大会常务委员会备案。货币政策委员会是在中国人民银行内部设立的机构，它是为实现货币政策而设立，是行使中央银行职责的重要机构。

中国人民银行货币政策委员会应当在国家宏观调控、货币政策制定和调整中，发挥重要作用。

3. 中国人民银行分支机构

中国人民银行根据履行职责的需要设立分支机构，作为中国人民银行的派出机构。中国人民银行对分支机构实行集中统一领导和管理。中国人民银行的分支机构根据中国人民银行的授权，负责本辖区的金融稳定，承办有关业务。

分支机构是作为中国人民银行的派出机构，不是独立的法人，中国人民银行对分支机构实行统一领导和垂直管理，有利于中央银行有效的执行货币政策和金融稳定，也可以避免地方政府的干预。

4. 中国人民银行的工作人员

中国人民银行既是中央银行，又是金融监督管理机构，中国人民银行的工作人员担负着重要职责。我国《中国人民银行法》对行长、副行长及其他工作人员有较高的要求和法律的约束。

中国人民银行的行长、副行长及其他工作人员应当恪尽职守，不得滥用职权、徇私舞弊，不得在任何金融机构、企业、基金会兼职。

中国人民银行的行长、副行长及其他工作人员，应当依法保守国家秘密，并有责任为与履行其职责有关的金融机构及当事人保守秘密。

四、人民币

(一)人民币的概念

中华人民共和国的法定货币是人民币。以人民币支付中华人民共和国境内的一切公共的和私人的债务，任何单位和个人不得拒收。

人民币分主币和辅币两种，主币是一国法律规定作为价格标准的主要货币，辅币是主币单位下的小额货币，供日常零星交易。主币的计量单位为元，辅币的计量单位为角、分。

(二)人民币的发行管理

人民币是在全国范围内流通的法定货币，人民币的发行关系到国民经济的发展、商品流通和物价的稳定。《中国人民银行法》规定：人民币由中国人民银行统一印制、发行。中国人民银行发行新版人民币，应当将发行时间、面额、图案、式样、规格予以公告。

为了加强对人民币的管理，维护人民币的信誉，稳定金融秩序，国务院制定了《人民币管理条例》。

中国人民银行发行人民币应坚持以下三个原则：

1. 统一发行原则。货币发行权必须集中于中央银行即中国人民银行，任何地方、单位和个人都不得以任何形式发行货币或变相货币。

2. 经济发行原则。货币发行必须适应商品流通的需要。货币发行与商品流通有着内在联系，相互依存、相互制约。货币流通规律的要求，是使市场货币流通量与商品流通量相适应，从而保证经济的健康发展。这是货币发行的一条最根本的原则。

3. 计划发行原则。我国的经济建立在生产资料公有制基础上，实行社会主义市场经济，处于交换环节的商品流通也必须根据生产、消费等情况来进行有计划的安排，货币发行的数量，必须与商品流通相适应，坚持计划发行可以保证市场物价和币值的稳定。

(三)人民币使用的禁止性规定

1. 禁止伪造、变造人民币

《中国人民银行法》规定:禁止伪造、变造人民币。禁止出售、购买伪造、变造的人民币。禁止运输、持有、使用伪造、变造的人民币。

伪造和变造人民币是一种严重的犯罪行为。它严重扰乱了国家金融秩序,破坏了人民币在社会上的信誉,国家对制售假币犯罪行为十分重视,予以严厉打击。犯罪分子伪造人民币的技术不断翻新,也给打击此类犯罪增加了难度。

《人民币管理条例》规定:单位和个人持有伪造、变造的人民币的,应当及时上缴中国人民银行、公安机关或者办理人民币存取款业务的金融机构;发现他人持有伪造、变造的人民币的,应当立即向公安机关报告。中国人民银行、公安机关发现伪造、变造的人民币,应当予以没收,加盖"假币"字样的戳记,并登记造册;持有人对公安机关没收的人民币的真伪有异议的,可以向中国人民银行申请鉴定。

办理人民币存取款业务的金融机构发现伪造、变造的人民币数量较多、有新版的伪造人民币或者有其他制造贩卖伪造、变造人民币线索的、应当立即报告公安机关;数量较少的,由该金融机构两名以上工作人员当面予以收缴,加盖"假币"字样的戳记,登记造册,向持有人出具中国人民银行统一印制的收缴凭证,并告知持有人可以向中国人民银行申请鉴定。

2. 禁止故意毁损人民币

故意毁损人民币是指故意毁坏或损伤人民币的纸币或铸币。毁损人民币会人为增加人民币发行基金,可能造成小额人民币流通短缺,给国家财产造成浪费。故意毁损人民币的行为,属于违法行为,可由公安机关给予警告,并处以罚款。

3. 禁止在宣传品、出版物或者其他商品上非法使用人民币图样

在宣传品、出版物或者其他商品上非法使用人民币图样的,中国人民银行应当责令改正,并销毁非法使用的人民币图样,没收违法所得,并处以罚款。

4. 任何单位和个人不得印制、发售代币票券,以代替人民币在市场上流通

人民币是我国的唯一法定流通货币,任何单位和个人不得印刷和发售代币票券。代币票券实际上是一种变相的货币。这种票券往往标示货币单位,在其指定的商场或其他营业场所使用。如"代金券"、"购物券"、"礼品券"等就属于代币票券。但各单位内部使用的食堂饭菜票、澡堂票等虽也标有货币单位,但它只在内部使用,不对外流通,不属于这种代币票券。

五、中国人民银行的业务

中国人民银行法规定,中国人民银行经营以下主要业务:

(一)执行货币政策

中国人民银行为执行货币政策,可以运用下列货币政策工具:

1. 要求银行业金融机构按照规定的比例交存存款准备金

法定存款准备金是中央银行进行宏观调控的重要货币政策工具之一。它是指以法律形

式规定的商业银行必须将自己吸收的存款的一定比例作为存款准备金存在中央银行。存款准备金制度是中央银行通过规定或调整商业银行交存中央银行的存款准备金比率,控制商业银行的信用能力,达到间接控制社会货币供应的活动。

中央银行将存款准备金作为紧缩和扩张信用、调节货币供应量的一个重要手段。

2. 确定中央银行基准利率

中国人民银行根据国家的政策,制定各种存款和贷款利率,并根据情况变化进行调整。各商业银行的存贷款利率在执行统一的基准利率基础上可以浮动。基准利率在整个利率体系中是起主导作用。当这个利率变动时,其他利率也要随之相应调整。因此,基准利率的调整会直接影响银行金融业务活动的开展。

3. 为在中国人民银行开立账户的银行业金融机构办理再贴现

再贴现是中央银行的重要业务之一,也是中央银行的重要货币政策工具。商业银行由于业务的需要,将其中贴现的票据,要求中央银行予以再贴现。再贴现是指中央银行买进商业银行贴现的票据,或者直接买进商业银行开具的票据。

再贴现有两个主要作用,一是它可以影响可贷资金量;二是再贴现率可以影响市场利率,中央银行通过再贴现率的调整,引导市场利率的调整,调节货币供应和货币投放。

4. 向商业银行提供贷款

商业银行所需要的资金,在使用其自有资金和吸收存款后,不足部分,可以向中央银行申请贷款,由中央银行按照计划贷给。中央银行可以决定对商业银行贷款的数额、期限、利率和方式,但贷款的期限不得超过一年。

5. 在公开市场上买卖国债、其他政府债券和金融债券及外汇

中央银行根据货币供应量的预期目标和金融市场上银根松紧情况,当金融市场上资金缺乏时,中央银行通过公开市场买进有价证券,实际上等于向社会投放了一笔基础货币,增加了货币供应量。当金融市场货币过多时,中央银行可以在公开市场上卖出有价证券,减少市场上相应数量的基础货币。此外,中央银行还可以在金融市场上买卖外汇,以调控外汇汇率和货币供应量。

中央银行不得对政府财政透支,不得直接认购、包销国债和其他政府债券。

6. 国务院确定的其他货币政策工具

中国人民银行为执行货币政策,可以运用以上六种货币政策工具,来实现货币政策目标。

(二)经理国库

国库是国家金库的简称。国库负责办理国家预算资金的收入和支出。国库由中央银行经理。组织管理国库是中央银行的一项重要业务。

(三)向各金融机构组织发行、兑付国债和其他政府债券

《中国人民银行法》规定,中国人民银行可以代理国务院财政部门向各金融机构组织发行、兑付国债和其他政府债券。

(四)为银行业金融机构开立账户

《中国人民银行法》规定,中国人民银行可以根据需要,为银行业金融机构开立账户,但不得对银行业金融机构的账户透支。

（五）组织或者协助组织清算系统，提供清算服务

《中国人民银行法》规定，中国人民银行应当组织或者协助组织银行业金融机构相互之间的清算系统，协调银行业金融机构相互之间的清算事项，提供清算服务。

任务3 商业银行法

一、商业银行法概述

（一）商业银行的概念和特征

商业银行是指依照《商业银行法》和《中华人民共和国公司法》设立的吸收公众存款、发放贷款、办理结算等业务的企业法人。

商业银行具有以下基本特征：

1. 商业银行是企业法人

商业银行是依法设立的企业法人，具有法人的一般特征。商业银行大量吸收存款作为放款的资本，并通过收取放款利息和提供金融服务收取利润，支付储户的利息。

2. 商业银行以其全部法人财产独立承担民事责任

商业银行以安全性、流动性、效益性为经营原则，实行自主经营，自担风险，自负盈亏，自我约束。商业银行依法开展业务，不受任何单位和个人的干涉。商业银行以其全部法人财产独立承担民事责任。

3. 商业银行是以其债务作为货币进行流通的银行

商业银行对客户的活期存款负债，而在客户方面则可通过支票将其债权转移或用于支付。由于目前世界各国大都将支票存款视为货币，因而凡是以企业或私人为对象经营支票存款业务的银行，都可以称为商业银行。

（二）商业银行法的概念

商业银行法是规范商业银行设立、组织机构和商业银行行为的法律规范的总称。它不仅包括《商业银行法》，还包括了其他调整商业银行的法律、法规。

二、商业银行的职能

（一）商业银行的职能

商业银行的职能是由其性质所决定的。商业银行是能吸收公众存款、发放贷款、办理结算的金融机构。其主要职能有：

1. 信用中介职能

信用中介是商业银行最基本的、最能反映其经营活动特征的职能。该职能是指，通过商业银行的负债业务，将社会上的各种闲散货币资金集中于银行，再通过资金业务，把它

贷给各经济部门。商业银行作为货币资本的借入者和贷出者的中介人,通过信用中介的职能来实现资本盈余和短缺之间的融通,并从吸收资金的成本与发放贷款利息及投资收益的差额中,获得利差收入,形成商业银行的利润。

2. 支付中介职能

商业银行可利用其良好的资信能力和众多的分支机构,为工商企业开立账户,提供多方面的交易服务,办理各种技术性业务,如货币收付、转账结算、交易清算、汇兑、代收账款、外币兑换以及信用卡服务。因此商业银行便成为工商企业、团体和个人的货币保管者、出纳者和支付代理人。商业银行通过发挥支付中介职能,就可大量减少现金的流通和使用,节约社会流通费用,加速结算过程和货币资金的周转,促进了社会再生产的扩大和市场经济的发展。

3. 信用创造职能

在信用中介职能和支付中介职能的基础上,商业银行产生了信用创造的职能。在金融活动中,商业银行通过办理活期存款发行支票这种信用流通工具,可为生产、流通过程提供更多的流通手段和支付手段。根据支付规律,商业银行吸收的活期存款,无需保留百分之百的存款准备金,而只需保留其中一小部分即可满足客户提款需要。商业银行可将大部分存款,通过贷款与投资形式加以运用。

4. 金融服务功能

随着工商企业生产和流通专业化的发展,许多原先属于企业自身的货币经营业务都转交给商业银行来办理,如代发工资、代理支付其他费用等。商业银行面对激烈竞争,也在不断地开拓服务领域。特别是计算机技术在银行业务中的广泛采用,使其金融服务业务经营的内容日益向多元化、综合化方向发展,开展了财务管理、咨询、理财等业务。提供金融服务已成为商业银行的重要职能。

三、商业银行的业务范围

商业银行可以经营下列部分或者全部业务:

(一)吸收公众存款;

(二)发放短期、中期和长期贷款;

(三)办理国内外结算;

(四)办理票据承兑与贴现;

(五)发行金融债券;

(六)代理发行、代理兑付、承销政府债券;

(七)买卖政府债券、金融债券;

(八)从事同业拆借;

(九)买卖、代理买卖外汇;

(十)从事银行卡业务;

(十一)提供信用证服务及担保;

(十二)代理收付款项及代理保险业务;

(十三)提供保管箱服务;

(十四)经国务院银行业监督管理机构批准的其他业务。

经营范围由商业银行公司章程规定,报国务院银行业监督管理机构批准。商业银行经中国人民银行批准,可以经营结汇、售汇业务。

四、商业银行的设立、变更、接管、终止

(一)商业银行设立条件

设立商业银行,应当经国务院银行业监督管理机构审查批准。未经国务院银行业监督管理机构批准,任何单位和个人不得从事吸收公众存款等商业银行业务,任何单位不得在名称中使用"银行"字样。

设立商业银行应当具备下列条件:

1. 有符合《商业银行法》和《公司法》规定的章程。
2. 有符合《商业银行法》规定的注册资本最低限额。设立全国性商业银行的注册资本最低限额为十亿元人民币。设立城市商业银行的注册资本最低限额为一亿元人民币,设立农村商业银行的注册资本最低限额为五千万元人民币。注册资本应当是实缴资本。
3. 有具备任职专业知识和业务工作经验的董事、高级管理人员。
4. 有健全的组织机构和管理制度。
5. 有符合要求的营业场所、安全防范措施和与业务有关的其他设施。

设立商业银行,还应当符合其他审慎性条件。

(二)商业银行设立程序

设立商业银行,申请人应当向国务院银行业监督管理机构提交申请书、可行性研究报告和国务院银行业监督管理机构提交的其他文件、资料。初步申请被审查同意后,申请人应当填写正式申请表,并提交有关法定文件、资料:

1. 章程草案;
2. 拟任职的董事、高级管理人员的资格证明;
3. 法定验资机构出具的验资证明;
4. 股东名册及其出资额、股份;
5. 持有注册资本百分之五以上的股东的资信证明和有关资料;
6. 经营方针和计划;
7. 营业场所、安全防范措施和与业务有关的其他设施的资料;
8. 国务院银行业监督管理机构规定的其他文件、资料。

经批准设立的商业银行,由国务院银行业监督管理机构颁发经营许可证,并凭该许可证向工商行政管理部门办理登记,领取营业执照。

商业银行自取得营业执照之日起,无正当理由超过6个月未开业的或者开业后自行停业连续6个月以上的,由国务院银行业监督管理机构吊销其经营许可证并予以公告。

(三)商业银行分支机构的设立

商业银行根据业务需要可以在中华人民共和国境内外设立分支机构。设立分支机构必须经国务院银行业监督管理机构审查批准。

商业银行各分支机构不具有法人资格，在总行授权范围内依法开展业务，其民事责任由总行承担。由国务院银行业监督管理机构颁发经营许可证，并凭许可证向工商行政管理部门办理登记，领取营业执照。

（四）商业银行的变更

商业银行的变更是指商业银行的一般登记事项发生变更和商业银行的分立、合并等。《商业银行法》规定，商业银行有下列变更事项之一的，应当经国务院银行业监督管理机构批准：

1. 变更名称；
2. 变更注册资本；
3. 变更总行或者分支行所在地；
4. 调整业务范围；
5. 变更持有资本总额或者股份总额百分之五以上的股东；
6. 修改章程；
7. 国务院银行业监督管理机构规定的其他变更事项。

更换董事、高级管理人员时，应当报经国务院银行业监督管理机构审查其任职资格。商业银行的分立、合并，适用《中华人民共和国公司法》的规定。商业银行的分立、合并，应当经国务院银行业监督管理机构审查批准。

（五）商业银行的接管

商业银行已经或者可能发生信用危机，严重影响存款人的利益时，国务院银行业监督管理机构可以对该银行实行接管。

接管的目的是对被接管的商业银行采取必要措施，以保护存款人的利益，恢复商业银行的正常经营能力。被接管的商业银行的债权债务关系不因接管而变化。

接管由国务院银行业监督管理机构决定，并组织实施。自接管开始之日起，由接管组织行使商业银行的经营管理权力。接管期限最长不得超过两年。

（六）商业银行的终止

商业银行因解散、被撤销和被宣告破产而终止。商业银行终止的原因有以下三种：

1. 商业银行因分立、合并或者出现公司章程规定的解散事由而解散

因分立、合并或者出现公司章程规定的解散事由而解散的，应当向国务院银行业监督管理机构提出申请，并附解散的理由和支付存款的本金和利息等债务清偿计划。经国务院银行业监督管理机构批准后解散。商业银行解散的，应当依法成立清算组，进行清算，按照清偿计划及时偿还存款本金和利息等债务。国务院银行业监督管理机构监督清算过程。

2. 商业银行因吊销经营许可证被撤销

商业银行因吊销经营许可证被撤销的，国务院银行业监督管理机构应当依法及时组织成立清算组，进行清算，按照清偿计划及时偿还存款本金和利息等债务。

3. 商业银行被宣告破产

商业银行不能支付到期债务，经国务院银行业监督管理机构同意，由人民法院依法宣告其破产。商业银行被宣告破产的，由人民法院组织国务院银行业监督管理机构等有关部

门和有关人员成立清算组,进行清算。

五、商业银行经营原则与业务规则

(一)经营原则

1. 安全性、流动性、效益性为经营原则

安全性是指银行资产免遭风险损失的能力。流动性是指银行能够及时应付对其应支付款项的各种要求的能力,如应付客户随时提存款、满足客户贷款要求的能力。效益性是指商业银行以营利为目的,以争取最大盈利为经营目标。

一方面,安全性与效益性存在着矛盾。商业银行只有在保证资产安全的基础上,追求利润最大化才有意义。另一方面,流动性与安全性是成正比关系的,流动性较强的资产,一般来讲是安全的,风险较小。对客户来说,流动性集中体现了银行的信用状况,体现了银行对客户提款和信贷要求的保证程度。

商业银行在进行经营决策时,必须安全性、流动性、效益性兼顾,形成自主经营,自担风险,自负盈亏,自我约束的经营机制。

2. 业务不受干涉原则

商业银行依法开展业务,自主经营,自担风险,自负盈亏,自我约束,不受任何单位和个人的干涉。

3. 独立承担民事责任原则

商业银行是独立经营、自负盈亏的金融企业法人,应以其全部法人财产对其经营活动独立承担民事责任。

4. 平等、自愿、公平、诚实信用原则

商业银行与客户是一种合同关系,双方的法律地位平等。双方的业务往来应当遵循平等、自愿、公平、诚实信用的原则。平等是指商业银行与客户双方法律地位平等。自愿是指商业银行与客户基于自己的真实意愿作出意思表示。公平是指商业银行与客户在业务往来中权利义务基本相一致,没有出现双方权利义务失衡的状况。诚实信用是指商业银行与客户在业务往来中无欺诈行为,无违反协议之过错,无损害对方利益的企图和结果。

5. 保障存款人利益原则

保护存款人利益是现代银行法的立法目的之一。保障存款人的合法权益不受任何单位和个人的侵犯。存款人为银行提供了主要的信贷资金来源,银行资产的绝大部分由存款人存款构成,银行依赖于存款人而存在。如果银行不能取得存款人的充分信任,便可能引起存款人的恐慌而发生挤兑,导致银行破产。存款人对银行的信心是金融秩序稳定的重要因素,没有存款人的合作与支持,银行难以生存。所以可以说,保护存款人利益,也就是保护银行自身。

6. 信贷安全原则

商业银行开展信贷业务,是商业银行的主要经营收入。从安全的角度出发,为防止违约风险,商业银行开展信贷业务,应当严格审查借款人的资信,实行担保,保障按期收回贷款。商业银行依法向借款人收回到期贷款的本金和利息,受法律保护。

7. 遵守法律、行政法规,不得损害国家利益及社会公共利益的原则商业银行开展业务,应当遵守法律、行政法规的有关规定,不得损害国家利益、社会公共利益。任何违反法律规定、损害国家和社会公共利益的行为均无效。

8. 公平竞争原则

商业银行是综合性金融机构,现已形成了各家金融机构之间竞争的局面。商业银行开展业务,应当遵守公平竞争原则,不得从事不正当竞争。不得有《反不正当竞争法》禁止的,以及有关金融法律、法规中禁止的不正当竞争行为。

9. 接受中央银行监督管理原则

商业银行依法接受国务院银行业监督管理机构的监督管理,但法律规定其有关业务接受其他监督管理部门或者机构监督管理的,依照其规定。

(二)商业银行业务基本规则

1. 存款业务规则

该规则包括:(1)商业银行办理个人储蓄存款业务,应当遵循存款自愿、取款自由、存款有息、为存款人保密的原则;(2)商业银行有权拒绝任何单位或个人查询、冻结、扣划个人储蓄存款和单位存款,但法律另有规定的除外;(3)商业银行应当按照中国人民银行规定的存款利率的上下限确定存款利率,并予以公告。不得违反规定提高或者降低利率以及采用其他不正当手段吸收存款;(4)商业银行应当按照中国人民银行的规定,向中国人民银行交存存款准备金,留足备付金;(5)商业银行应当保证存款本金和利息的支付,不得拖延、拒绝支付。

2. 贷款业务规则

商业银行根据国民经济和社会发展的需要,在国家产业政策指导下开展贷款业务。贷款业务规则内容包括:(1)商业银行贷款,应对借款人的借款用途、偿还能力、还款方式等情况进行严格审查,实行审贷分离、分级审批制度;(2)商业银行贷款,借款人应当提供担保;(3)商业银行贷款,应当与借款人订立书面合同;(4)商业银行应当按照中国人民银行规定的贷款利率的上下限,确定贷款利率;(5)商业银行贷款,应当遵守资产负债比例管理的规定;(6)商业银行不得向关系人发放信用贷款;向关系人发放担保贷款的条件不得优于其他借款人同类贷款的条件;(7)借款人到期不归还担保贷款的,商业银行依法享有要求保证人归还贷款本金和利息或者就该担保物优先受偿的权利。商业银行因行使抵押权、质押权而取得不动产或股票,应当自取得之日起二年内予以处分。

3. 其他业务规则

商业银行在办理其他业务时应遵循下列原则:(1)商业银行在中华人民共和国境内不得从事信托投资和证券经营业务,不得向非自用不动产投资或者向非银行金融机构和企业投资,但国家另有规定的除外。(2)商业银行办理票据承兑、汇兑、委托收款等结算业务,应当按照规定的期限兑现,收付入账,不得压单、压票或者违反规定退票。有关兑现、收付入账期限的规定应当公布。(3)商业银行发行金融债券或者到境外借款,应当依照法律、行政法规的规定报经批准。(4)同业拆借,应当遵守中国人民银行的规定。禁止利用拆入资金发放固定资产贷款或者用于投资。(5)商业银行不得违反规定提高或者降低利率以及采用其他不正当手段,吸收存款,发放贷款。(6)企业事业单位可以自主选择一家商业银行的营业场所开立一个办理日常转账结算和现金收付的基本账户,不得开立两个以上基本账户。(7)商业银行的营业时间应当方便客户,并予以公告。(8)商业银行办理业务,提供服务,按照规定收取手续费。

4. 商业银行工作人员规则

这一规则要求商业银行工作人员应当遵守法律、行政法规和其他各项业务管理的规定,不得有下列行为:(1)利用职务便利,索取、收受贿赂或者违反国家规定收受各种名义的回扣、手续费;(2)利用职务便利,贪污、挪用、侵占本行或者客户资金;(3)违反规定徇私和向亲属、朋友发放贷款或者提供担保;(4)在其他经济组织中兼职;(5)泄露其在任职期间知悉的国家秘密、商业秘密;(6)违反法律、行政法规和业务管理规定的其他行为。

六、法律责任

商业银行违反业务规则,对存款人或者其他客户造成财产损害的,应当承担支付迟延履行的利息以及其他民事责任。

(一)无故拖延、拒绝支付存款本金和利息的;

(二)违反票据承兑等结算业务规定,不予兑现,不予收付入账、压单、压票或者违反规定退票的;

(三)非法查询、冻结、扣划个人储蓄存款或者单位存款的;

(四)违反本法规定对存款人或者其他客户造成损害的其他行为。

有其他违法行为的,由中国人民银行对商业银行的违法行为责令改正、没收违法所得,并可处以罚款。情节特别严重或者逾期不改正的,中国人民银行可以建议国务院银行业监督管理机构责令停业整顿或者吊销其经营许可证;构成犯罪的,依法追究刑事责任;

商业银行对其工作人员的违法行为,可以给予纪律处分,造成损害的,应当承担相应的赔偿责任,构成犯罪的,依法追究刑事责任。

任务4 外汇管理法律制度

一、外汇及外汇管理

外汇是指以外国货币表示的,可用于国际清偿的支付手段和资产。根据《外汇管理条例》的规定,外汇包括外国货币,包括纸币、铸币;外币支付凭证,包括票据、银行存款凭证、邮政储蓄凭证等;外币有价证券,包括政府债券、公司债券、股票等;特别提款权;其他外汇资产。根据外国货币在国际结算中的作用程度和能否在国际金融市场自由买卖,可将外汇分为自由外汇和记账外汇。自由外汇是指在国际金融市场上可自由兑换成其他国家货币,可以向第三国办理支付的外汇。目前在国际上可以自由兑换的外汇有:美元、英镑、日元、马克、瑞士法郎、港元、法国法郎等。记账外汇又称双边外汇,是指未经管汇当局批准不能自由兑换成其他国家货币的外汇。这种外汇只能用于贸易协定国双方之间的双边清算。

外汇管理是指国家通过法令形式对所辖境内的外汇收支、兑换、转移和汇价等实行的管理。外汇管理亦称外汇管制。国家实行外汇管理的目的是为了维护本国货币的汇价,减少国际收支逆差,增加外汇收入,保持国际收支平衡,保证本国经济独立自主地发展。由于各国经济发展水平不同,各国对外汇管制的范围也有所差别,但总的来讲外汇管制的范围主要包括:贸易外汇管制、非贸易外汇管制、资本输出输入管制、外汇汇率管制、外币存款账户管制和黄金输出输入管制等。

我国外汇管理法规主要是国务院颁布的《中华人民共和国外汇管理条例》。

二、外汇管理的主管机构及主要内容

(一)外汇管理的主管机构

国务院外汇管理部门及其分支机构(以下统称外汇管理机关),依法履行外汇管理职责。

(二)外汇管理的基本内容

1. 金融机构经营外汇业务,必须经外汇管理机关批准。
2. 在我国境内,除法律另有规定外,境内机构的经常项目外汇收入都必须及时调回境内,并应当按照国务院关于结汇、售汇及付汇管理的规定卖给外汇指定银行,或者经批准在外汇指定银行开立外汇账户。境内机构的资本项目外汇收入,除国务院另有规定外,应当调回境内。并应当按照国家有关规定在外汇指定银行开立外汇账户;卖给外汇指定银行的,须经外汇管理机关批准。
3. 在我国境内,禁止外币流通,并不得以外币计价结算。
4. 人民币汇率,由市场供求关系决定,参考一篮子货币进行调节,有管理的浮动汇率制。

三、外汇结汇制度、售汇制度与付汇制度

(一)外汇收入的结汇制度

结汇制度是指境内所有企事业单位、机关和社会团体按照银行挂牌汇率,将收入外汇售予银行折算成本国货币的管理制度。

境内机构因交易、招投标、经营免税商品、代理服务、外汇规费或罚没款、对外索赔等行为收入的外汇均须按银行挂牌汇率全部结售给外汇指定银行。

(二)外汇支出的售汇制度

售汇制度是指企业的进口用汇用人民币到银行购买、办理对外支付的制度。

根据《结汇、售汇及付汇管理暂行规定》,境内机构需用外汇,应根据国家规定的具体用汇项目,分别持有关的相应凭证到外汇指定银行兑付。

(三)付汇制度

付汇制度是指所有对外支付外汇应遵守的制度。

所有对外支付,有外汇账户的且支付用途符合外汇账户规定的使用范围的,首先使用其外汇账户余额;外汇账户使用范围以外的付汇及没有外汇账户或账户余额不足的方可购汇。从外汇账户中支付,开户银行应根据规定的外汇账户收支范围进行审核,办理支付。

四、违反外汇管理的法律责任

(一)逃汇的法律责任

逃汇是指境内机构或个人逃避我国外汇管理,将应该上交或售给国家的外汇私自保存、转移、买卖、使用等违法行为。

有违反规定将境内外汇转移境外,或者以欺骗手段将境内资本转移境外等逃汇行为的,由外汇管理机关责令限期调回外汇,处以罚款;情节严重,构成犯罪的,依法追究刑事责任。

(二)套汇的法律责任

套汇是指境内机构或个人,采取各种方式私自向他人用人民币或物资换取外汇或外汇收益,套取国家外汇的行为。

有违反规定以外汇收付应当以人民币收付的款项,或者以虚假、无效的交易单证等向经营结汇、售汇业务的金融机构骗购外汇等非法套汇行为的,由外汇管理机关责令对非法套汇资金予以回兑,处以罚款;情节严重,构成犯罪的,依法追究刑事责任。

(三)扰乱外汇秩序的法律责任

扰乱外汇秩序是指违反规定,擅自经营或扩大范围经营外汇业务,擅自发行外币债券和在境内使用外汇、经营外汇业务的金融机构违反人民币汇率管理、外汇存贷款利率管理或者外汇交易市场管理的的违法行为。

对扰乱金融的行为,可以采取责令停止经营外汇业务、没收非法所得、罚款等处罚措施。情节严重的,由外汇管理机关责令整顿或者吊销经营外汇业务许可证。对直接负责的主管人员和其他直接责任人员,应当给予纪律处分;构成犯罪的,依法追究刑事责任。

☞小结

本项目主要介绍了《中国人民银行法》、《商业银行法》、《外汇管理条例》等法律规范。重点应掌握中国人民银行的职责;商业银行的设立条件、业务范围;我国的外汇制度。

☞实务训练

一、案例分析示范

1. 案情介绍

上海市第七建筑工程公司诉交通银行海南分行存款被冒领损害赔偿纠纷案。原告上海市第七建筑工程公司在被告交通银行海南分行出开户存款。11月4日,犯罪嫌疑人利用伪造的财务专用印章和私章向被告出具证明,购买转账支票一本;并于11月9日,又利用伪造的印章开立了转账支票交给被告,从原告的公司账户上划走人民币65.7万元。原告以被告交通银行海南分行没有尽到严格审查印鉴的义务,致使原告遭受损失为由,向人民法院提起诉讼。

2. 问题:法院应如何判决?

3. 法律评析

海口市新华区人民法院认为：

原告建筑公司在被告海南交行处开户存款，双方的权利、义务关系明确。海南交行既然接受了建筑公司的存款，就有义务保障该存款的安全。建筑公司的存款现已被他人冒领，说明海南交行没有尽到自己的责任，是有过错的。依照《民法通则》第106条规定，海南交行对建筑公司被冒领的65.7万元存款，以及该存款按活期存款利率应得的利息，给予赔偿。

折角核对是现行《银行结算会计核算手续》规定的鉴别印章真伪方法。该规定属于银行内部规定，只对银行工作人员有约束作用。被告海南交行以其工作人员已经按照规定履行了折角核对的工作制度，没有发现印章是伪造的，对存款被冒领主观上没有过错为由，拒绝承担赔偿责任，理由不能成立。

综上，海口市新华区人民法院于判决：

被告海南交行于本判决生效之日起10日内，赔偿原告建筑公司65.7万元，并偿付从11月9日起至该款还清之日止按银行同期活期存款利率计付的利息。

诉讼费12930元，由被告海南交行负担。一审宣判后，双方当事人均未上诉。

二、案例分析练习

原告定边县塑料制品厂以"留行待取"的方式向被告中国工商银行咸阳市支行营业部汇入一笔款项4.8万元。但该笔款项被一持伪造证件者取走。原告发现自己的款项被取走后，随即报案，该案未能破获。原告向法院提起诉讼要求被告承担赔偿责任。被告以自己尽到注意义务为由要求免责。

一审法院根据中国人民银行关于"留行待取"的解释，被告负有查验取款人相关证件真实性的义务，而被告并没有严格审查取款人是否是汇款单位委派来办理解付手续的人员，致使汇款被他人冒领，应该承担赔偿义务。一审法院判决被告赔偿原告4.8万元，原告货款利息损失自己负担。二审法院认为，被告查验了取款人相关证件，但由于取款人伪造技术高超，使被告未能发现系伪造证件，被告无过错。判决撤销一审判决，由原告自己承担责任。

原告申请再审。问：再审法院应如何判决？

三、思考题

1. 人民银行的职责有哪些？
2. 商业银行的设立条件有哪些？
3. 什么是外汇？外汇管理的主要内容是什么？

项目十三 票据法

✹ 案例导入

出票人甲将票据交付给受款人乙,乙通过背书将票据转让给丙,丙又将票据转让给丁,丁又将票据转让给戊,戊为最后持票人。

✹ 任务引入

什么是票据的前手和后手?这样的区分有何意义?

任务1 票据法概述

一、票据法的概念

(一)票据的概念

票据有广义和狭义之分。广义上的票据包括各种有价证券和凭证,如股票、国库券、债券、提单、仓单、车票、船票、机票、股票等;狭义上的票据是指出票人签发的,约定由自己或指定他人,在一定时间、一定地点按票面所载文义无条件支付一定金额给收款人或持票人的有价证券。票据法对票据作狭义的理解。我国票据法上所称的票据,是指汇票、本票、和支票。

(二)票据的特征

1. 票据是完全有价证券

票据权利的发生需要当事人将其作成有价证券,票据的转让需要向受让方交付证券为先决条件;持有人向债务人行使权利须向债务人出示票据。票据权利的转移以交付票据为前提。由此可以看出,票据与股票、债券和提单等证券不同,后者在登记权利的情况下,即使证券丢失也可以通过查找票据发行的存根证实权利人的身份。

2. 票据是要式证券

票据是依法签发的有价证券,票据必须符合法定的格式,具备必要的形式和内容才能产生票据法上的效力。

3. 票据是无因证券

票据的无因性是指票据只要具备法定条件,票据权利、票据义务随之产生,票据权利的行使和票据义务的履行,可以不问设立票据的原因。

4. 票据是债权证券

票据的持票人享有向票据上的债务人请求支付票据金额的请求权及追索权,这种兑付请求权和追索权本质上都是债权,因此票据也被称为是一种金钱债权证券。

5. 票据是文义证券

所谓文义证券是指该有价证券的权利义务只按证券上所载明的文字意义决定,而不得以票据记载以外的任何事由,改变票据效力。

6. 票据为流通证券

票据作为有价证券的一种,应当具有流通性,既可以通过背书或交付的方式进行转让。流通性是票据的重要特征,它使票据的功能和作用得到了加强。

(三)票据法概念、特征

1. 票据法的概念

票据法是指调整票据关系以及与票据关系有关的其他社会关系的法律规范的总称。票据法是规范票据的种类、形式、内容以及各当事人之间权利义务关系的法律规范。票据法有广义和狭义之分。广义上的票据法是指各种有关票据法律规范的总称。狭义上的票据法仅指《中华人民共和国票据法》。

我国票据立法主要包含《中华人民共和国票据法》,《票据管理实施办法》和《支付结算办法》。

2. 票据法的特征

尽管票据法在各国立法体例和内容上有所差别,但基于票据实践的规律,和票据法规则的作用,我国及其他各国票据法都具有以下特征:

(1)票据法具有强行性

票据法虽然属于民商法的部门法,但其对于民商法中的任意规范采用较少,票据法中的规定几乎都是强行性规范。首先,票据法严格规定票据类型;其次,票据法采用严格的要式行为规则;再次,票据法奉行文义性和无因性等均体现了这一特征。

(2)票据法具有技术性

法律中的某些规范往往体现特定社会道德伦理的价值取向,反映法律和社会伦理观念的一致性。而票据法的规范更多考虑的是交易方便、繁荣市场的技术上的要求,更强调的是一种技术性规范。如票据文义性规定、无因性规定和背书的规定,追求的是票据权利义务的确定和票据流转的快捷、迅速。

(3)票据法具有公法性

票据法是调整平等主体之间因票据而产生的社会关系，性质上属于私法的范畴。但国家为了保障票据规则的强制性，维护交易安全，在票据法中规定大量公法性规范。如禁止伪造、变造票据，关于票据时效和票据透支的规定等体现了票据法的公法性。

(4) 票据法具有国际统一性

票据法虽然属于国内法，但从立法内容和发展趋势上看，却具有较强的国际统一性。

在立法内容上，基于票据跨地区或跨国使用的要求，多数国家在票据基本制度上具有统一性或相似性，形成了统一的票据法公约，以促进票据国际间的流通。

二、票据法律关系

(一) 票据法律关系的概念

票据法律关系是指票据当事人之间在票据的签发和转让等过程中发生的权利义务关系。

票据法律关系可分为票据关系和票据法上的非票据关系。票据关系是指当事人之间基于票据行为而发生的债权债务关系，是票据当事人之间的基本法律关系。票据法上的非票据关系则是指不是基于票据行为直接发生的而与票据相关的法律关系。为了保障票据关系中权利义务的实现，当事人之间发生的权利义务关系即为非票据关系。

(二) 票据上的当事人

票据上的当事人可分为基本当事人和非基本当事人。基本当事人是指在票据发行时就存在的当事人。非基本当事人则是指在票据发出后，通过各种票据行为而加入票据关系中成为票据当事人的人。从票据所体现的法律关系看，票据当事人可分为债权人和债务人。

1．基本当事人

(1) 出票人

出票人是依法开立票据并交付给他人的人，又称发票人。票据一经开立，出票人即对受款人及正当持票人承担在票据被提示时，付款人一定付款或承兑的保证责任。

(2) 付款人

付款人是指根据出票人的命令支付票据的人。付款人的义务即为支付票款。票据一经承兑，表示承兑人同意出票人的支付命令，自然要承担到期付款的责任。

(3) 受款人

受款人就是受领票据所规定金额的人。受款人有权请求付款人付款。受款人的请求如遭拒绝，他有权向出票人追索。

2．非基本当事人

(1) 背书人

背书人是指经背书将票据转让给他人的人。受让票据者成为被背书人。票据在经过背书转让后，票据上的权利由背书人转让给了被背书人。

(2) 参加付款人

参加付款人是指付款人以外的向持票人付款的人。参加付款人参加付款的目的是保证票据上债务人的信用。

(3) 参加承兑人

参加承兑人是指非票据债务人在票据提示后,遭到拒绝承兑或无法获得承兑时,作成参加承兑行为而加入票据关系的人。

(4)保证人

保证人是指非票据债务人对于出票人、背书人、承兑人或参加承兑人作为保证而加入票据关系的人。保证人负有与被保证人同样的义务。但已履行债务的保证人,有权向被保证人行使追索权。

三、票据行为

(一)票据行为的概念及特征

1. 票据行为的概念

票据行为有广义和狭义之分。狭义的票据行为是指能产生票据债权债务关系的要式法律行为,主要包括出票、背书、承兑、参加承兑、保证、保付等。广义的票据行为是指以发生、变更或消灭票据债权债务关系为目的的法律行为,除了包括上述狭义的六种票据行为外,还包括付款、参加付款、见票、划线、涂销等票据行为。

票据行为可分为两类:基本票据行为(主票据行为)和附属票据行为(从票据行为)。所有的票据行为均以出票为其他票据产生的前提条件。因此,人们将出票行为称为主票据行为,将由主票据行为基础上产生的背书、承兑、参加承兑、保证、付款等行为称为从票据行为。当主票据行为有效时,从票据行为才能有效存在,当主票据行为因欠缺法定事项而无效,从票据行为即使具备了法定格式也不可能得到法律的保护。

2. 票据行为的特征

票据行为属于民事法律行为,具有民事法律行为的一般特征,但同时具有票据行为所特有的特征:

(1)票据行为具有要式性

票据行为的要式性表现在,票据行为是书面行为;票据行为是格式行为,不允许当事人自由决定或变更;票据行为人必须在票据上签章,否则票据不发生法律效力。因为票据行为的要式性,因此,票据被称为"要式证券"。

(2)票据行为具有文义性

票据行为的内容完全以票据上的文字记载为准,即使文字记载与实际情况不一致,也不允许当事人以票据上文字记载以外的证据对票据文字记载的内容作变更。因此,票据债权人或债务人仅对票据上记载的文义负责,均不得以票据文字记载以外的事项进行抗辩。

(3)票据行为具有无因性

票据行为多以买卖、借贷或其他原因关系为前提,票据行为一旦成立,就与其赖以产生的原因关系相分离,该原因关系有效与否,甚至存在与否都不会影响票据行为的效力。这种特性被称为票据行为的无因性。票据行为的无因性主要表现在票据行为效力的独立性和持票人不用证明给付原因就可行使票据权利。

(4)票据行为具有独立性

票据行为的独立性是指在同一票据上有多种票据行为存在时,各种票据行为依据各自在票据上所记载的文义内容,独立发生效力,不受其他票据行为的影响。一种票据行为的无效,不影响同一票据上其他票据行为的效力。票据行为的独立性保证了票据具有良好的流通性。

(二)票据行为成立的要件

票据行为是一种要式法律行为,它的成立除要具备一般法律行为所应具备的要件外,还应具备票据法所规定的要件。票据行为应具备以下要件:

1. 票据行为的实质要件

(1)票据行为人具有票据能力

票据行为人的票据能力,包括票据权利能力和票据行为能力。所谓票据权利能力,是指票据当事人依法可以享有票据权利、承担票据义务的资格;所谓票据行为能力,是指票据当事人依法以票据行为,享受票据权利承担票据义务的资格。票据行为人应具有从事票据行为的权利能力和行为能力。法律允许其使用票据的,都认为具有票据权利能力。

《票据法》把限制民事行为能力人和无行为民事行为能力人都规定为无票据行为能力人。《票据法》第6条规定:无民事行为能力人或限制民事行为能力人在票据上签章的,其签章无效。

法人的票据行为能力与法人的民事行为能力是一致的。法人的票据行为能力是通过法人的法定代表人的行为实现的。《票据法》第7条规定:法人和其他使用票据的单位在票据上的签章,为该法人或者该单位的盖章加其法定代表人或者其授权的代理人的签章。

(2)票据行为人的意思表示真实

意思表示是票据行为不可缺少的要件。民法中要求行为人的意思表示必须真实,原则上也适用于票据行为。但由于票据行为具有文义性、无因性及流通性的特征,票据行为在对意思表示真实的具体适用上又有一定的特殊性。即以行为的外观来确定票据行为的效力,只要在外观上足以使人相信行为人的意思表示是真实的,票据行为即为有效。

只要行为人在票据上签章,票据上的记载即为行为人真实的意思表示。以欺诈、盗窃或胁迫等手段取得票据的,不得享有票据权利。

(3)票据行为的合法性

票据行为的合法性分包括票据内容合法和票据形式合法两个方面。票据行为合法,一般只要求票据行为的形式合法。

2. 票据行为的形式要件

票据行为的形式应采用书面形式。票据行为的形式要件主要包括:票据记载、票据签章、票据交付。

(1)票据记载

票据的记载事项由票据法统一规定,分必要记载事项、任意记载事项和不得记载的事项三类。

必要记载事项包括绝对必要记载事项和相对必要记载事项。其中《票据法》规定的绝对必要记载事项有:票据种类,无条件支付的委托,票据金额,收款人名称,出票日期,付款人名称,和出票人签章等;《票据法》规定的相对必要记载事项有:付款日期、付款地、出票地等。

任意记载的事项是指票据行为人可以选择是否在票据上记载的事项,记载即具有票据法上的效力，不记载也不影响票据的效力。如票据的保证等就属于任意记载事项。

不得记载的事项是指票据行为人不得在票据上记载的事项或内容，如果记载了，也不会产生票据法上的效力。如背书不得附有条件，背书附有条件的所附条件不具有票据法上的效力。

（2）票据签章

根据票据法规定，票据签章是票据行为的必要条件。按照法定条件在票据上签章的票据当事人，依法应按照票据所记载的事项承担票据责任。

票据上的签章，为签名、盖章或者签名加盖章。票据当事人是自然人的由自然人签章，票据当事人是法人或单位的由法人或单位签章。法人和其他使用票据的单位在票据上的签章，为该法人或者该单位的盖章加其法定代表人或者其授权的代理人的签章。在票据上的签名，应当为该当事人的本名。

（3）票据交付

票据交付是指票据行为人将记载完毕的票据交给持票人持有的法律行为。票据交付是行为人以权利转让的意思将票据转移给他人占有的行为。票据交付是票据行为成立的必要的形式要件，在出票、背书等具体票据行为中得到体现。

（三）票据行为的代理

1. 票据行为代理的概念

票据行为是一种特殊的民事法律行为，也可以由代理人代理。票据行为代理适用民法通则有关代理的法律规定。票据代理人以被代理人的名义在代理权限内所为的行为，后果由被代理人承担。

我国《票据法》第5条规定，票据当事人可以委托其代理人在票据上签章，并应当在票据上表明其代理关系。因此，票据行为代理要求票据上必须有被代理人的姓名或名称；票据上必须表明代理的意思；票据上必须有代理人的签章。

2. 无权代理

没有代理权而以代理人的名义在票据上签章的，属于无权代理，应当由签章人承担票据责任。签章人应向持票人承担支付票据金额义务。如果签章人拒绝承担支付责任，除非他能举证其签章行为具有委托代理关系，并且是在代理权限内所为的行为，否则就应承担票据责任。

3. 越权代理

票据行为代理人超越代理权限的，属于越权代理。代理人应当就其超越权限部分承担票据责任，在权限范围内的代理行为继续有效。

四、票据权利

（一）票据权利的概念和特征

票据权利是指持票人向票据债务人请求支付票据金额的权利。根据《票据法》第4条第4款的规定，票据权利包括付款请求权和追索权。

票据权利具有以下特征：

1. 票据权利是票据持票人向票据债务人行使的一种权利

票据为完全有价证券,票据权利附随在票据之上,行使票据权利,必须以持有并提示票据为前提,不持有票据则无法行使票据权利。所以票据权利只能是持票人享有的权利。票据权利是持票人向票据债务人所行使的请求权。

2. 票据权利是一种单纯的金钱给付请求权

票据是金钱债权证券,票据权利属于金钱债权,但它与一般的金钱债权有所不同。票据权利是以获得一定金钱为目的的债权,表现为请求支付一定数额货币的权利。

3. 票据权利是双重请求权

票据权利包括付款请求权和追索权两种权利。一般的金钱债权是一种简单的一次性请求权,而票据权利则体现为二次请求权。第一次请求权是付款请求权,第二次请求权为追索权。我国《票据法》规定票据权利具有双重请求权,目的在于保护票据权利人的利益,促进票据的流通,维护票据活动的安全。

(二)票据权利的种类

1. 付款请求权

付款请求权是持票人享有的,向票据主债务人或其他付款义务人请求支付票据上所载款项的权利。

2. 追索权

当第一次请求权不能实现,债权人可以行使第二次请求权即追索权。追索权是持票人在保全票据权利的基础上,向其前手请求支付票据金额及其他法定款项的权利。追索权只有在持票人行使付款请求权遭到拒绝时,方能行使。追索权行使的对象包括出票人、背书人、汇票和本票的保证人等。

(三)票据权利的取得

票据权利的取得,亦称票据权利的发生。票据权利是以持有票据为依据的。因此,行为人合法取得票据,即取得了票据权利。

1. 票据权利取得的条件

(1)持票人取得票据必须给付对价

《票据法》第10、11条规定,票据的取得,必须给付对价,即应当给付票据双方当事人认可的相对应的代价。但是,因税收、继承、赠与可以依法无偿取得票据的,不受给付对价的限制。

(2)持票人取得票据的手段必须合法

以欺诈、偷盗或者胁迫等手段取得票据的,或者明知有以上情形,出于恶意取得票据的,也不得享有票据权利。持票人因重大过失取得不符合法律规定的票据的,也不得享有票据权利。

(3)持票人取得票据时必须是善意

《票据法》第10条规定,票据的签发、取得和转让,应当遵循诚实信用的原则,具有真实的交易关系和债权债务关系。

2. 票据权利取得的方式

(1)根据当事人取得票据的原因不同,将票据权利的取得方式分为:

①因出票而取得。出票是创设票据权利的票据行为。从出票人处取得票据,即取得票据权利。

②因转让而取得。票据可以通过背书、交付等法定方式转让给他人,以此取得票据即获得票据权利。

③依税收、继承、赠与、企业合并等方式获得票据。

(2)根据当事人取得票据的主观状态不同,将票据权利的取得方式分为:

①善意取得

善意取得是指持票人取得票据时不知或不应当知道转让票据者无权处分票据而取得票据的。

票据的善意取得,必须具备以下条件:

1)持票人必须是从无处分票据权利的人手中取得票据。

2)持票人必须是依票据法上的票据转让方式取得票据。

3)持票人取得票据时必须是善意的。

4)持票人必须是付出了相当代价而取得票据。

②恶意取得

恶意取得是指票据取得人明知或应当知道转让票据者无权处分票据而取得票据的。票据善意取得人在支付了相当的对价,可取得票据权利。票据恶意取得人不得取得票据权利。

(四)票据权利的消灭

票据权利的消灭是指因发生一定的法律事实而使票据权利不复存在。票据权利消灭之后,票据上的债权、债务关系也随之消灭。

票据权利的消灭有两种情况:第一种是因付款而消灭;第二种是因时效而消灭。

1.付款

持票人要求付款人付款,首先要提示票据。付款人应对票据进行审查。如审查背书是否连续,背书、承兑记载是否符合法定形式。但对背书签名是否真实,持票人是否票据权利人不负认定责任。付款人应于票据到期日付款,并要求持票人交回票据。付款后票据权利消灭。

2.时效届满

根据我国《票据法》第17条规定,票据法确立了票据权利的消灭时效。票据权利因在一定期限内不行使而消灭的情形主要有四种:

第一,持票人对票据的出票人和承兑人的权利,自票据到期日起2年。见票即付的汇票、本票,自出票日起2年。

第二,持票人对支票出票人的权利,自出票日起6个月。

第三,持票人对前手的追索权,在被拒绝承兑或者被拒绝付款之日起6个月。

第四,持票人对前手的再追索权,自清偿日或者被提起诉讼之日起3个月。

持票人因超过票据权利时效而丧失票据权利的,仍享有民事权利,可以请求出票人或者承兑人返还其与未支付的票据金额相当的利益。

(五)票据权利的行使与保全

票据权利的行使是指票据债权人向票据债务人提示票据,请求行使票据权利的行为。如:请求承兑、请求定期付款、行使追索权等。票据权利的保全是指票据权利人防止票据权利丧失的行为,如为防止付款请求权与追索权因时效而丧失,采取中断时效的行为;为防止追索权丧失而请求作成拒绝证明的行为等。

关于票据权利行使与保全的时间和地点。由于票据是一种流通证券,转让较为频繁,票据到期时债权人又难于确认,关于票据权利行使与保全的时间和地点,《票据法》第 16 条规定:"持票人对票据债务人行使票据权利,或者保全票据权利,应当在票据当事人的营业场所和营业时间内进行,票据当事人无营业场所的,应当在其住所进行。"

五、票据抗辩

(一)票据抗辩的概念

票据抗辩是指票据的债务人依照票据法的规定,对票据债权人拒绝履行义务的行为。票据抗辩是票据债务人的一种权利,是债务人保护自己的一种手段。票据债务人应当履行票据债务,不得无故拒绝履行,只有当出现票据欠缺法定形式要件或者持票人取得票据手段不合法等法定事由时,票据债务人才可行使票据抗辩。

(二)票据抗辩的种类

根据票据抗辩原因以及抗辩效力的不同,票据抗辩可分为物的抗辩和人的抗辩两大类。

(1)物的抗辩

这是指基于票据本身的内容而发生的事由所进行的抗辩。这一抗辩可以对任何持票人提出。其主要包括以下情形:

①票据行为不成立而为的抗辩。如票据应记载的内容有欠缺;票据债务人无行为能力;背书不连续;持票人的票据权利有瑕疵(如因欺诈、偷盗、胁迫、恶意、重大过失取得的票据)等。

②依票据记载不能提出请求而为的抗辩。如:票据到期,付款地不符等。

③票据载明的权利已消灭或失效而为的抗辩。如:票据债权因付款、抵销、提存、免除、时效届满而消灭等。

④票据权利的保全手续欠缺而为的抗辩。如:应作成拒绝证书而未作等。

⑤票据上有伪造、变造情形而为的抗辩。

(2)人的抗辩

这是票据债务人对抗特定债权人的抗辩。它是基于票据当事人之间的关系而发生的。《票据法》第 13 条第 2 款规定:"票据债务人可以对不履行约定义务的与自己有直接债权债务关系的持票人,进行抗辩。"

(三)票据抗辩的限制

我国《票据法》第 13 条第 1 款规定:"票据债务人不得以自己与出票人或者与持票人的前手之间的抗辩事由,对抗持票人。但是,持票人明知存在抗辩事由而取得票据的除外。"根据这一规定,我国票据法中对票据抗辩的限制主要表现在以下方面:

1. 票据债务人不得以自己与出票人之间的抗辩事由对抗持票人。
2. 票据债务人不得以自己与持票人的前手之间的抗辩事由对抗持票人。

上述两种对票据抗辩的限制实际是把票据债务人与出票人之间存在的抗辩以及票据债务人与其前手债权人(持票人的前手)之间所存在的抗辩限制在他们之间,而不允许将这些抗辩扩大到其他人。这主要在于保证票据作为一种流通和支付工具的正常使用和流通,不致使票据权利人缺乏安全感而无端造成善意持票人的经济损失。但是,如果持票人明知票据债务人与出票人之间存在抗辩以及票据债务人与出票人之间存在抗辩,这表明持票人具有主观恶意,票据债务人可以对其主张抗辩,拒绝付款。在此情况下,票据债务人应对持票人的恶意行为承担举证责任。

3. 凡是善意的已付对价的正当持票人可以向票据上的一切债务人请求付款,不受前手权利瑕疵,前手相互间抗辩的影响。

4. 持票人取得的票据是无对价或不相当对价的,由于其享有的权利不能优于其前手的权利,故票据债务人可以对抗持票人前手的抗辩事由对抗该持票人。

六、票据丧失

(一)票据丧失的概念及构成要件

1. 票据丧失的概念

所谓票据的丧失,是指持票人并非出于自己的本意而丧失对票据的占有,简称失票。票据丧失又分为票据的绝对丧失与票据的相对丧失。票据的绝对丧失,又称为票据的灭失,是指票据作为物已消灭。票据的相对丧失,又称票据的遗失,是指票据权利人因遗失、被盗等原因脱离了对票据的占有。

2. 票据丧失的构成要件

票据丧失应具备以下要件:
(1)必须存在票据丧失的客观事实。包括票据的灭失或遗失。
(2)必须是票据权利人意志以外的原因造成票据丧失。如果是票据权利人故意损毁票据,则不构成票据丧失。
(3)所丧失的票据是有效票据。

(二)票据丧失的补救方法

票据是完全的有价证券,票据权利的产生、转移和行使都以票据的存在为必要。如果票据一旦丧失,票据权利人将无法行使票据权利。我国票据法规定了票据丧失后的补救措施主要有三种形式,即挂失止付、公示催告、普通诉讼。

采取补救措施必须符合以下三个条件:第一,必须有丧失票据的事实。第二,失票人必须是真正的票据权利人。第三,丧失的票据必须是未获付款的有效票据。如果是已付款,或者属于必要记载事项不全、或手续欠缺以及时效届满其权利已消灭的票据,均不得采取补救措施。

1. 挂失止付

挂失止付是指失票人将丧失票据的情况通知付款人并由接受通知的付款人暂停支付的

一种方法。我国《票据法》第15条第1款规定:"票据丧失,失票人可以及时通知票据的付款人挂失止付,但是,未记载付款人或无法确定付款人及其代理付款人的票据除外。"

《票据法》第15条第2款规定:"收到挂失止付通知的付款人,应当暂停支付。"依此规定,付款人对通知止付的票据,应承担停止付款的义务,否则,应承担民事赔偿责任。

2. 公示催告

公示催告是指在票据丧失后,由失票人向人民法院提出申请,请求人民法院以公告方法通知不确定的利害关系人限期申报权利,逾期未申报者,则权利丧失,而由人民法院通过除权判决宣告所丧失的票据无效的一种制度或程序。我国《票据法》第15条第3款规定:"失票人应当在通知挂失止付后3日内,也可以在票据丧失后,依法向人民法院申请公示催告。"

我国《民事法诉讼法》第18章规定了公示催告程序,该法第218条规定:"按照规定可以背书转让的票据持有人,因票据被盗、遗失或者灭失可以向票据支付地的基层人民法院申请公示催告。"法院受理公示催告后,应当立即通知支付人停止支付,并在通知后起3日内发出公告,催促利害关系人限期申报权利,公示催告的期间不得少于60日。

3. 票据诉讼

票据诉讼是指丧失票据的失票人向人民法院提起民事诉讼,要求法院判定付款人向其支付票据金额的活动。这种诉讼不同于公示催告,公示催告适用特别的民事诉讼程序,而票据诉讼适用一般民事诉讼程序。

《票据法》第15条第3款规定:"失票人应当在通知挂失止付后3日内,也可以在票据丧失后,向人民法院提起诉讼。"

七、票据的伪造和变造

1. 票据的伪造

票据的伪造是指假冒他人名义或虚构人的名义进行票据行为的行为。票据的伪造包括票据本身的伪造和票据上签章的伪造两种。前者是指假冒他人或虚构人的名义进行出票行为;后者则是指假冒他人名义而进行出票行为之外的其他票据行为,如伪造背书签章,承兑签章、保证签章等。

票据的伪造行为是一种扰乱社会经济秩序损害他人利益的行为,在法律上不具有任何票据行为的效力。由于其从一开始就是无效的,故持票人既使是善意取得,对被伪造人也不能行使票据权利。对伪造人而言,由于票据上没有以自己名义所作的签章,因此也不应承担票据责任。但是如果伪造人的行为给他人造成损害的,必须承担民事责任,构成犯罪的,还应承担刑事责任。

根据《票据法》第14条第2款之规定,票据上有伪造签章的,不影响票据上其他真实签章的效力。这就是说在票据上真正签章的人,仍应对被伪造的票据的债权人承担票据责任。票据债权人按票据法的规定提示承兑、提示付款或行使追索权时,在票据上真正签章人不能以伪造为由进行抗辩。

2. 票据的变造

票据的变造是指无权更改票据内容的人,对票据上签章以外的记载事项加以变更的行为。构成票据的变造,须符合以下条件:一是变造的票据是合法成立的有效票据。二是变造的内容是票据上所记载的除签章以外的事项;三是变造人无权变更票据的内容。

下列行为与票据的变造相似,但不属于票据的变造:

(1)有变更权限的人依法对票据进行的变更,这属有效变更,不属票据的变造;

(2)在空白票据上经授权进行补记的,由于该空白票据欠缺有效成立的条件,此等补记只是使票据符合有效票据的条件,不属票据的变造;

(3)变更票据上的签章的,属于票据的伪造,而不属于票据的变造。

根据《票据法》第14条第3款之规定,票据的变造应依照签章是在变造之前或之后来承担责任。如果当事人签章在变造之前,应按原记载的内容负责;如果当事人签章在变造之后,则应按变造后的内容负责;如果无法辨别是在票据被变造之前或之后签章的,视同在变造之前签章。但是,在实践中,变造人可能签章,也可能不签章,无论是否签章,都应就其行为承担法律责任。

尽管被变造的票据仍为有效,但是,票据的变造是一种违法行为,故变造人的变造行为给他人造成经济损失的,应承担赔偿责任。构成犯罪的,应承担刑事责任。

任务2 汇票

一、汇票的概念和种类

汇票是出票人签发的、委托付款人在见票时或者指定日期无条件支付确定的金额给收款人或者持票人的票据。

汇票可从不同角度作出不同分类:

(1)以付款期限长短为标准,汇票可分为即期汇票和远期汇票。

(2)以记载受款人的方式不同为标准,汇票可分为记名汇票和无记名式汇票。

(3)以签发和支付地点不同,汇票可分为国内汇票和国际汇票。

(4)以银行对付款的要求不同,汇票可分为跟单汇票和原票。

(5)以签发人为标准,汇票可分为银行汇票和商业汇票。这也是我国《票据法》的分类。银行汇票是指银行签发的汇票。商业汇票是指银行之外的企事单位、机关、团体等签发的汇票。

二、出票

(一)出票的概念

出票亦称发票。《票据法》第20条规定:"出票是指由出票人签发票据并将其交付给收款人的票据行为。"出票包括票据的签发和票据交付两种行为。

根据《票据法》第21条之规定,汇票的出票人必须与付款人具有真实的委托付款关系,并且具有支付汇票金额的可靠资金来源;汇票的出票人不得签发无对价的汇票用以骗取银行或者其他票据当事人的资金。出票人与付款人之间必须存在事实上的资金关系或者其他的债权债务关系。同时，出票人在出票时，对票据负有担保责任，且必须保证汇票在不被承兑或不获付款时必须具有足够的清偿能力。

(二)汇票的格式

汇票是一种要式证券，出票行为是一种要式行为，汇票的作成必须符合法定的格式。汇票的格式就是作成汇票后表现于汇票之上的内容。该内容可分为绝对记载事项、相对记载事项和非法定记载事项。

1. 汇票的绝对应记载事项

汇票的绝对应记载事项是指票据法规定必须在票据上记载的事项，若欠缺记载，票据便为无效。根据《票据法》第22条之规定，汇票上未记载以下七个方面事项之一的，汇票无效。具体内容如下：

(1)表明"汇票"的字样。这是指在票据上必须记载足以表明该票据是汇票的文字。

(2)无条件支付的委托。这表明出票人委托付款人支付汇票金额是不附带任何条件的。

(3)确定的金额。这是指汇票上记载的金额必须是固定的数额。

(4)付款人名称。付款人是指出票人在汇票上的委托支付汇票金额的人。付款人是汇票的主债务人，如果汇票上未记载付款人的名称，收款人或者持票人将不知道向谁提示承兑或提示付款。

(5)收款人名称。收款人是指出票人在汇票上记载的受领汇票金额的最初票据权利人。这种记载有利于汇票的转让和流通，减少纠纷的发生。

(6)出票日期。这是指出票人在汇票上记载的签发汇票的日期。出票日期在法律上具有重要的作用。既可以确定出票后定期付款汇票的付款日期;确定见票即付汇票的付款提示期限;确定利息起算日;确定某些票据权利的时效期限;确定保证成立之日期;判定出票人于出票时的行为能力状态以及代理人的代理权限状态等。

(7)出票人签章。这是指出票人在票据上亲自书写自己的姓名或盖章。

2. 汇票的相对应记载事项

这也是汇票上必须应记载的内容，但是，相对应记载事项未在汇票上记载，并不影响汇票本身的效力，汇票仍然有效。而该项未记载的事项可以通过法律的直接规定来补充确定。《票据法》第23条规定了这一内容，有以下几项：

(1)付款日期。这是指支付汇票金额的日期。关于付款日期，《票据法》第25条规定了4种形式，即见票即付，定日付款，出票后定期付款，见票后定期付款。当事人可以在汇票中约定付款日期，如无约定的视为见票即付。

(2)付款地。这是指汇票金额的支付地点。汇票上未记载付款地点的，付款人的营业场所、住所或者经常居住地为付款地。

(3)出票地。这是指出票人签发票据的地点。如果汇票上未记载，出票人的营业场所、住所地或经常居住地为出票地。

3. 汇票的非法定记载事项

这是指法律规定以外的记载事项。根据《票据法》第24条之规定，汇票上可以记载本法规定事项以外的其他出票事项，但是该记载事项不具有汇票上的效力。法律规定以外的事项主要是指与汇票发生有关的事项。如：签发票据的原因或用途，该票据发生的合同交易号码等。

（三）出票的效力

出票是以创设票据权利为目的的票据行为。所以，出票人依照票据法的规定完成出票行为之后，即产生票据上的效力。这一效力表现为创设票据权利和引起票据债务的发生，这种权利义务因汇票当事人的地位不同而有所区别。

1. 对收款人的效力。收款人取得出票人发出的汇票后，即取得票据权利，一方面就票据金额享有付款请求权，另一方面，在该请求权不能满足时，享有追索权。

2. 对付款人的效力。出票行为是单方行为，付款人并不因此而有付款义务，但基于出票人的付款委托，使付款人具有按票载金额向受款人付款的授权。付款人在对汇票进行承兑后，即成为汇票上的主债务人。

3. 对出票人的效力。出票人委托他人付款，一旦该行为成立，就必须保证该付款能得以实现。如果付款人不予付款，出票人就应该承担票据责任。

三、背书

（一）汇票转让与背书

汇票的转让是指汇票的持票人以背书或仅凭交付的方式而将票据权利让与他人的一种票据行为。票据权利与票据是不可分的，因而票据的转让也就是票据权利的转让。票据转让主要有背书交付和单纯交付两种。单纯交付是指持票人未在票据上作任何转让事项的记载而直接将票据交与他人的一种法律行为；背书交付是指持票人以转让票据权利为目的，按法定的事项和方式记载票据上的一种票据行为。我国《票据法》第27条第3款规定，"持票人行使第一款规定的权利时，应当背书交付汇票，"而该条第1款规定："持票人可以将汇票权利转让给他人或者将一定的汇票权利授予他人行使，"这表明，我国票据法规定的汇票转让只能采用背书的方式，而不能仅凭单纯交付方式，否则就不产生票据转让的效力。

根据《票据法》第27条第2款之规定，出票人在汇票上记载"不得转让"字样的，汇票不得转让。如果收款人或持票人将此类汇票背书转让，该转让不发生票据法上的效力。

（二）背书的形式

背书是一种要式行为，故其必须符合法定的形式，即其必须作成背书并交付，才能有效成立。现就有关汇票记载的事项作一说明：

1. 关于背书签章和背书日期的记载

《票据法》第29条规定："背书由背书人签章并记载背书日期。背书未记载日期的，视为在汇票到期日前背书。"背书人背书时，必须在票据上签章，背书才能成立，否则，背书行为无效。背书人签章是确定背书的债务人地位及其担保责任的依据，故此属绝对应记载事项。关于背书日期，其是相对应记载事项，因为，背书未记载日期的，视为在汇票到期日前背书。

2. 关于被背书人名称的记载

我国《票据法》第30条规定："汇票以背书转让或者以背书将一定的汇票权利授予他

人行使时,必须记载被背书人名称。"这一规定表明,我国票据法不承认不记名背书。被背书人名称是背书应记载之绝对事项。

3. 关于禁止背书的记载

背书人的禁止背书是背书行为的一项任意记载事项,如果背书人不愿意对其后手以后的当事人承担票据责任,即可在背书时记载禁止背书。

4. 关于背书时粘单的使用

《票据法》第28条规定:"票据凭证不能满足背书人记载事项的需要,可以加附粘单,粘附于票据凭证上。粘单上的第一记载人,应当在汇票和粘单的粘接处签章。"

5. 关于背书不得记载的内容

根据我国《票据法》第33条之规定,背书不得记载的内容有两项:一是附有条件的背书;二是部分背书。附有条件的背书是指背书人在背书时,记载一定的条件,以限制或者影响背书效力。根据《票据法》第33条第1款的规定,背书时附有条件的,所附条件不具有汇票上的效力。部分背书是指背书人在背书时,将汇票金额的一部分或者将汇票金额分别转让给二人以上的背书。

(三)背书连续

背书连续是指在票据转让中,转让汇票的背书人与受让汇票的被背书人在汇票上的签章依次前后衔接。这就是说,票据上记载的多次背书,从第一次到最后一次在形式上都是相连续而无间断。《票据法》第31条第1款规定:"以背书转让的汇票,背书应当连续。"这就是说,如果背书不连续的,付款人可以拒绝向持票人付款,否则付款人得自行承担责任。

(四)委托收款背书和质押背书

委托收款背书和质押背书属非转让背书,具有自己的特殊性,以下分别加以说明。

1. 委托收款背书

这是指持票人以行使票据上的权利为目的,而授予被背书人以代理权的背书。

根据《票据法》第35条第1款的规定,"背书记载委托收款字样的,被背书人有权代背书人行使被委托的汇票权利。但是,被背书人不得再以背书转让汇票权利。"

委托收款背书与其他背书一样,持票人依据法律规定的记载事项作成背书并交付,才能生效。按票据法的规定,背书人可以记载"委托收款"字样,但如果记载"因收款"、"托收"、"代理"等字样的,也应该认为有效。

2. 质押背书

这是指持票人以票据权利设定质权为目的而在票据上作成背书。

质押背书与其他背书一样,也必须依照法定的形式作成背书并交付。与此同时,根据《票据法》第35条第2款之规定,质押时应当以背书记载"质押"字样。但如果在票据上记载质押文句表明了质押意思的,如"为担保"、"为设质"等,也应视为其有效。

(五)法定禁止背书

法定禁止背书是指根据票据法的规定而禁止背书转让的情形。由于法律规定在某些情况下,汇票不得背书转让,因此,如果背书人将此类汇票以背书方式转让的,应当承担汇票责任。

《票据法》第36条规定:"汇票被拒绝承兑、被拒绝付款或者超过付款提示期限的,不得背书转让;背书转让的,背书人应当承担汇票责任。"

四、承兑

(一)承兑的概念

承兑是指汇票付款人承诺在汇票到期日支付汇票金额的票据行为。承兑是汇票特有的制度。汇票是一种出票人委托他人付款的委付证券。但是出票人的出票行为完成之后,由于其是一种单方法律行为,故对付款人并不当然产生拘束力,只有在付款人表示愿意向收款人或持票人支付汇票金额后,持票人才可于汇票到期日向付款人行使付款请求权。承兑明确付款人的付款责任,确定持票人票据权利的制度。

(二)承兑的程序

承兑的程序主要包括两个方面:一是提示承兑;二是承兑成立。以下分别加以说明。

1. 提示承兑

提示承兑是指持票人向付款人出示汇票,并要求付款人承诺付款的行为。根据我国《票据法》的有关规定,因汇票付款日期的形式不同,提示承兑的期限亦不一样。

(1)定日付款和出票后定期付款汇票的提示承兑期限。根据《票据法》第35条之规定,"定日付款或者出票后定期付款的汇票,持票人应当在汇票到期日前向付款人提出承兑。"因此,上述两类汇票的提示承兑期限实际是指从出票人出票日起至汇票到期日止。在此期间,持票人应当向付款人提示承兑,否则,即丧失对其前手的追索权。

(2)见票后定期付款汇票的提示承兑期限。根据《票据法》第40条第1款之规定,"见票后定期付款的汇票,持票人应当自出票日起1个月内向付款人提示承兑。"

(3)见票即付汇票的提示承兑问题。根据《票据法》第40条第3款之规定:"见票即付的汇票无需提示承兑。"这种汇票主要包括两种:一是汇票上明确记载有"见票即付"的汇票;二是汇票上没有记载付款日期,根据法律直接规定视为见票即付的汇票。我国的银行汇票,未记载付款日期,其属见票即付的汇票,该汇票无需提示承兑。

2. 承兑成立

(1)承兑的时间。持票人向付款人提示承兑后,付款人应决定是否承兑。为此,法律规定一个让付款人考虑的时间。根据我国《票据法》第41条第1款的规定:"付款人对向其提示承兑汇票,应当向自收到提示承兑的汇票之日起3日内承兑或者拒绝承兑。"

(2)接受承兑。这是指持票人向付款人提示承兑时,付款人需要向持票人办理的收取汇票的手续。《票据法》第41条第2款规定:"付款人收到持票人提示承兑的汇票时,应当向持票人签发收到汇票的回单。回单上应当记明汇票提示承兑日期并签章。"

(3)承兑的格式。这是指付款人办理承兑手续时需要在汇票上记载的事项和如何记载该等事项。《票据法》第42条规定:"付款人承兑汇票的,应当在汇票正面记载承兑字样和承兑日期并签章;见票后定期付款的汇票,应当在承兑时记载付款日期。""汇票上未记载承兑日期的,以前条第一款规定期限的最后一日为承兑日期。"根据这一规定,付款人办理承兑手续时,应在汇票上记载承兑的事项包括承兑文句、承兑日期、承兑人签章。在这三个记载事项中承兑文句和承兑人签章是绝对应记载事项，缺一不可，否则承兑行为无效。而承兑日期则属于相对应记载事项，即该项内容欠缺，承兑仍然有效，但应以法律的规定作为补充，即以付款人3天的承兑考虑时间的最后1天为承兑日期。

（4）退回已承兑的汇票。付款人依承兑格式填写完毕应记载事项后，并不意味着承兑生效，只有在其将已承兑的汇票退回持票人才产生承兑的效力。

（三）不单纯承兑

承兑有单纯承兑与不单纯承兑之分。前者是指付款人完全依汇票文义而不附加任何条件的限制或改变原汇票文义所为的承兑；后者系指付款人对原汇票文义或附加限制或予以变更所为的承兑。我国《票据法》不允许不单纯承兑。《票据法》第43条规定："付款人承兑汇票，不得附有条件；承兑附有条件的，视为拒绝承兑。"这里所指的附有条件的承兑即是指不单纯承兑。在票据法理论上，部分承兑，变更票据记载事项的承兑都属不单纯承兑的范畴。

（四）承兑的效力

承兑生效后，即付款人产生相应的效力。根据《票据法》第44条规定，"付款人承兑汇票后，应当承担到期付款的责任。"

五、保证

（一）保证的概念

这里所指的保证即是票据保证，即为票据债务人以外的第三人，以担保特定债务人履行票据债务为目的，而在票据上所为的一种附属票据行为。

（二）保证的当事人与格式

1. 保证的当事人

保证的当事人为保证人与被保证人。就保证人而言，根据《票据法》第45条第2款之规定，其由汇票债务人以外的他人担当。此外，根据《票据管理实施办法》第12条之规定，保证人应是具有代为清偿票据债务能力的法人，其他组织或个人；国家机关、以公益为目的的事业单位、社会团体、企业法人的分支机构和职能部门不得作为保证人；但是法律另有规定的除外。被保证人是指票据关系中已有的债务人，包括出票人、背书人、承兑人。

2. 保证的格式

这里指在办理保证手续时需要在汇票上记载的事项和如何记载该事项。根据《票据法》第46条之规定，在办理保证手续时，"保证人必须在汇票或粘单上记载下列事项：（1）表明保证的字样；（2）保证人名称和住所；（3）被保证人的名称；（4）保证日期；（5）保证人签章。"

（三）保证的效力

保证一旦成立，即在保证人与被保证人之间产生法律效力，保证人必须对保证行为承担相应的责任。

1. 保证人的责任

《票据法》第 49 条规定:"保证人对合法取得汇票的持票人所享有的汇票权利,承担保证责任。但是,被保证人的债务因汇票记载事项欠缺而无效的除外"。我国《票据法》第 50 条规定"被保证的汇票,保证人应当与被保证人对持票人承担连带责任。汇票到期后得不到付款的,持票人有权向保证人请求付款,保证人应当足额付款。"

2. 共同保证人的责任

共同保证是指保证人为二人以上的保证。《票据法》第 51 条规定:"保证人为二人以上的,保证人之间承担连带责任。"这就是说,在共同保证的情况下,持票人可以不分先后向保证人中的一人或者数人或者全体就全部票据金额及有关费用行使票据权利,共同保证人不得拒绝。

3. 保证人的追索权

这是指保证人在向持票人清偿债务后,依照法律规定取得持票人对保证人及被保证人之前手的偿还请求权。《票据法》第 52 条对此作了规定:"保证人清偿汇票债务后,可以行使持票人对被保证人及其前手的追索权。"由此可见,保证人的这一偿还请求权是一种追索权,保证人行使这一权利时,被保证人及其前手不得以对抗持票人的事由而对抗保证人。

六、付款

(一)付款的概念

付款是指付款人依据票据文义支付票据金额,以消灭票据关系的行为。

(二)付款的程序

付款的程序包括提示与支付。

1. 付款提示

付款提示是指持票人向付款人或承兑人出示票据,请求付款的行为。根据《票据法》第 53 条的规定,持票人提示付款的法定期限如下:

第一,见票即付的汇票,自出票日起 1 个月内向付款人提示付款;

第二,定日付款,出票后定期付款或者见票后定期付款的汇票,自到期日起 10 日内向承兑人提示付款。

如果持票人未在上述法定期限内为提示付款的,在作出说明后,承兑人或者付款人仍应当继续对持票人承担付款责任。

2. 支付票款

这是指持票人向付款人或承兑人进行付款提示后,付款人无条件地在当日按票据金额足额支付给持票人的行为。《票据法》第 54 条规定:"持票人依照前条规定提示付款的,付款人必须在当日足额付款。"

在支付票款的过程中,持票人必须向付款人履行一定的手续,根据《票据法》第 55 条的规定,持票人获得付款的,应当在汇票上签收,并将汇票交给付款人。付款人或者代理付款人在付款时应当尽审查义务。根据《票据法》第 57 条的规定,付款人及其代理付款人付款时,应当审查汇票背书的连续,并审查提示付款人的合法身份证明或者有效证件。

(三)付款的效力

根据《票据法》第 60 条之规定,付款人依法足额付款后,全体汇票债务人的责任解除。

但是,如果付款人付款存在瑕疵,即未尽审查义务而对不符法定形式的票据付款,或者存在恶意或重大过失而付款的,则不发生上述法律效力。

七、追索权

(一)追索权的概念

追索权是指持票人在票据到期不获付款或期前不获承兑或有其他法定原因,并在实施行使或保全票据上权利的行为后,可以向其前手请求偿还票据金额,利息及其他法定款项的一种票据权利。

(二)追索权发生的原因

追索权的发生须具备一定的条件,该条件包括实质条件和形式条件。

1. 追索权发生的实质条件

根据《票据法》第61条的规定,追索权发生的实质条件包括以下内容:

第一,汇票到期被拒绝付款;

第二,汇票在到期日前被拒绝承兑;

第三,在汇票到期日前,承兑人或付款人死亡、逃匿;

第四,在汇票到期日前,承兑人或付款人依法宣告破产或因违法被责令终止业务活动。在发生上述情形之一的,持票人可以行使追索权。

2. 追索权发生的形式条件

追索权的发生除应具备实质条件之外,还须具有一定的形式条件。这一形式条件即是持票人行使追索权必须履行一定的保全手续而不致使追索权丧失。该项保全手续包括:

第一,在法定提示期限提示承兑或提示付款;

第二,在不获承兑或不获付款时,在法定期限内作成拒绝证明。

根据《支付结算办法》第41条的规定,拒绝证明应当包括下列事项:

(1)被拒绝承兑、付款的票据种类及其主要记载事项;

(2)拒绝承兑、付款的事实依据和法律依据;

(3)拒绝承兑、付款的时间;

(4)拒绝承兑人、拒绝付款人的签章。

根据《票据法》的有关规定,该项拒绝证明主要有:

①拒绝证书。

②退票理由书。

③承兑人、付款人或者代理付款银行直接在汇票上记载提示日期、拒绝事由、拒绝日期并盖章。

④持票人因承兑人或者付款人死亡,逃匿或者其他原因,不能取得拒绝证明书,可以依法取得其他有关证明。

⑤人民法院的有关司法文书。

⑥有关行政主管部门的处罚决定。

持票人出具上述文书之一的,即构成其行使追索权的形式条件。

根据《票据法》第 65 条之规定:"持票人不能出示拒绝证明,退票理由书或者未按照规定期限提供其他合法证明的,丧失对其前手的追索权。但是,承兑人或者付款人仍应当对持票人承担责任。"

(三)追索权的行使

持票人按照法定手续保全追索权之后,就可进入行使追索权的程序。该程序一般包括:由持票人发出追索通知、确定追索对象、请求偿还、受领清偿金额等。

1. 发出追索通知

(1)通知的当事人

通知的当事人分为通知人和被通知人。通知人是指持票人以及收到通知后再为通知的背书人及其保证人。被通知人是指向持票人承担担保承兑和付款的票据上的次债务人;他们都是被追索的当事人,因此被通知人泛指持票人的一切前手,包括出票人、背书人、保证人等。

(2)通知的期限

这是指票据法规定的持票人向其前手或者收到通知的被通知人向其前手发出追索通知的期间。《票据法》第 66 条第 1 款规定:"持票人应当自收到被拒绝承兑或者被拒绝付款的有关证明之日起 3 日内,将被拒绝事由书面通知其前手,其前手应自收到通知之日起 3 日内书通知其再前手。持票人也可以同时向各汇票债务人发出书面通知。"

(3)通知的方式和通知应记载的内容

依照《票据法》第 66 条之规定,通知应当以书面形式发出。书面形式包括书信、电报、电传等。根据《票据法》第 67 条之规定,书面通知应记明汇票的主要记载事项,并说明该汇票已被退票。该等主要记载事项包括出票人、背书人、保证人以及付款人的名称和地址、汇票金额、出票日期、付款日期等。

(4)未在规定期限发出追索通知的后果

如果持票人未按规定期限发出追索通知或其前手收到通知未按规定期限再通知其前手,根据《票据法》第 66 条第 2 款之规定,持票人仍可以行使追索权,因延期通知给前手或者出票人造成损失的,由没有按照规定期限通知的汇票当事人,承担对该损失的赔偿责任,但是所赔偿的金额以汇票金额为限。

2. 确定追索对象

(1)确定追索对象

这里所指的追索对象是指追索关系中的被追索人,该被追索人为出票人、背书人、承兑人和保证人。根据《票据法》第 68 条第 2 款之规定,持票人可以不按照汇票债务人的先后顺序,对其中任何一人,数人或者全体行使追索权。据此规定,持票人在确定追索权行使对象时,可以根据自己的意愿,自由选择其前手债务人或者承兑人,并请求偿还。但是,《票据法》第 69 条规定:"持票人为出票人的,对其前手无追索权。"这是有关回头背书中持票人追索权限制的规定,所谓回头背书是指背书人以其前手债务人为被背书人所作的背书。它以票据上既存的债务人为受让人。

(2)被追索人的责任承担

依《票据法》第 68 条规定,被追索人对持票人承担连带责任。这一责任的含义是指各票据债务人在持票人向其行使追索权时,必须承担全部清偿的责任,而不得以持票人未向其他票据债权人请求清偿为由,拒绝履行清偿责任;同时,也不得只为部分金额的清偿而要求持票人就其余部分金额再向其他票据债务人请求清偿。

在票据上存在着多个债务人的情况下,票据的追索并不以持票人完成追索而告结束。《票据法》第68条第3款之规定:"持票人对汇票债务人中的一人或者数人已经进行追索的,对其他汇票债务人仍可以行使追索权。被追索人清偿债务后,与持票人享有同一权利。"

3.请求清偿金额和受领

(1)请求清偿金额

这是指持票人行使追索权,可以请求被追索人支付的金额和费用。根据《票据法》第70条之规定,该金额和费用包括:

①被拒绝付款的汇票金额;

②汇票金额自到期日或者提示付款日期起至清偿日止,按照中国人民银行规定的同档次流动资金贷款利率计算的利息;

③取得有关拒绝证明和发出通知书的费用。

由此可见,作为追索权标的追索金额,通常要比作为付款请求权标的票据金额要大。

(2)受领清偿金额

这是指持票人或行使再追索的被追索人接受被追索人的清偿金额。根据《票据法》第70条和第71条之规定,持票人或行使再追索权的被追索人在接受清偿金额时,应当履行相应的义务,这一义务即是其应当交出汇票和有关拒绝证明,并出具所收到利息和费用的收据。

(3)清偿责任解除

《票据法》第72条规定,被追索人清偿债务(依被追索的金额清偿债务)后,其责任解除。

任务3 本 票

一、本票的概念

本票是出票人签发的,承诺自己在见票时无条件支付确定的金额给收款人或者持票人的票据。本票是由出票人约定自己付款的一种自付证券。其基本当事人有两个,即出票人和收款人。在出票人完成出票行为之后,即承担了到期无条件支付票据金额的责任,不需要在到期日前进行承兑。因此,本票与汇票是不同的。

我国票据法中所称的本票,特指银行本票,是银行签发的,承诺自己在见票时无条件支付确定的金额给收款人或者持票人的票据。我国的本票仅限于见票即付的银行本票。

本票作为票据的一种,具有与其他票据相同的一般性质和特征。因此,《票据法》总则中的内容均适用于本票。《票据法》对汇票的规定较为详细,而汇票中的规定,如:出票、背书、保证、付款、追索权等具体制度,都可适用本票。

二、本票的种类

依照不同的标准,可以对本票作不同分类。

(一)记名本票、指示式本票与无记名本票

这是以本票对权利人的记载方式为标准所作的分类。所谓记名本票,也称抬头本票,是指在本票上明确记载收款人的名称或姓名的本票;所谓指示式本票,是指本票上记载的收款人名称或姓名后面载有"或其指定人"字样的本票;所谓无记名本票,是指本票上不记载收款人的名称或姓名,或将其记载为"持票人"或"来人"字样的本票。

(二)银行本票与商业本票

这是以出票人的身份为标准所作的分类。银行本票是指出票人是银行的本票;商业本票是指出票人为银行以外的企业、单位或个人的本票。

(三)即期本票与远期本票

这是以本票上记载的到期日的不同为标准所作的分类。即期本票是见票即付的本票,持票人自出票日起可以随时请求出票人付款;远期本票是指持票人只能在本票上记载的到期日到来时才能请求出票人付款的本票,包括定期本票、出票后定期付款的本票和见票后定期付款的本票。

(四)定额银行本票与不定额银行本票

这是以本票上记载的金额是否固定为标准对银行本票所作的分类。定额银行本票的金额,已由本票的印制部门事先印制于本票正面,签发时不必再另行填写;不定额银行本票则并未印有本票金额,而是由出票银行根据当事人的约定在出票时按规定填写。

(五)现金银行本票与转账银行本票

这是以付款方式为标准对银行本票所作的分类。用于转账的,是转账银行本票;用于支取现金的,是现金银行本票。

根据我国《票据法》第73条第2款和第76条规定,本票仅限于银行本票,且为记名式本票和即期本票。

银行本票是银行签发的,承诺自己在见票时无条件支付确定的金额给收款人或者持票人的票据。银行本票分为定额银行本票和不定额银行本票。

三、本票的出票

本票的出票,是指出票银行根据企业或者个人的申请,依法签发本票并将其交付给收款人的票据行为。

(一)本票出票行为

本票的出票与汇票一样,包括作成票据和交付票据。本票的出票行为是以自己负担支付本票金额的债务为目的的票据行为。因此,《票据法》第74条规定:"本票的出票人必须具有支付本票金额的可靠资金来源,并保证支付。"由此可见,本票出票人是票据金额的直接支付人,这与汇票的出票人只承担担保责任是不同的。本票的出票人在出票时,自身应

具有良好的资信状况。同时应具有出票的资格。根据《票据法》规定,本票出票人的资格由中国人民银行审定,具体管理办法由中国人民银行规定。

(二)本票出票的格式

本票出票人出票,必须按一定的格式记载相关内容。与汇票一样,本票的记载事项也包括绝对应记载事项和相对应记载事项。

1. 绝对应记载事项

根据《票据法》第75条规定,本票的绝对应记载事项包括以下六个方面的内容:

(1)表明"本票"字样。这是本票文句记载事项,无此记载,本票即为无效。

(2)无条件支付的承诺。这是有关支付文句,表明出票人无条件支付票据金额,而不附加任何条件,否则,票据即为无效。

(3)确定的金额。

(4)收款人名称。

(5)出票日期。

(6)出票人签章。

2. 相对应当记载的事项

根据《票据法》第76条规定,本票的相对应记载事项包括两项内容:

(1)付款地。本票上未记载付款地的,出票人的营业场所为付款地。

(2)出票地。本票上未记载出票地的,出票人的营业场所为出票地。

(三)本票的付款

1. 本票的付款人

本票为自付证券,出票人就是付款人。因此,本票的持票人只能向出票人或其代理付款人进行付款提示。

2. 本票的付款期限

根据《票据法》的规定,银行本票是见票付款的票据,收款人或持票人在取得银行本票后,随时可以向出票人请求付款。但是,为了防止收款人或持票人久不提示票据而给出票人造成不利,《票据法》第78条规定本票的付款提示期限,即:"本票自出票日起,付款期限最长不得超过2个月"。

持票人依照前述规定的期限提示本票的,出票人必须承担付款的责任。本票的持票人未按照规定期限提示见票的,丧失对出票人以外的前手的追索权。

四、本票准用汇票的规定

《票据法》第80条规定:"本票的背书、保证、付款行为和追索权的行使,除本章规定外,适用本法第二章有关汇票的规定。本票的出票行为,除本章规定外,适用本法第24条关于汇票的规定。"在汇票中已做过介绍的内容,不再重复。

任务4 支票

一、支票的概念和特征

（一）支票的概念

支票是出票人签发的，委托办理支票存款业务的银行或者其他金融机构在见票时无条件支付确定的金额给收款人或者持票人的票据。支票的基本当事人有三个：出票人、付款人和收款人。支票是一种委付证券，这一点与汇票相同，与本票不同。

（二）支票的特征

支票与汇票和本票相比，有三个显著的特点：第一，以银行或者其他金融机构作为付款人；第二，见票即付。第三，支票的出票人与付款人之间必须存在资金关系。

与本票一样，《票据法》只是对支票的个性方面的问题作了规定，而有关其一般性的问题，则适用《票据法》总则中的有关规定和汇票中的相关规定。本节也仅对支票有关个性方面的问题，即与汇票、本票不同的有关内容加以说明。

二、支票的分类

依不同的分类标准，可以对支票作不同的分类。

（一）记名支票、无记名支票与指示支票

这是以支票对收款人的记名方式为标准所作的分类。记名支票是在支票上明确记载收款人名称的支票；无记名支票是在支票上不记载收款人名称，或者将收款人记载为"来人"或"持票人"的支票；指示支票是在支票上记载的收款人名称之后记载有"或其指定人"字样的支票。

（二）一般支票与变式支票

这是以支票当事人的身份是否有兼任重叠情况所作的分类。所谓一般支票，是指支票关系的三方当事人由不同的当事人充当，互不重叠的支票；所谓变式支票，是指支票关系的三方当事人存在兼任或重叠的支票，主要分为对己支票、指己支票和付受支票三种。

（三）普通支票与特殊支票

这是以支票的付款有无特殊规定为标准所作的分类。普通支票是指在付款上没有特殊规定的支票；特殊支票是指在付款上存在特殊规定的支票。主要包括保付支票和划线支票。

（四）普通支票、现金支票和转账支票

我国《票据法》按照支付票款方式，将支票分为普通支票、现金支票、转账支票。普通支票，是指支票上未印制"现金"或"转账"字样，持票人依法可以请求付款人以现金方式付款，也可以请求付款人以转账方式付款的支票；现金支票，是指支票上印制有"现金"字样，持票人依法只能请求付款人以现金方式付款的支票；所谓转账支票，是指支票上印制有"转账"字样，转账支票只能用于转账，不得支取现金。

三、支票的出票

（一）出票的概念

支票的出票，是指由出票人作成支票并将其交付给收款人的行为。但是，出票人签发支票必须具备一定的条件，即经中国人民银行当地分支行批准办理支票业务的银行机构开立可以使用支票的存款账户的单位和个人。

（二）支票的格式

与汇票一样，支票出票人作成有效的支票，必须按法定要求记载有关事项。该等事项亦可分为绝对应记载事项和相对应记载事项。

1. 绝对应记载事项

根据《票据法》第84条之规定，支票的绝对应记载事项共有六项内容：（1）表明"支票"字样。（2）无条件支付的委托。（3）约定的金额。（4）付款人名称。（5）出票人名称。（6）出票人签章。支票上未记载前述规定事项之一的，支票无效。

为了发挥支票灵活便利的特点，我国《票据法》规定了两项绝对应记载事项可以通过授权补记的方式记载：

一是关于支票金额的授权补记。支票的金额本是绝对应记载事项，但在使用中，往往发生难以确定支票金额的情况，如果事先就确定一个固定金额，就会发生所载金额与所用金额不一致的情况，给支票使用人造成极大不便。因此，《票据法》第85条规定："支票上的金额可以由出票人授权补记，未补记前的支票，不得使用。"

二是关于收款人名称的授权补记。我国票据法肯定的票据都是记名式票据，故无收款人名称记载，票据即为无效。但是，在实际中，出票人往往不能事先确定收款人，无法在出票时记载收款名称。为了方便人们的日常生活，《票据法》第86条第1款规定："支票上未记载收款人名称的，经出票人授权，可以补记。"

2. 相对应记载事项

《票据法》第86条第2款、第3款规定了相对应记载事项。该相对应记载事项包括两项内容：

（1）付款地。根据《票据法》第87条第2款之规定，支票上未记载付款地的，付款人的营业场所为付款地。

（2）出票地。根据《票据法》第87条第3款之规定，支票上未记载出票地的。出票人的营业场所、住所或者经常居住地为出票地。

（三）出票的其他法定条件

支票的出票行为是一种法律行为，必须依法进行，除须按法定格式签发票据外，还须符合其他法定条件。根据《票据法》第87条和第88条规定，这些法定条件有：

1. 支票出票人与付款人之间存在资金关系

支票属于委托票据，支票的出票人必须与其委托的付款人之间存在一定的资金关系。支票的出票人所签发的支票金额不得超过其付款时在付款人处实有的存款金额。出票人签发的支票金额超过其付款时在付款人处实有的存款金额的，为空头支票。禁止签发空头支票。

2.预留签名或者印鉴

支票的出票人不得签发与其预留本名的签名式样或者印鉴不符的支票。

(四)支票出票的效力

出票人作成支票并交付之后,对出票人、付款人、持票人即产生相应的法律效力。依照《票据法》第89条第1款之规定,出票人必须按照签发的支票金额承担向该持票人付款的责任。对付款人而言,其必须承担见票付款的义务,出票人在付款人处的存款足以支付支票金额时,付款人应当在当日足额付款。

支票出票后,收款人或持票人取得票据权利,有权在法定提示付款期间内向付款人请求付款并受领支票金额;如果付款人拒绝付款,则依法取得追索权;收款人或持票人也有权依法对支票进行转让。

四、支票的付款

支票属见票即付的票据,因而没有到期日的规定。我国《票据法》第90条规定:"支票限于见票即付,不得另行记载付款日期。另行记载付款日期的,该记载无效。"

(一)提示时间

支票为见票即付的票据,但为了防止持票人久不提示支票,给出票人在管理上造成不便,以及防止空头支票的出现,《票据法》规定了持票人的提示时间。《票据法》第91条第1款规定:"支票的持票人应当自出票日起10日内提示付款;异地使用的支票,其提示付款的期限由中国人民银行另行规定。"

超过提示付款期限的,依照《票据法》第91条第2款的规定,付款人可以不予付款,但是付款人不予付款的,出票人仍应当对持票人承担票据责任。

(二)付款

出票人在提示期间内向付款人提示票据,付款人在对支票进行审查之后,如未发现有不符合规定之处,即应向持票人付款。《票据法》第89条第2款规定:"出票人在付款人处的存款足以支付支票金额时,付款人应当在当日足额付款。"

(三)付款责任的解除

《票据法》第92条规定:"付款人依法支付支票金额的,对出票人不再承担受委托付款的责任,对持票人不再承担付款的责任。但是,付款人以恶意或者有重大过失付款的除外。"

五、支票准用汇票的规定

《票据法》第93条规定:"支票的背书、付款行为和追索权的行使,除本章规定外,适用本法第二章有关汇票的规定。""支票的出票行为,除本章规定外,适用本法第24条、第26条关于汇票的规定。"在汇票中已做过介绍的内容,不再重复。

任务5　法律责任

票据法上的法律责任,是指票据法上规定的违反票据法的人应当承受的法律制裁,包括刑事责任、行政责任、民事责任。

一、票据法上的刑事责任

根据《票据法》第六章的规定,对违反票据法而构成刑事责任的,有下述几种情况:

(一)票据诈骗的犯罪

《票据法》第102条规定,对下列票据欺诈行为之一的,依法追究刑事责任:

1. 伪造、变造票据的;
2. 故意使用伪造、变造的票据的;
3. 签发空头支票或者故意签发与其预留的本名签名式样或者印鉴不符的支票,骗取财物的;
4. 签发无可靠资金来源的汇票、本票,骗取资金的;
5. 汇票、本票的出票人在出票时作虚假记载,骗取财物的;
6. 冒用他人的票据,或者故意使用过期或者作废的票据,骗取财物的;
7. 付款人同出票人、持票人恶意串通,实施前六项所列行为之一的。

(二)违法承兑、付款或者保证的犯罪

《刑法》第189条规定,银行或者其他金融机构的工作人员在票据业务中,对违反票据法规定的票据予以承兑、付款或者保证,造成重大损失的,承担刑事责任。

二、票据法上的行政处罚

《票据法》第103条规定,对实施票据欺诈行为,情节轻微,不构成犯罪的,依照国家有关规定给予行政处罚。

《票据法》第104条规定,金融机构工作人员在票据业务中玩忽职守,对违反票据法规定的票据予以承兑、付款或者保证的,给予处分;

《票据法》第105条规定,票据的付款人对见票即付或者到期的票据,故意压票,拖延支付的,由金融行政管理部门处以罚款,对直接责任人员给予处分。

三、票据法上的民事责任

《票据法》和《票据管理实施办法》的规定,违反票据法应承担民事责任:

1. 金融机构工作人员玩忽职守,对违反本法规定的票据予以承兑、付款、保证或者贴现的,给当事人造成损失的,由该金融机构和直接责任人员依法承担赔偿责任。
2. 付款人对见票即付或者到期的票据,故意压票,拖延支付的,给持票人造成损失的,依法承担赔偿责任。
3. 其他违反《票据法》规定的行为,给他人造成损失的,应当依法承担民事责任。

小结

本项目主要介绍了我国的票据法律制度。通过学习，应了解票据的含义和特征，重点掌握我国《票据法》中关于汇票、银行本票和支票等的票据行为、票据权利及相关规定。

实务训练

一、案例分析示范

1. 案情介绍

王某拥有支票账户，2015年王某因受刺激而致精神失常，2016年王某精神状况有所好转。2016年4月5日，王某签了一张10万元的转账支票给某建筑公司购买建筑材料，某建筑公司提出应有保证人对该支票进行保证。王某找到张某，张某对其票据进行了保证。建筑公司收受支票后，4月8日以背书的方式将该支票转让给了甲公司以支付购货款。4月12日甲公司持该支票向某百货商场购置计算机10台，4月16日百货商场通过其开户银行提示付款时，开户银行以超越提示付款期为由作了退票处理。百货商场只好通知其前手进行追索。在追索的过程中，甲公司和建筑公司均以有保证人为由推卸自己的责任，保证人张某以王某系精神病人，其签发支票无效为由，拒不承担担保责任。经鉴定，老王确属精神不正常，属无行为能力人。

2. 问题

（1）无行为能力人的票据行为是否有效？其所签发的票据是否有效？

（2）在有保证人存在的情况下，票据行为人应否负票据责任？

（3）本案中的保证人应否承担保证责任？

3. 法律评析

（1）《票据法》第6条规定："无民事行为能力人或者限制民事行为能力人在票据上签章的，其签章无效，但是不影响其他签章的效力。"王某经鉴定为无民事行为能力人，其完成的出票行为是无效的。但本案中的当事人和关系人均未对王某签发的支票记载事项提出异议，因此，应当推定王某出票无效，但所签支票有效。

（2）对于票据行为人的票据责任，"汇票的出票人、背书人、承兑人和保证人对持票人承担连带责任。""支票的背书、付款行为和追索权的行使，除有特殊规定外，适用汇票的规定。"张某所做的保证只是一般的民事保证，只有在票据法的保障作用全部发挥而权利人的利益仍不能得到充分实现时才能起作用。本案中王某的出票行为无效，但建筑公司和甲公司的背书行为都是有效的，因此均应对百货商场承担连带责任。它们以有保证人为由推卸自己的票据责任是不能成立的。

（3）张某进行的保证属民事保证，民事保证的效力受被保证行为的影响，由于王某的出票行为无效，张某的保证行为也是无效的，因此，张某无须承担保证责任。

二、案例分析练习

2015年3月4日，某市吉诺电器（集团）公司（以下简称电器公司）与该市对外贸易公司（以下简称外贸公司）订立购销合同一份，合同约定，由电器公司供给外贸公司各种规格的吉诺冰柜和空调，价值人民币28万元。次日，外贸公司签发了一张以其开户银行为付款人、以电器公司为收款人、票面金额为28万元、见票后1个月付款的商业汇票，并将汇票交付电器公司。3月27日,电器公司持该汇票向外贸公司的开户银行提示承兑,该银行经审查后同意承兑,并在汇票上作了相应的记载后交还电器公司。4月6日,电器公司财务室被盗,由于当日为周末,财务室无人值班,故直至4月8日财务室工作人员上班时,才发现财务室被盗,并向公安机关报案。经查明,除被盗走现金3万余元外,另有汇票、支票17张失窃,票面总金额59.26万元,其中包括该已经承兑的汇票。当日下午,电器公司将汇票被盗的情况通知外贸公司的开户行,而开户行告知电器公司,该汇票已于上午经人向其提示付款,并已足额支付,对此银行不承担责任。经多次交涉无效,电器公司以该银行为被告向人民法院起诉,以银行审查有过错、提前付款为由要求其承担付款责任。

问:法院应如何处理此案?

三、思考题

1. 什么是票据?它有哪些特征?
2. 什么是票据行为?其有效成立的要件有哪些?
3. 什么是出票、背书、承兑、保证?
4. 什么是票据权利?它有哪些种类?
5. 什么是票据抗辩?行使票据抗辩权的法定事由有哪些?

项目十四 证券法

✻ 案例导入

2013年8月16光大证券"乌龙指"事件后,2013年11月15日中国证监会决定,对光大证券处以共计5.23亿处罚,同时对光大证券ETF内幕交易直接负责的主管人员徐浩明、杨赤忠、沈诗光、杨剑波等人给予警告并处罚款60万元,采取终身证券市场禁入措施。

✻ 任务引入

你如何看待证券市场禁入处罚?

任务1 证券法概述

一、证券的概念和特征

(一)证券的概念

证券是各类财产权或债权凭证的通称,是用来证明证券持有者有权按其所载取得相应的权益的一种书面凭证。

证券一般可分为两大类:一类是无价证券,又称权利凭证,是指持有人能行使一定的权利,实现一定的目的或利益,证券本身不会为持有人带来收益。如:车船票、行李单等。另一类是有价证券,是指发行人依法发行的具有一定票面价值和交换价值、能够通过交易给证券持有人带来收益的财产权利的凭证。

有价证券有广义和狭义之分。广义的有价证券包括资本证券和货币证券。狭义的有价证券仅指资本证券。货币证券是表明对货币的请求权,其权利标的是一定的或可以确定的货币额,如汇票、本票、支票等票据。资本证券是指在资本市场流通和转让,持证券人有权依其面额取得一定收益的证券。如股票、债券等。

（二）证券的特征

1. 证券是投资权利证书。即证券的投资者进行证券投资,投资者的权利是通过证券记载的。投资者凭证券记载的权利,获得一定的收益。

2. 证券是一种可以流通转让的权利证书。证券具有流通性,持有人随时可以转让证券收回投资。

3. 证券是一种要式凭证。证券的的制作必须符合法定的格式。

4. 证券具有风险性。证券的投资者既能享有证券投资带来的收益,同时也应承担投资可能带来的风险。

（三）证券的种类

我国《证券法》中的证券是指资本证券,包括股票、公司债券和国务院依法认定的其他证券。

1. 股票

股票是股份有限公司签发给股东,证明其所持股份的凭证,股票是股份的表现形式。股票具有风险较高、非返还性、流通性强等特征。股票可以分为:

（1）普通股和优先股。

（2）国有股、法人股和社会公众股。

（3）内资股和外资股。

2. 公司债券

公司债券是指公司依照法定程序发行的、约定在一定期限还本付息的有价证券。同股票相比,公司债券具有风险小、收益稳定、优先受偿、有偿还期限等特征。按照不同的标准,可以划分为:

（1）记名公司债券和无记名公司债券。

（2）可转换公司债券和非转换公司债券。

3. 政府债券

政府债券是国家发行的约定在一定期限还本付息的有价证券。如国库券等。国家通过发行政府债券,筹集国家经济发展需要的建设资金,同时满足其干预经济的资金需要。发行政府债券是国家干预经济的重要手段。

4. 证券投资基金凭证

是指依法批准设立证券投资基金时,由基金发起人向基金投资者发行的证明持有该证券投资基金份额的凭证。证券投资基金是指通过发行基金来集中投资者的资金,由基金托管人托管、由基金管理人管理运用资金,主要进行证券投资,所有投资人利益共享、风险共担的集合证券投资方法。它具有集中投资、专家经营、分散风险的特点。

二、证券法的概念及调整对象

（一）证券法的概念

证券法是指调整证券发行、交易、服务、证券市场监管以及其他相关活动而产生的经济关系的法律规范的总称。广义的证券法是指一切与证券有关的法律规范,即除了《中华人民共和国证券法》以外,还包括调整证券活动的其他法律、行政法规。狭义的证券法是指专门调整证券关系的法律规范,即仅指《中华人民共和国证券法》。

(二)调整对象

《证券法》的调整范围非常广泛,其调整对象为股票、公司债券、政府债券、证券投资基金份额、证券衍生品种等有价证券。

在中华人民共和国境内,股票、公司债券和国务院依法认定的其他证券的发行和交易,适用《证券法》;其他法律、行政法规另有规定的,适用其规定。

政府债券、证券投资基金份额的上市交易,适用《证券法》;其他法律、行政法规另有规定的,适用其规定。

证券衍生品种发行、交易的管理办法,由国务院依照《证券法》的原则规定。

三、证券法的基本原则

(一)公开、公平、公正原则

1. 公开原则

公开原则又称信息披露制度。是指证券发行和交易活动中,证券发行人向公众公开信息的基本交易制度。证券信息的披露包括初期披露和持续披露。初期披露,是指证券发行人在首次公开发行证券时,应当如实披露有可能影响投资者作出决策的所有信息。信息持续披露,是指证券发行后,发行人应当依法定期向社会提供经营与财务状况的信息,公告有可能影响公司经营的重大事项等。公开的信息应当真实、完整、及时、准确。

2. 公平原则

公平原则是指证券发行、交易活动中的当事人具有平等的法律地位,各自的合法权益能够得到公平的保护。公平主要是指机会均等,在同等条件下平等竞争。

3. 公正原则

公正原则是指证券监督管理机构对证券市场的各方参与者都要秉公办事,给予公正待遇。证券监督管理机构应当依法公正的履行职责,不偏袒任何人。公正原则是实现公开、公平原则的保障。

(二)平等、自愿、有偿、诚实信用原则

证券发行、交易活动的当事人具有平等的法律地位。法律地位平等是公平原则的具体表现。这一原则要求任何组织和个人均不能凭借自己的地位和经济优势,而贬低其他单位和个人的地位。

自愿是指证券的发行者、交易市场的参加者有权根据自己的意愿来参与证券的发行与交易活动,他人不得非法干涉。

有偿是指证券当事人在证券发行与交易活动中按照价值规律的要求进行等价交换,不能无偿占有、剥夺他人财产、损害他人经济利益。

诚实信用是指在证券市场的发行、交易活动中不得弄虚作假,欺骗他人,必须遵守自己的诺言,恪守信用。

(三)守法原则和禁止欺诈原则

这一原则要求证券的发行、交易活动,必须遵守法律、行政法规;禁止欺诈、内幕交易和操纵证券交易市场的行为。

(四)证券业与其他金融业混业经营、混业管理原则

这一原则是指证券业和银行业、信托业、保险业分别不同的业务来进行经营管理。证券业和银行业、信托业、保险业实行分业经营、分业管理,证券公司与银行、信托、保险业务机构分别设立。国家另有规定的除外。

(五)政府统一监管与行业自律原则

该原则是指国务院证券监督管理机构依法对全国证券市场实行集中统一监督管理。国务院证券监督管理机构根据需要可以设立派出机构,按照授权履行监督管理职责。在国家对证券发行、交易活动实行集中统一监督管理的前提下,依法设立证券业协会,实行自律性管理。

由于证券市场参与人多、各参与主体利益冲突大、投机性强、敏感度高,是充满矛盾和风险的市场。因此,法律要求证券市场参与主体在自律的同时,必须建立一个强有利的专业监督管理机构对证券市场进行监督,以便发现和处理异常情况,有效防范和化解市场风险。

(六)国家审计监督原则

即国家审计机关对证券交易所、证券公司、证券登记结算机构、证券监督管理机构依法进行审计监督。

任务2　证券的发行

一、证券发行概念

证券发行是指证券发行人将自己所发行的证券在证券发行市场上售给投资者的行为。

证券市场由发行市场和流通市场两种不同性质的市场构成。证券发行所形成的市场称为证券发行市场,又称为证券的初级市场、一级市场,证券发行市场主体由证券发行人、证券投资人和中介人组成。流通市场又称二级市场,它是为已经发行的证券提供流通的场所。

证券发行根据其发行范围的不同,可以分为公开发行和不公开发行两种。公开发行是指向不特定的社会公众广泛发售证券。不公开发行,又称内部发行,是指向特定的投资人发行证券。

证券发行根据证券的发行时间可分为证券的初次发行和证券的再次发行。比如初次发行股票是为设立股份有限公司而发行的股票。再次发行是指公司成立以后再次发行的新股,又称增资发行。

二、证券发行的要求

(一)发行证券实行注册或核准制度

1. 公开发行证券,必须经过注册或核准

公开发行证券,必须符合法律、行政法规规定的条件,并依法报经国务院证券监督管理机构或者国务院授权的部门核准;未经依法核准,任何单位和个人不得公开发行证券。

2. 证券公开发行

有下列情形之一的,为公开发行证券:

(1)向不特定对象发行证券的;

(2)向特定对象发行证券累计超过二百人的;

(3)法律、行政法规规定的其他发行行为。

非公开发行证券,不得采用广告、公开劝诱和变相公开方式发行。

(二)保荐人制度

所谓保荐人(Sponsor)实质上类似于上市推荐人,主要职责就是将符合条件的企业推荐上市,并对申请人适合上市、上市文件的准确完整以及董事知悉自身责任义务等负有保证责任。

1. 保荐人适用的条件

发行人申请公开发行股票、可转换为股票的公司债券,依法采取承销方式的,或者公开发行法律、行政法规规定实行保荐制度的其他证券的,应当聘请具有保荐资格的机构担任保荐人。

2. 保荐人的义务

保荐人的义务主要是审慎审查的义务。保荐人应当遵守业务规则和行业规范,诚实守信,勤勉尽责,对发行人的申请文件和信息披露资料进行审慎核查,督导发行人规范运作。保荐人的资格及其管理办法由国务院证券监督管理机构规定。

保荐人制度的设置在于,通过有效的证券发行机制来保证优质公司上市,提高上市公司的质量,并通过股票发行上市保荐制度,来明确保荐机构和保荐代表人责任及形成责任追究制度,从而使选择优质上市公司及保护投资者的责任完全落实到相关的机构与个人。

(三)对发行人的要求

1. 申请文件必须真实、准确、完整

发行人向国务院证券监督管理机构或者国务院授权的部门报送的证券发行申请文件,必须真实、准确、完整。真实就是要符合现实情况,不得有虚假或误导;准确是指申请文件内容不得存在语意不清、容易引起歧义,也不能引人误解;完整是指申请文件必须全面,不得故意隐瞒事实或存在重大遗漏。

为证券发行出具有关文件的证券服务机构和人员,必须严格履行法定职责,保证其所出具文件的真实性、准确性和完整性。

2. 公告公开发行募集文件的预披露制度

发行人申请首次公开发行股票的,在提交申请文件后,应当按照国务院证券监督管理机构的规定预先披露有关申请文件。

证券发行申请经核准，发行人应当依照法律、行政法规的规定，在证券公开发行前，公告公开发行募集文件，并将该文件置备于指定场所供公众查阅。募集文件是指发行人发行证券时，依法向社会公众公开的有关书面材料。包括上市公告书、招股说明书、公司债券募集办法、财务会计报告等。

发行证券的信息依法公开前，任何知情人不得公开或者泄露该信息。发行人不得在公告公开发行募集文件前发行证券。

三、证券的发行条件

（一）股票的发行条件

详见项目三公司法，任务3 股份有限公司相关内容。

（二）公司债券的发行条件

1. 公开发行公司债券的条件

公开发行公司债券的条件详见项目三公司法，任务4 公司债券相关内容。

2. 申请文件

申请公开发行公司债券，应当向国务院授权的部门或者国务院证券监督管理机构报送下列文件：

（1）公司营业执照；

（2）公司章程；

（3）公司债券募集办法；

（4）资产评估报告和验资报告；

（5）国务院授权的部门或者国务院证券监督管理机构规定的其他文件。

依照本法规定聘请保荐人的，还应当报送保荐人出具的发行保荐书。

3. 再发行的限制

再发行的限制详见项目三公司法，任务4 公司债券相关内容。

四、证券发行注册或核准

（一）发行审核委员会

国务院证券监督管理机构设发行审核委员会，依法审核债券等证券发行申请。

发行审核委员会由国务院证券监督管理机构的专业人员和所聘请的该机构外的有关专家组成，以投票方式对股票发行申请进行表决，提出审核意见。

发行审核委员会的具体组成办法、组成人员任期、工作程序，由国务院证券监督管理机构规定。

（二）注册、核准证券发行申请

公开发行股票，由证券交易所负责审核注册文件。审核程序应当公开，依法接受监督。

公开发行债券，由国务院证券监督管理机构或者国务院授权的部门核准；公开发行其他证券，由国务院证券监督管理机构核准。

参与审核和核准证券发行申请的人员,不得与发行申请人有利害关系,不得直接或者间接接受发行申请人的馈赠,不得持有所核准的发行申请的股票,不得私下与发行申请人进行接触。

(三)证券发行申请核准的期限

国务院证券监督管理机构或者国务院授权的部门应当自受理债券发行申请文件之日起三个月内,依照法定条件和法定程序作出予以核准或者不予核准的决定,发行人根据要求补充、修改发行申请文件的时间不计算在内;不予核准的,应当说明理由。

(四)撤消证券发行核准

国务院证券监督管理机构或者国务院授权的部门,对已作出的核准证券发行的决定,发现不符合法定条件或者法定程序,尚未发行证券的,应当予以撤销,停止发行。已经发行尚未上市的,撤销发行核准决定,发行人应当按照发行价并加算银行同期存款利息返还证券持有人。

保荐人应当与发行人承担连带责任,但是能够证明自己没有过错的除外;发行人的控股股东、实际控制人有过错的,应当与发行人承担连带责任。

五、证券承销

(一)证券承销的概念与方式

1. 证券承销

证券承销,是指证券公司与证券的发行人订立协议,由证券公司依照协议向社会公开发行发行人的证券,由发行人向证券公司支付费用的一种法律行为。证券公司称为承销人,证券发行人称为被承销人。承销人可以向被承销人收取承销费用。

2. 证券承销方式

发行人向不特定对象发行的证券,法律、行政法规规定应当由证券公司承销的,发行人应当同证券公司签订承销协议。证券承销业务采取代销或者包销方式。

(1)证券代销。它是指证券公司代发行人发售证券,在承销期结束时,将未售出的证券全部退还给发行人的承销方式。在证券代销中,证券承销人与发行人是代理关系,发行风险由发行人承担,承销人所负的风险较小。

(2)证券包销。它是指证券公司将发行人的证券按照协议全部购入或在承销期结束时将售后剩余证券全部自行购入的承销方式。在证券包销中,证券承销人与发行人是买卖关系,承销人所负的风险较大。

(二)证券承销规则

1. 公开发行证券的发行人有权依法自主选择承销的证券公司。
2. 证券公司不得以不正当竞争手段招揽证券承销业务。
3. 证券公司承销证券,应当对公开发行募集文件的真实性、准确性、完整性进行核查;发现有虚假记载、误导性陈述或者重大遗漏的,不得进行销售活动;已经销售的,必须立即停止销售活动,并采取纠正措施。发行人、承销证券公司的公告招股说明书、公司证券募集办法等依法应公告的文件存在虚假、误导性陈述或者重大遗漏,致使投资者的利益遭到损失的,发行人、承销的证券公司应承担赔偿责任。

4. 证券的代销、包销期限最长不得超过九十日。

5. 证券公司不得预留代销或包销的证券。证券公司在代销、包销期内,对所代销、包销的证券应当保证先行出售给认购人,证券公司不得为本公司预留所代销的证券和预先购入并留存所包销的证券。这项规定有效防止了承销人将大量证券留给自己,并在证券市场进行证券买卖,从而操纵证券市场的情况发生。从而减少证券承销过程中的不公正。

6. 公开发行股票,代销、包销期限届满,发行人应当在规定的期限内将股票发行情况报国务院证券监督管理机构备案。

7. 股票发行采取溢价发行的,其发行价格由发行人与承销的证券公司协商确定。

8. 发行失败的责任。股票发行采用代销方式,代销期限届满,向投资者出售的股票数量未达到拟公开发行股票数量百分之七十的,为发行失败。发行人应当按照发行价并加算银行同期存款利息返还股票认购人。

(三)证券承销协议

证券承销协议是证券公司同发行人签订的书面承销合同。证券承销协议的目的是明确证券承销双方当事人的权利和义务,确保证券承销工作的顺利进行,防止将来纠纷发生时缺乏证据。

证券公司承销证券,应当同发行人签订代销或者包销协议,载明下列事项:

1. 当事人的名称、住所及法定代表人姓名;
2. 代销、包销证券的种类、数量、金额及发行价格;
3. 代销、包销的期限及起止日期;
4. 代销、包销的付款方式及日期;
5. 代销、包销的费用和结算办法;
6. 违约责任;
7. 国务院证券监督管理机构规定的其他事项。

(四)承销团承销

承销团承销,是指由两个或两个以上的承销人组成的承销团,共同承销发行人发行的证券的一种承销方式。承销团应当由主承销和参与承销的证券公司组成。

《证券法》规定,向不特定对象发行的证券票面总值超过人民币五千万元的,应当由承销团承销。

任务3 证券的交易

一、证券交易的规则

证券交易,是指依法买卖已经依法发行并交付的证券的行为。证券交易市场也称为二级市场或证券流通市场。证券交易应依法进行,证券交易应遵守以下规则。

(一)交易的证券必须是合法证券

证券交易当事人依法买卖的证券,必须是依法发行并交付的证券。非依法发行的证券,不得买卖。

"合法证券"包括两层含义:首先,该证券必须是已经过证券监督管理机构核准,并且已经发行;其次,该证券必须已经完成交付,证券必须正式交付给投资者。这种证券才能交易,才属于合法交易的证券。

(二)证券交易必须遵守转让期限的限制

依法发行的股票、公司债券及其他证券,法律对其转让期限有限制性规定的,在限定的期限内不得买卖。除《公司法》对公司股票、公司债券转让的限制外,《证券法》对买卖证券的期限也作了一些特殊限制。

1. 证券交易所、证券公司和证券登记结算机构的从业人员、证券监督管理机构的工作人员以及法律、行政法规禁止参与股票交易的其他人员,在任期或者法定限期内,不得直接或者以化名、借他人名义持有、买卖股票,也不得收受他人赠送的股票。任何人在成为上述所列人员时,其原已持有的股票,必须依法转让。

2. 为股票发行出具审计报告、资产评估报告或者法律意见书等文件的证券服务机构和人员,在该股票承销期内和期满后六个月内,不得买卖该种股票。

3. 为上市公司出具审计报告、资产评估报告或者法律意见书等文件的证券服务机构和人员,自接受上市公司委托之日起至上述文件公开后五日内,不得买卖该种股票。

4. 上市公司董事、监事、高级管理人员、持有上市公司股份百分之五以上的股东,将其持有的该公司的股票在买入后六个月内卖出,或者在卖出后六个月内又买入,由此所得收益归该公司所有,公司董事会应当收回其所得收益。但是,证券公司因包销购入售后剩余股票而持有百分之五以上股份的,卖出该股票不受六个月时间限制。

公司董事会不按以上规定执行的,股东有权要求董事会在三十日内执行。公司董事会未在上述期限内执行的,股东有权为了公司的利益以自己的名义直接向人民法院提起诉讼。

(三)证券交易在法定的场所进行

1. 证券交易所的概念

证券交易所是证券进行买卖交易的场地。它是依法设立的、具有完善管理制度、高度专业化、有组织进行证券集中交易的场所。证券交易所的设立和解散由国务院决定。目前我国有上海证券交易所和深圳证券交易所两大证券交易所。

2. 证券不仅可以在依法设立的证券交易所上市交易,还可以在国务院批准的其他证券交易场所转让。

《证券法》规定,依法公开发行的股票、公司债券及其他证券,应当在依法设立的证券交易所上市交易或者在国务院批准的其他证券交易场所转让。

这项规定,有利于促进资本市场的发展,对完善我国资本市场结构,构建我国多层次资本市场的法律框架,具有重要的意义。

3. 证券交易当事人买卖的证券可以采用纸面形式或国务院证券监督管理机构规定的其他形式。

(四)证券交易的方式

1. 证券交易,可以采用公开集中竞价交易方式或者其他方式

证券在证券交易所上市交易,应当采用公开的集中交易方式或者国务院证券监督管理机构批准的其他方式。

集中竞价是指两个以上的买方和两个以上的卖方通过公开竞价形式来确定证券买卖的价格。出价最低的卖主与进价最高的买主达成交易。公开的集中竞价,是指所有的有关买卖证券的买主与卖主集中在一个市场内,申报自己的买价或卖价、竞价交易,当买卖双方出价相吻合时,买卖就能成交。集中竞价交易具有过程公开、价格合理、快速变化等特点。

集中竞价的原则有两个:第一是价格优先。这是指在证券交易中证券的买方要价中价格高的一方可以比价格低的一方优先成交。第二是时间优先。这是指在证券交易中买卖各方出现相同的出价或要价时以先出价或者先要价的一方优先进行成交。

2. 证券交易以现货和国务院规定的其他方式进行交易

证券交易的方式有现货交易、期货交易、期权交易三种。

现货交易,是指在证券交易中,买卖双方进行交易时,按照当时的价格,以现金和实有的证券进行交割的一种交易方式。往往由于交易额很大,难于当场钱货两清。目前我国股票交易清算交割采取 T+1 的方法,即当天交易,第二天交割。在未交割之前投资者不能再进行买卖同一证券,也不能解除成交。

期货交易,是指证券买卖双方成交后,约定双方根据合同签订的证券价格作为成交价格,在远期交割的一种证券交易方式。由于期货交易不一定采用实物交易,有时会买空卖空,投机性较大。所以易出现市场过度投机的心理。

期权交易,又称选择权交易,其交易对象是一种权利,购买者有权在规定的期限内,以规定的价格,向对方购买或者出售某种证券。期权交易如同期货交易,也具有较强的投机性。

证券交易可以用现货交易,也可以用国务院规定的其他方式进行交易。

(五)客户账户的保密

证券交易所、证券公司、证券登记结算机构必须依法为客户所开立的账户保密。这里的账户既包括资金账户,又包括证券账户。但该保密义务,仅指在正常经营活动中,证券公司有为客户账户保密的义务。如有关执法、司法机关为履行公务,依法查询账户的情况下,证券交易所、证券公司、证券登记结算机构不得以此为由拒绝提供客户账户及有关资料。

二、证券上市

(一)证券交易所审核

申请证券上市交易,应当向证券交易所提出申请,由证券交易所依法审核同意,并由双方签订上市协议。

申请股票、可转换为股票的公司债券或者法律、行政法规规定实行保荐制度的其他证券上市交易,应当聘请具有保荐资格的机构担任保荐人。

(二)股票上市

1. 股票上市的条件

国家鼓励符合产业政策并符合上市条件的公司股票上市交易。

(详见项目三公司法,任务 3 股份有限公司相关内容)

2. 股票上市报送的文件

(详见项目三公司法 任务 3 股份有限公司相关内容)

3. 公告

股票上市交易申请经证券交易所审核同意后,签订上市协议的公司应当在规定的期限内,公告股票上市的有关文件,并将该文件置备于指定场所供公众查阅。

签订上市协议的公司,除公告以上文件外,还应当公告下列事项:

(1)股票获准在证券交易所交易的日期;

(2)持有公司股份最多的前十名股东的名单和持股数额;

(3)公司的实际控制人;

(4)董事、监事、高级管理人员的姓名及其持有本公司股票和债券的情况。

4. 暂停上市和终止上市

(详见项目三公司法,任务 3 股份有限公司相关内容)

(三)债券上市

1. 债券上市的条件

公司债券上市交易,应符合下列条件:

(1)公司债券的期限为一年以上。

(2)公司债券实际发行额不少于人民币五千万元。

(3)公司申请债券上市时仍符合《公司法》规定的债券发行条件。

2. 申请债券上市应提交的文件

申请公司债券上市交易,应当向证券交易所报送下列文件:

(1)上市报告书。它是上市公司债券的申请人,请求证券交易所审核的申请文书。

(2)申请公司债券上市的董事会决议。它是指申请公司债券上市的公司的董事会按照《公司法》和公司章程的决定,作出的申请公司债券上市的书面决定。

(3)公司章程。按照《公司法》的规定,制定的具有法律效力的公司章程。

(4)公司营业执照。它是指公司登记机关核发的允许公司从事营业活动的凭证。该凭证必须真实、合法、有效。

(5)公司债券募集办法。这是公司制作的募集公司债券的活动准则。

(6)公司债券的实际数额。这一数额反映了公司发行债券的真实情况。

(7)证券交易所上市规则规定的其他文件。

申请可转换为股票的公司债券上市交易,还应当报送保荐人出具的上市保荐书。

3. 公告

公司债券上市交易申请经证券交易所审核同意后,签订上市协议的公司应当在规定的期限内公告公司债券上市文件及有关文件,并将其申请文件置备于指定场所供公众查阅。

4. 暂停债券上市

公司债券上市交易后,公司有下列情形之一的,由证券交易所决定暂停其公司债券上市交易:

(1)公司有重大违法行为。这种行为是指造成很大社会影响、损害广大投资者利益等方面的行为。

(2)公司情况发生重大变化不符合公司债券上市条件。

(3)发行公司债券所募资金不按照核准的用途使用。法律规定,发行公司债券筹集的资金不得用于弥补亏损和非生产性支出。

(4)未按照公司债券募集办法履行义务。如未支付本金或未支付利息等义务。

(5)公司最近两年连续亏损。

5. 终止债券上市

公司债券上市交易后,公司有下列情形之一的,由证券交易所决定终止其公司债券上市交易:

(1)公司有重大违法行为和未按照公司债券募集办法履行义务,经查实后果严重的,由证券交易所决定终止其公司债券上市。

(2)公司情况发生重大变化不符合公司债券上市条件、发行公司债券所募资金不按照核准的用途使用、公司最近两年连续亏损,在限期内未能消除的,由证券交易所决定终止其公司债券上市交易。

(3)公司解散或者被宣告破产的,由证券交易所终止其公司债券上市交易。

对证券交易所作出的不予上市、暂停上市、终止上市决定不服的,可以向证券交易所设立的复核机构申请复核。

三、信息披露制定

信息披露制定,是指发行人、上市公司依法将自己的财务、经营等情况向国务院证券监督管理机构和证券交易所报告,并向社会公众公开的法律制度。信息披露制度,贯穿于证券的发行与交易的全过程。

(一)披露的信息,必须真实、准确、完整

发行人、上市公司依法披露的信息,必须真实、准确、完整,不得有虚假记载、误导性陈述或者重大遗漏。真实,是指公开的信息必须真实可靠,不得有虚假。准确,是指公开的数据精确,有合法的依据。完整,是指公开的信息无重大遗漏。及时,是指应在法定的期间内披露信息。

上市公司董事、监事、高级管理人员应当保证上市公司所披露的信息真实、准确、完整。

依法必须披露的信息,应当在国务院证券监督管理机构指定的媒体发布,同时将其置备于公司住所、证券交易所,供社会公众查阅。

(二)公告信息

经国务院证券监督管理机构核准依法公开发行股票,或者经国务院授权的部门核准依法公开发行公司债券,应当公告招股说明书、公司债券募集办法。依法公开发行新股或者

公司债券的，还应当公告财务会计报告。

上市公司董事、高级管理人员应当对公司定期报告签署书面确认意见。上市公司监事会应当对董事会编制的公司定期报告进行审核并提出书面审核意见。

（三）公告中期报告

上市公司和公司债券上市交易的公司，应当在每一会计年度的上半年结束之日起二个月内，向国务院证券监督管理机构和证券交易所，报送记载以下内容的中期报告，并予以公告：

1. 公司财务会计报告和经营情况；
2. 涉及公司的重大诉讼事项；
3. 已发行的股票、公司债券变动情况；
4. 提交股东大会审议的重要事项；
5. 国务院证券监督管理机构规定的其他事项。

（四）公告年度报告

上市公司和公司债券上市交易的公司，应当在每一会计年度结束之日起四个月内，向国务院证券监督管理机构和证券交易所，报送记载以下内容的年度报告，并予以公告：

1. 公司概况；
2. 公司财务会计报告和经营情况；
3. 董事、监事、高级管理人员简介及其持股情况；
4. 已发行的股票、公司债券情况，包括持有公司股份最多的前十名股东的名单和持股数额；
5. 公司的实际控制人；
6. 国务院证券监督管理机构规定的其他事项。

（五）重大事项公告

发生可能对上市公司股票交易价格产生较大影响的重大事件，投资者尚未得知时，上市公司应当立即将有关该重大事件的情况，向国务院证券监督管理机构和证券交易所报送临时报告，并予公告，说明事件的起因、目前的状态和可能产生的法律后果。重大事件是指：

1. 公司的经营方针和经营范围的重大变化；
2. 公司的重大投资行为和重大的购置财产的决定；
3. 公司订立重要合同，可能对公司的资产、负债、权益和经营成果产生重要影响；
4. 公司发生重大债务和未能清偿到期重大债务的违约情况；
5. 公司发生重大亏损或者重大损失；
6. 公司生产经营的外部条件发生的重大变化；
7. 公司的董事、三分之一以上监事或者经理发生变动；
8. 持有公司百分之五以上股份的股东或者实际控制人，其持有股份或者控制公司的情况发生较大变化；
9. 公司减资、合并、分立、解散及申请破产的决定；
10. 涉及公司的重大诉讼，股东大会、董事会决议被依法撤销或者宣告无效；

11.公司涉嫌犯罪被司法机关立案调查,公司董事、监事、高级管理人员涉嫌犯罪被司法机关采取强制措施;

12.国务院证券监督管理机构规定的其他事项。

(六)提供虚假信息的责任承担

发行人、上市公司公告的招股说明书、公司债券募集办法、财务会计报告、上市报告文件、年度报告、中期报告、临时报告以及其他信息披露资料,有虚假记载、误导性陈述或者重大遗漏,致使投资者在证券交易中遭受损失的,发行人、上市公司应当承担赔偿责任。

发行人、上市公司的董事、监事、高级管理人员和其他直接责任人员以及保荐人、承销的证券公司,应当与发行人、上市公司承担连带赔偿责任,但是能够证明自己没有过错的除外。

发行人、上市公司的控股股东、实际控制人有过错的,应当与发行人、上市公司承担连带赔偿责任。

(七)保密义务

证券监督管理机构、证券交易所、保荐人、承销的证券公司及有关人员,对公司依照法律、行政法规规定必须作出的公告,在公告前不得泄露其内容。

四、禁止的交易行为

(一)内幕交易行为

禁止证券交易内幕信息的知情人和非法获取内幕信息的人利用内幕信息从事证券交易活动。这种利用内幕信息进行交易的行为是内幕交易行为。

1.知情人

证券交易内幕信息的知情人包括:

(1)发行人的董事、监事、高级管理人员;

(2)持有公司百分之五以上股份的股东及其董事、监事、高级管理人员,公司的实际控制人及其董事、监事、高级管理人员;

(3)发行人控股的公司及其董事、监事、高级管理人员;

(4)由于所任公司职务可以获取公司有关内幕信息的人员;

(5)证券监督管理机构工作人员以及由于法定职责对证券的发行、交易进行管理的其他人员;

(6)保荐人、承销的证券公司、证券交易所、证券登记结算机构、证券服务机构的有关人员;

(7)国务院证券监督管理机构规定的其他人。

2.内幕信息

证券交易活动中,涉及公司的经营、财务或者对该公司证券的市场价格有重大影响的尚未公开的信息,为内幕信息。下列信息属内幕信息:

(1)可能对上市公司股票交易价格产生较大影响的重大事件;

(2)公司分配股利或者增资的计划;

(3)公司股权结构的重大变化;

（4）公司债务担保的重大变更；
（5）公司营业用主要资产的抵押、出售或者报废一次超过该资产的百分之三十；
（6）公司的董事、监事、高级管理人员的行为可能依法承担重大损害赔偿责任；
（7）上市公司收购的有关方案；
（8）国务院证券监督管理机构认定的对证券交易价格有显著影响的其他重要信息。

3.禁止内幕交易行为

（1）证券交易内幕信息的知情人和非法获取内幕信息的人，在内幕信息公开前，不得买卖该公司的证券，或者泄露该信息，或者建议他人买卖该证券。

（2）持有或者通过协议、其他安排与他人共同持有公司百分之五以上股份的自然人、法人、其他组织收购上市公司的股份，《证券法》另有规定的，适用其规定。

内幕交易行为给投资者造成损失的，行为人应当依法承担赔偿责任。

（二）操纵市场行为

操纵市场行为，是指在证券市场上，行为人通过不正当手段，人为扭曲证券的交易价格或者制造虚假的证券交易量，引诱他人参与证券交易，并从中谋取不正当利益的行为。操纵市场行为实质上是一种欺诈行为，操纵者从中获取不正当利益或转嫁风险。为了保障投资者的利益，法律严禁操纵市场行为。

禁止任何人以下列手段操纵证券市场：

1.单独或者通过合谋，集中资金优势、持股优势或者利用信息优势联合或者连续买卖，操纵证券交易价格或者证券交易量。

2.与他人串通，以事先约定的时间、价格和方式相互进行证券交易，影响证券交易价格或者证券交易量。

3.在自己实际控制的账户之间进行证券交易，影响证券交易价格或者证券交易量。

4.以其他手段操纵证券市场。

操纵证券市场行为给投资者造成损失的，行为人应当依法承担赔偿责任。

（三）制造虚假信息行为

制造虚假信息行为，是指行为人编造并传播虚假信息或进行虚假陈述或信息误导，扰乱证券市场的行为。信息公开是证券交易公开原则的一项具体内容，也是保证证券市场公正自由，保护投资者利益和社会公众利益的一项基本制度。因此，《证券法》禁止制造虚假信息行为。

1.禁止编造并传播虚假信息

禁止国家工作人员、传播媒介从业人员和有关人员编造、传播虚假信息，扰乱证券市场。

2.禁止进行虚假陈述或信息误导

禁止证券交易所、证券公司、证券登记结算机构、证券服务机构及其从业人员，证券业协会、证券监督管理机构及其工作人员，在证券交易活动中作出虚假陈述或者信息误导。

各种传播媒介传播证券市场信息必须真实、客观，禁止误导。

（四）欺诈客户行为

欺诈客户行为，是指证券公司及其从业人员在接受客户从事证券交易及相关活动中，违背客户真实意思进行代理的行为,以及诱导客户委托其代理进行证券交易的行为。我国《证券法》禁止证券公司及其从业人员,从事下列损害客户利益的欺诈行为:

1. 违背客户的委托为其买卖证券;
2. 不在规定时间内向客户提供交易的书面确认文件;
3. 挪用客户所委托买卖的证券或者客户账户上的资金;
4. 未经客户的委托,擅自为客户买卖证券,或者假借客户的名义买卖证券;
5. 为牟取佣金收入,诱使客户进行不必要的证券买卖;
6. 利用传播媒介或者通过其他方式提供、传播虚假或者误导投资者的信息;
7. 其他违背客户真实意思表示,损害客户利益的行为。

欺诈客户行为给客户造成损失的,行为人应当依法承担赔偿责任。

(五)其他禁止行为

1. 禁止法人非法利用他人账户从事证券交易;禁止法人出借自己或者他人的证券账户。

证券交易必须依法进行。通过合法手段开立的账户,进行交易就是合法交易,其权利受法律保护。如果法人非法利用他人账户从事证券交易,势必影响证券交易秩序,扰乱证券市场,给国家证券监督机构的监管带来阻碍,会给证券市场带来巨大风险。因此,证券交易中严禁法人非法利用他人账户从事证券交易,也禁止法人出借自己或者他人的证券账户。

2. 依法拓宽资金入市渠道,禁止资金违规流入股市。禁止银行贷款等违规资金进入证券市场。

3. 禁止任何人挪用公款买卖证券。

挪用公款买卖证券,是指利用单位资金买卖证券的行为。证券市场属于高风险投资,任何人利用职务之便,挪用公款买卖证券,极易造成公款的流失,给国家或单位造成无法挽回的经济损失。因此,法律禁止任何人挪用公款买卖证券。

4. 国有企业和国有资产控股的企业买卖上市交易的股票,必须遵守国家有关规定。

任务4 上市公司收购

一、上市公司收购的概念和方式

所谓上市公司收购,是指投资者以获得某上市公司的控股权或者对该上市公司进行兼并为目的,依法定的程序和方式购入该上市公司公开发行的部分或者全部股份的行为。上市公司的收购能够有效改善公司的经营管理,对于公司治理具有十分重要的意义。

根据我国《证券法》的规定,投资者可以采取要约收购、协议收购及其他合法方式收购上市公司。

所谓要约收购,是指收购人通过向目标公司的股东发出购买其所持该公司股份的要约,并按照该要约所规定的收购条件、收购价格、收购期限等内容进行收购的方式。所谓协议收购,是指收购人通过与目标公司的股东进行协商达成收购协议,并按照该协议所规定的收购条件、收购价格、收购期限等内容进行收购的方式。

二、持股披露制度

持股披露制度是各国证券法用以规范场内上市公司收购的主要措施,它要求投资者在持有上市公司股份的一定比例时或者达到该比例后持股量发生法定比例的增减变化时,必须向证券管理机关和社会公众披露持股情况。其目的在于防止出现操纵市场的行为发生,保护中小投资者的利益,使上市公司的其他投资者能及时了解这些大宗股份买卖行为,有利于对今后的投资做出决策。

(一)需要披露的持股情形

1.《证券法》规定,通过证券交易所的证券交易,投资者持有或者通过协议、其他安排与他人共同持有一个上市公司已发行的股份达到5%时。

2.投资者持有或者通过协议、其他安排与他人共同持有一个上市公司已发行的股份达到百分之五后,其所持该上市公司已发行的股份比例每增加或者减少百分之五。

(二)披露的期限与方式

达到法定应披露的情形时,投资者应当在该事实发生之日起三日内,向国务院证券监督管理机构、证券交易所作出书面报告,通知该上市公司,并予公告。

(三)披露期间禁止的行为

投资者持有或者通过协议、其他安排与他人共同持有一个上市公司已发行的股份达到5%时。在报告期内,不得再行买卖该上市公司的股票。随后持股增减达到5%,在报告期内和作出报告、公告后二日内,不得再行买卖该上市公司的股票。

(四)持股披露的内容

按照《证券法》规定,投资者符合持股披露要求的,应进行持股披露,其书面报告和公告,应当包括下列内容:

1.持股人的名称、住所;

2.持有的股票的名称、数额;

3.持股达到法定比例或者持股增减变化达到法定比例的日期。

三、要约收购制度

要约收购,是指收购人通过向目标公司的股东发出购买其所持公司股份的书面意思表示,并按照其公告的收购要约所规定的收购条件、收购价格、收购期限及其他规定事项,收购目标公司股份的收购方式。

(一)要约收购的条件

通过证券交易所的证券交易,投资者持有或者通过协议、其他安排与他人共同持有一个上市公司已发行的股份达到30%时,继续进行收购的,应当依法向该上市公司所有股东发出收购上市公司全部或者部分股份的要约。

收购上市公司部分股份的收购要约应当约定,被收购公司股东承诺出售的股份数额超过预定收购的股份数额的,收购人按比例进行收购。

(二)要约收购的程序

1. 报送收购报告书。

依照上述规定规定发出收购要约,收购人必须事先向国务院证券监督管理机构报送上市公司收购报告书,并载明下列事项:

(1)收购人的名称、住所;
(2)收购人关于收购的决定;
(3)被收购的上市公司名称;
(4)收购目的;
(5)收购股份的详细名称和预定收购的股份数额;
(6)收购期限、收购价格;
(7)收购所需资金额及资金保证;
(8)报送上市公司收购报告书时持有被收购公司股份数占该公司已发行的股份总数的比例。

收购人还应当将上市公司收购报告书同时提交证券交易所。

2. 公告收购要约

收购人应当在依法向国务院证券监督管理机构和证券交易所报送上市公司收购报告书之日起15日后,公告其收购要约。在上述期限内,国务院证券监督管理机构发现上市公司收购报告书不符合法律、行政法规规定的,应当及时告知收购人,收购人不得公告其收购要约。

收购要约约定的收购期限不得少于30日,并不得超过60日。

3. 对收购要约的承诺

在收购要约确定的承诺期限内,收购人不得撤销其收购要约。收购人需要变更收购要约的,必须事先向国务院证券监督管理机构及证券交易所提出报告,经批准后,予以公告。

采取要约收购方式的,收购人在收购期限内,不得卖出被收购公司的股票,也不得采取要约规定以外的形式和超出要约的条件买入被收购公司的股票。

收购要约公告后,在其有效期届满前,收购人应当按照收购要约规定的各项条件进行收购。收购要约提出的各项收购条件,适用于被收购公司的所有股东。

4. 收购完成及法律后果

(1)上市终止

收购期限届满,被收购公司股权分布不符合上市条件的,该上市公司的股票应当由证券交易所依法终止上市交易;其余仍持有被收购公司股票的股东,有权向收购人以收购要约的同等条件出售其股票,收购人应当收购。

(2)变更企业形式

收购行为完成后,被收购公司不再具备股份有限公司条件的,应当依法变更企业形式。

(3)股票禁止转让

在上市公司收购中,收购人持有的被收购的上市公司的股票,在收购行为完成后的12个月内不得转让。

(4)更换股票

收购行为完成后,收购人与被收购公司合并,并将该公司解散的,被解散公司的原有股票由收购人依法更换。

(5)公告

收购行为完成后,收购人应当在十五日内将收购情况报告国务院证券监督管理机构和证券交易所,并予公告。

(6)收购上市公司中由国家授权投资的机构持有的股份,应当按照国务院的规定,经有关主管部门批准。

四、协议收购

协议收购,是指收购人通过与目标公司的股东反复协商,达成协议,并按照协议所规定的收购条件、收购价格、收购期限及其他规定事项,收购目标公司股份的收购方式。

(一)书面股份转让协议

采取协议收购方式的,收购人可以依照法律、行政法规的规定同被收购公司的股东以协议方式进行股份转让。

(二)书面报告及公告

以协议方式收购上市公司时,达成协议后,收购人必须在3日内将该收购协议向国务院证券监督管理机构及证券交易所作出书面报告,并予公告。在公告前不得履行收购协议。

(三)协议履行

采取协议收购方式的,协议双方可以临时委托证券登记结算机构保管协议转让的股票,并将资金存放于指定的银行。

采取协议收购方式的,收购人收购或者通过协议、其他安排与他人共同收购一个上市公司已发行的股份达到百分之三十时,继续进行收购的,应当向该上市公司所有股东发出收购上市公司全部或者部分股份的要约。但是,经国务院证券监督管理机构免除发出要约的除外。

任务5 证券机构

一、证券交易所

(一)证券交易所的含义和法律特征

证券交易所是为证券集中交易提供场所和设施,组织和监督证券交易,实行自律管理的法人。证券交易所具有以下法律特征:

1. 具有法人资格。依法设立、有独立的财产、能以自己的名义享有权利承担义务。

2. 证券交易所的设立和解散,由国务院决定。目前,我国只设立了两家证券交易所,即上海证券交易所和深圳证券交易所,它们分别成立于1990年12月和1991年6月。

3. 证券交易所必须制定章程。证券交易所章程的制定和修改,必须经国务院证券监督管理机构批准。

4.证券交易所必须在其名称中标明"证券交易所"字样。其他任何单位或者个人不得使用证券交易所或者近似的名称。

5.证券交易所实行会员制。证券交易所的组织形式主要有公司制和会员制。我国证券交易所采用会员制。进入证券交易所参与集中交易的,必须是证券交易所的会员。

(二)证券交易所的职责

证券交易所是证券交易市场的核心,它为交易双方提供证券交易的基本场所和必要的设施。根据我国《证券法》规定,证券交易所的法定职责主要有:

1.为证券集中交易提供场所和设施。保证其证券交易场所和设施的正常运行并逐步改善。

2.证券交易所应当从其收取的交易费用和会员费、席位费中提取一定比例的金额设立风险基金。证券交易所应当将收存的风险基金存入开户银行专门账户,不得擅自使用。

3.公布证券交易即时行情。证券交易所应当为组织公平的集中交易提供保障,公布证券交易即时行情,并按交易日制作证券市场行情表,予以公布。

未经证券交易所许可,任何单位和个人不得发布证券交易即时行情。

4.因突发性事件而影响证券交易的正常进行时,证券交易所可以采取技术性停牌的措施;因不可抗力的突发性事件或者为维护证券交易的正常秩序,证券交易所可以决定临时停市。

证券交易所采取技术性停牌或者决定临时停市,必须及时报告国务院证券监督管理机构。

5.证券交易所对证券交易实行实时监控,并按照国务院证券监督管理机构的要求,对异常的交易情况提出报告。证券交易所根据需要,可以对出现重大异常交易情况的证券账户限制交易,并报国务院证券监督管理机构备案。

6.证券交易所应当对上市公司及相关信息披露义务人,披露信息进行监督,督促其依法及时、准确地披露信息。

7.证券交易所依照证券法律、行政法规制定上市规则、交易规则、会员管理规则和其他有关规则,并报国务院证券监督管理机构批准。

8.在证券交易所内从事证券交易的人员,违反证券交易所有关交易规则的,由证券交易所给予纪律处分;对情节严重的,撤销其资格,禁止其入场进行证券交易。

(三)证券交易所的证券交易规则

1.进场交易的主体。进入证券交易所参与集中竞价交易的,必须是具有证券交易所会员资格的证券公司。

2.投资者应委托证券公司交易。投资者应当与证券公司签订证券交易委托协议,并在证券公司开立证券交易账户,以书面、电话以及其他方式,委托该证券公司代其买卖证券。

3.证券公司根据投资者的委托,按照证券交易规则提出交易申报,参与证券交易所场内的集中交易,并根据成交结果承担相应的清算交收责任。

4.进行清算交割。证券登记结算机构根据成交结果,按照清算交收规则,与证券公司进行证券和资金的清算交收,并为证券公司客户办理证券的登记过户手续。

5. 实行回避制度。证券交易所的负责人和其他从业人员在执行与证券交易有关的职务时,与其本人或者其亲属有利害关系的,应当回避。

二、证券公司

(一)证券公司的概念

证券公司是指依照《公司法》和《证券法》规定设立的经营证券业务的有限责任公司或者股份有限公司。证券公司必须在其名称中标明"证券有限责任公司"或者"证券股份有限公司"字样。

(二)证券公司的设立

1. 证券公司设立条件

设立证券公司,应当具备下列条件:

(1)有符合法律、行政法规规定的公司章程;
(2)主要股东具有持续盈利能力,信誉良好,最近三年无重大违法违规记录,净资产不低于人民币二亿元;
(3)有符合证券法规定的注册资本;
(4)董事、监事、高级管理人员具备任职资格,从业人员具有证券从业资格;
(5)有完善的风险管理与内部控制制度;
(6)有合格的经营场所和业务设施;
(7)法律、行政法规规定的和经国务院批准的国务院证券监督管理机构规定的其他条件。

2. 设立证券公司的程序

设立证券公司,必须经国务院证券监督管理机构审查批准。未经国务院证券监督管理机构批准,任何单位和个人不得经营证券业务。

(1)审查批准

国务院证券监督管理机构应当自受理证券公司设立申请之日起六个月内,依照法定条件和法定程序并根据审慎监管原则进行审查,作出批准或者不予批准的决定,并通知申请人;不予批准的,应当说明理由。

(2)设立登记

证券公司设立申请获得批准的,申请人应当在规定的期限内向公司登记机关申请设立登记,领取营业执照。

(3)申请经营证券业务许可证

证券公司应当自领取营业执照之日起十五日内,向国务院证券监督管理机构申请经营证券业务许可证。未取得经营证券业务许可证,证券公司不得经营证券业务。

(三)证券公司的业务范围

经国务院证券监督管理机构批准,证券公司可以经营下列部分或者全部业务:

1. 证券经纪;
2. 证券投资咨询;
3. 与证券交易、证券投资活动有关的财务顾问;

4. 证券承销与保荐；

5. 证券自营；

6. 证券资产管理；

7. 其他证券业务。

证券公司经营证券经纪、证券投资咨询、与证券交易、证券投资活动有关的财务顾问业务的，注册资本最低限额为人民币5000万元；经营证券承销与保荐、证券自营、证券资产管理和其他证券业务之一的，注册资本最低限额为人民币一亿元；经营这四种业务中两项以上的，注册资本最低限额为人民币五亿元。证券公司的注册资本应当是实缴资本。

(四)证券公司的经营规则

1. 证券公司应当建立健全内部控制制度，采取有效隔离措施，防范公司与客户之间、不同客户之间的利益冲突。

2. 证券公司必须将其证券经纪业务、证券承销业务、证券自营业务和证券资产管理业务分开办理，不得混合操作。

3. 证券公司的自营业务必须以自己的名义进行，不得假借他人名义或者以个人名义进行。

4. 证券公司的自营业务必须使用自有资金和依法筹集的资金。

5. 证券公司不得将其自营账户借给他人使用。

6. 证券公司依法享有自主经营的权利，其合法经营不受干涉。

7. 证券公司客户的交易结算资金应当存放在商业银行，以每个客户的名义单独立户管理。

8. 证券公司办理经纪业务，应当置备统一制定的证券买卖委托书，供委托人使用。

9. 证券公司接受证券买卖的委托，应当根据委托书载明的证券名称、买卖数量、出价方式、价格幅度等，按照交易规则代理买卖证券，如实进行交易记录；买卖成交后，应当按照规定制作买卖成交报告单交付客户。

10. 证券交易中确认交易行为及其交易结果的对账单必须真实，并由交易经办人员以外的审核人员逐笔审核，保证账面证券余额与实际持有的证券相一致。

11. 证券公司办理经纪业务，不得接受客户的全权委托而决定证券买卖、选择证券种类、决定买卖数量或者买卖价格。

12. 证券公司不得以任何方式对客户证券买卖的收益或者赔偿证券买卖的损失作出承诺。

13. 证券公司及其从业人员不得未经过其依法设立的营业场所私下接受客户委托买卖证券。

14. 证券公司为客户买卖证券提供融资融券服务，应当按照国务院的规定并经国务院证券监督管理机构批准。

三、证券登记结算机构

(一)证券登记结算机构的概念和设立

证券登记结算机构是为证券交易提供集中登记、存管与结算服务，不以营利为目的的法人。

设立证券登记结算机构，必须经国务院证券监督管理机构批准。

设立证券登记结算机构,应当具备下列条件:
1. 有资金不少于人民币二亿元;
2. 具有证券登记、存管和结算服务所必须的场所和设施;
3. 要管理人员和从业人员必须具有证券从业资格;
4. 国务院证券监督管理机构规定的其他条件。
证券登记结算机构的名称中应当标明证券登记结算字样。

(二)证券登记结算机构的职能和业务规则

1. 证券登记结算机构的职能
证券登记结算机构履行下列职能:
(1)证券账户、结算账户的设立;
(2)证券的存管和过户;
(3)证券持有人名册登记;
(4)证券交易所上市证券交易的清算和交收;
(5)受发行人的委托派发证券权益;
(6)办理与上述业务有关的查询;
(7)国务院证券监督管理机构批准的其他业务。

2. 证券登记结算机构的业务规则
证券登记结算机构的业务规则有:
(1)证券登记结算采取全国集中统一的运营方式。
(2)证券登记结算机构不得挪用客户的证券。
(3)应当向证券发行人提供证券持有人名册及其有关资料。
(4)应当根据证券登记结算的结果,确认证券持有人持有证券的事实,提供证券持有人登记资料。
(5)应当保证证券持有人名册和登记过户记录真实、准确、完整,不得隐匿、伪造、篡改或者毁损。
(6)应当采取措施保证业务的正常进行,如具有必备的服务设备和完善的数据安全保护措施等。
(7)应当妥善保存登记、存管和结算的原始凭证,保存期不少于20年。
(8)应当设立结算风险基金,并存入专门账户,进行专项管理。

四、证券服务机构

(一)证券服务机构的含义

投资咨询机构、财务顾问机构、资信评级机构、资产评估机构、会计师事务所等从事证券服务业务的机构通称为证券服务机构。证券服务机构的设立必须经国务院证券监督管理机构和有关主管部门批准。

(二)证券服务机构的人员

投资咨询机构、财务顾问机构、资信评级机构从事证券服务业务的人员,必须具备证专业知识和从事证券业务或者证券服务业务二年以上经验。

投资咨询机构及其从业人员从事证券服务业务不得有下列行为：

1. 代理委托人从事证券投资。
2. 与委托人约定分享证券投资收益或者分担证券投资损失。
3. 买卖本咨询机构提供服务的上市公司股票。
4. 利用传播媒介或者通过其他方式提供、传播虚假或者误导投资者的信息。
5. 法律、行政法规禁止的其他行为。

证券服务机构为证券的发行、上市、交易等证券业务活动制作、出具审计报告、资产评估报告、财务顾问报告、资信评级报告或者法律意见书等文件，应当勤勉尽责，对所依据的文件资料内容的真实性、准确性、完整性进行核查和验证。

五、证券监督管理机构

（一）证券监督管理机构的设立和职责

国务院证券监督管理机构依法对证券市场实行监督管理，维护证券市场秩序，保障其合法运行。目前，该机构就是中国证券监督管理委员会。

国务院证券监督管理机构在对证券市场实施监督管理中履行下列职责：

1. 依法制定有关证券市场监督管理的规章、规则，并依法行使审批或者核准权。
2. 依法对证券的发行、交易、登记、存管、结算进行监督管理。
3. 依法对证券发行人、上市公司、证券公司、证券投资基金管理公司、证券服务机构、证券交易所、证券登记结算机构的证券业务活动，进行监督管理。
4. 依法制定从事证券业务人员的资格标准和行为准则，并监督实施。
5. 依法监督检查证券发行、上市和交易的信息公开情况。
6. 依法对证券业协会的活动进行指导和监督。
7. 依法对违反证券市场监督管理法律、行政法规的行为进行查处。
8. 法律、行政法规规定的其他职责。

（二）证券监督管理机构的监管措施

国务院证券监督管理机构依法履行职责，有权采取下列措施：

1. 对证券发行人、上市公司、证券公司、证券投资基金管理公司、证券服务机构、证券交易所、证券登记结算机构进行现场检查；
2. 进入涉嫌违法行为发生场所调查取证；
3. 询问当事人和与被调查事件有关的单位和个人，要求其对与被调查事件有关的事项作出说明；
4. 查阅、复制与被调查事件有关的财产权登记、通讯记录等资料；
5. 查阅、复制当事人和与被调查事件有关的单位和个人的证券交易记录、登记过户记录、财务会计资料及其他相关文件和资料；对可能被转移、隐匿或者毁损的文件和资料，可以予以封存；
6. 查询当事人和与被调查事件有关的单位和个人的资金账户、证券账户和银行账户；

对有证据证明已经或者可能转移或者隐匿违法资金、证券等涉案财产或者隐匿、伪造、毁损重要证据的,经国务院证券监督管理机构主要负责人批准,可以冻结或者查封;

7. 在调查操纵证券市场、内幕交易等重大证券违法行为时,经国务院证券监督管理机构主要负责人批准,可以限制被调查事件当事人的证券买卖,但限制的期限不得超过十五个交易日;案情复杂的,可以延长十五个交易日。

(二)证券监督管理机构工作人员的义务

证券监督管理机构工作人员在履行职责时,应当履行以下义务:

1. 国务院证券监督管理机构工作人员必须忠于职守,依法办事,公正廉洁,不得利用职务便利牟取不正当利益,不得泄露所知悉的有关单位和个人的商业秘密。
2. 证券监督管理机构依法制定的规章、规则和监督管理工作制度应当进行公开。
3. 证券监督管理机构对证券违法行为做出的处罚决定必须公开。
4. 证券监督管理机构在履行职责时,发现证券违法行为涉嫌犯罪的,应当将案件移送司法机关处理。
5. 机构工作人员不得在被监管的机构中兼任职务。

任务6　法律责任

一、违反证券发行规定行为及其法律责任

(一)违反证券发行规定的行为

证券证券发行的违法行为主要包括:

1. 未经法定机关核准,擅自公开或者变相公开发行证券。
2. 发行人不符合发行条件,以欺骗手段骗取发行核准。
3. 证券公司承销或者代理买卖未经核准擅自公开发行的证券的。
4. 证券公司承销证券,违反证券承销业务规定的行为。
5. 保荐人出具有虚假记载、误导性陈述或者重大遗漏的保荐书。
6. 发行人、上市公司或者其他信息披露义务人未按照规定披露信息,或者所披露的信息有虚假记载、误导性陈述或者重大遗漏的。
7. 发行人、上市公司擅自改变公开发行证券所募集资金的用途的。

(二)法律责任

有上述行为的,有关主体分别承担相应的法律责任:

1. 行政责任,如责令违法主体停止发行,责令改正,罚款等。
2. 民事责任,如退还所募资金并加算银行同期存款利息等。
3. 刑事责任,即所做出的行为构成犯罪的,按刑法规定追究刑事责任。

二、违反证券监督管理机构规定的行为及其法律责任

（一）违反证券监督管理机构规定的行为

违反证券机构管理规定的行为主要包括：

1. 非法开设证券交易场所；
2. 擅自设立证券公司，或者非法经营证券业务的；
3. 聘任不具有任职资格、证券从业资格的人员的；
4. 证券交易所、证券公司、证券登记结算机构、证券服务机构的从业人员或者证券业协会的工作人员，故意提供虚假资料，隐匿、伪造、篡改或者毁损交易记录，诱骗投资者买卖证券的；
5. 关联人员违规买卖股票的。

（二）法律责任

做出上述行为的，有关主体分别承担相应的法律责任。责任包括：

1. 行政责任，如依法取缔，责令改正，取消证券业务许可，责令关闭，责令停业，吊销责任人员资格证书，没收违法所得，罚款，给予直接负责的主管人员和直接责任人员行政处分等；
2. 民事责任，如赔偿损失等；
3. 刑事责任，即所做行为构成犯罪的，按刑法规定追究刑事责任。

三、违反证券交易规定的行为及其法律责任

（一）违反证券交易规定的行为

证券交易违法行为主要包括：

1. 内幕交易。证券交易内幕信息的知情人或者非法获取内幕信息的人，在涉及证券的发行、交易或者其他对证券的价格有重大影响的信息公开前，买卖该证券，或者泄露该信息，或者建议他人买卖该证券的。
2. 操纵证券市场的。
3. 禁止持有、买卖或者限制买卖股票的人员持有、买卖股票。
4. 证券公司违法为客户买卖证券，提供融资融券的。
5. 证券交易活动中作出虚假陈述或者信息误导的。
6. 法人以他人名义设立账户或者利用他人账户买卖证券的。
7. 证券公司违反证券法规定，假借他人名义或者以个人名义从事证券自营业务的。
8. 证券公司违背客户的委托买卖证券、办理交易事项，或者违背客户真实意思表示，办理交易以外的其他事项的。
9. 证券公司、证券登记结算机构挪用客户的资金或者证券，或者未经客户的委托，擅自为客户买卖证券的。
10. 收购人未按照法律规定公告、发出收购要约、报送收购报告书等义务或者擅自变更收购要约的。

11. 利用上市公司收购，损害被收购公司及其股东的合法权益的。

（二）法律责任

有上述行为的，有关主体分别承担相应的法律责任，其法律责任包括：

1. 行政责任，如责令依法处理非法获得的证券，没收违法所得，罚款，给予直接负责的主管人员和直接责任人员行政处分等；

2. 民事责任，如赔偿损失等；

3. 刑事责任，即所做行为构成犯罪的，按刑法规定追究刑事责任。

☞ 小结

本项目主要介绍了《中华人民共和国证券法》。重点应掌握证券的发行；证券上市；证券交易；禁止的交易行为；证券公司等法律规定。

☞ 实务训练

一、案例分析示范

1. 案情介绍

远大股份有限公司经过法定程序批准，于2014年2月10日通过向社会公开发行股票成立，注册资本为5000万元。为了扩大生产经营规模，公司决定通过增资扩股方式筹集资金。2015年8月28日，该公司董事会向股东大会提交了一份增资扩股方案，该方案主要内容如下：

（1）根据公司盈利和财产增值情况，每股发行价格拟定为13元人民币，共计发行400万股，并委托大海证券公司独家承销。

（2）如果一切进展顺利，新股销售时间将安排在2016年2月1日至5月10日之间进行。

2. 问题

上述内容是否符合法律的规定，为什么？

3. 法律评析

根据法律规定，拟公开发行股票的面值总额超过人民币5000万元的，应当由两个以上承销机构组成承销团承销，而本案中公司新股配售额预期销售总金额超过了人民币5000万元，因此由一家证券公司承销新股发售是不合法的。

根据法律规定，承销期不得超过90日，而本次新股配售超过了90日，因而是违法的。

二、案例分析练习

A、B两公司均为股票上市公司。A公司单独设立证券投资部，集中大量货币资金与某证券公司联合，利用公司年度报告和中期报告前的时间差，大量购入本公司股票；后利用发行债券的资金，委托其关联企业代为收购B公司发行在外普通股，因未以A公司名义收购，故未上报国务院证券监督管理机构，也未对外公告，截止目前已累计收购B公司股份的 40%。

请问：A 公司上述行为有哪些不合法之处？

三、思考题

1. 公司债券的发行条件有哪些？
2. 公司发行新股的条件有哪些？
3. 股份有限公司申请股票上市的条件有哪些？
4. 公司债券上市交易应符合的条件有哪些？
5. 证券公司的设立条件有哪些？

项目十五 仲裁和诉讼

❋ 案例导入

2014年8月,甲公司与乙公司签订借款合同,约定:甲公司将600万元借给乙公司,期限一年,时间从2014年8月31日至2015年8月31日。合同签订后,甲公司将借款600万元给付乙公司,合同到期后,乙公司未履行还款义务。2015年9月30日,江苏某集团公司向甲公司出具承诺函,写明:乙公司欠甲公司600万元,由江苏某集团公司负责归还,最后还款时间为2015年11月30日。江苏某集团公司承诺后,未能如约偿还。现甲公司将乙公司、江苏某集团公司诉至法院。

❋ 任务引入

什么是诉讼当事人?江苏某集团公司能否成为诉讼当事人?

任务1 仲裁

一、经济仲裁的概念和适用

1. 仲裁的概念

仲裁是指双方当事人在争议发生前或争议发生后达成协议,将争议事项提交仲裁机构进行审理,并由其做出具有约束力的裁决,双方当事人对此有义务执行的一种争议解决方式。仲裁与其他解决纠纷的方式相比,具有自愿性、专业性、程序灵活性、保密性和独立性的特征。仲裁的基本法律规定是1995年9月1日起施行的《中华人民共和国仲裁法》(以下简称《仲裁法》)。

2. 仲裁的适用范围

根据《仲裁法》规定，平等主体的公民、法人和其他组织之间发生的合同纠纷和其他财产权益纠纷，可以仲裁。这就是说，仲裁事项必须是合同纠纷和其他财产性法律关系的争议。与人身有关的婚姻、收养、监护、扶养、继承纠纷是不能进行仲裁的。其次，仲裁事项必须是平等主体之间发生的且当事人有权处分的财产权益纠纷。由强制性法律规范调整的法律关系的争议不能进行仲裁。因此，行政争议不能仲裁。

二、仲裁的基本原则

根据《仲裁法》的规定，仲裁应遵循以下基本原则：

1. 自愿原则

根据这一原则，当事人如果采取仲裁方式解决纠纷，必须首先由双方自愿达成仲裁协议。没有仲裁协议，一方申请仲裁的，仲裁组织不予受理；当事人还可以自愿选择仲裁机构及仲裁员；当事人也可以自行和解，达成和解协议后，可以请求仲裁庭根据和解协议作出仲裁裁决书，也可以撤回仲裁请求；当事人自愿调解的，仲裁庭应予调解。

2. 以事实为根据，以法律为准绳，公平合理地解决纠纷原则

仲裁机构应以客观事实为根据，以民事实体法和程序法作为作出仲裁裁决的标准。为了准确地认定事实，仲裁庭必须充分听取双方当事人的陈述、证人证言和鉴定人的鉴定意见，防止偏听偏信和主观臆断。仲裁庭认为有必要收集的证据，可以自行收集。在适用法律时，法律有明文规定的，按照法律的规定执行；无明文规定的，按照法律的基本精神和公平合理原则处理；不偏袒任何一方，也不对任何一方施加压力。

3. 仲裁组织依法独立行使仲裁权原则

仲裁组织是民间组织，它不隶属任何国家机关。仲裁组织仅对法律负责，依法独立进行仲裁，不受任何行政机关、社会团体和个人的干涉。法院可以依法对仲裁进行必要的监督。

4. 一裁终局原则

即仲裁裁决作出后，当事人就同一纠纷，不能再申请仲裁或向法院起诉。但是裁决被法院依法裁定撤销或不予执行的，当事人可以重新达成仲裁协议申请仲裁，也可以向法院起诉。

5. 回避原则

回避是指仲裁机构在仲裁案件时，如果参加仲裁的仲裁员与该案结果有利害关系或有其他牵连可能影响公正仲裁的，当事人可以要求更换仲裁员，使其不再参加案件的仲裁活动，仲裁员也可主动要求回避，退出案件的仲裁活动。有下列情形之一的，仲裁员也可主动要求回避申请。当事人任何一方提出回避申请应当在首次开庭仲裁前提出，但如果回避事由是首次开庭后知道的，也可以在最后一次开庭仲裁结束前提出。当事人提出回避申请后，仲裁员是否回避，由仲裁机构作出决定，仲裁员回避，当事人还可重新指定或重新选定仲裁员。

6. 仲裁不公开原则

仲裁庭在对经济合同案件进行仲裁时，不能在有除合同当事人之外的第三人在场时公开进行，也不能将仲裁过程向新闻界公开。这一原则是为了保护当事人的合法权益，因为

仲裁过程中涉及大量当事人的经济情报和商业秘密，如果公开仲裁过程，必将使这些为当事人所拥有的有价值的商业信息公开泄露，使当事人遭受损失。当然，如果当事人协商双方同意公开仲裁，仲裁机构也可公开进行。但如果仲裁机构认为涉及国家机密的合同纠纷，也不能公开仲裁。

三、仲裁协议

仲裁协议是双方当事人自愿把他们之间已经发生或将来可能发生的经济纠纷提交仲裁解决的协议。

1. 仲裁协议必须具有的内容

（1）请求仲裁的意思表示；

（2）仲裁事项；

（3）选定的仲裁委员会。

仲裁协议一旦依法签订便产生法律效力，双方必须遵守。当合同纠纷发生后，必须向约定的仲裁机构提起仲裁，且不能改变仲裁范围。

2. 仲裁协议的效力

（1）仲裁协议中为当事人设定的一定义务，不能任意更改、终止或撤销；

（2）合法有效的仲裁协议对双方当事人诉权的行使产生一定的限制，在当事人双方发生协议约定的争议时，任何一方只能将争议提交仲裁，而不能向法院起诉；

（3）对于仲裁组织来说，仲裁协议具有排除诉讼管辖权的作用；

（4）仲裁协议具有独立性，合同的变更、解除、终止或无效，不影响仲裁协议的效力。

当事人对仲裁协议的效力有异议的，应当在仲裁庭首次开庭前请求仲裁委员会作出决定，或请求人民法院作出裁定。一方请求仲裁委员会作出决定，另一方请求人民法院作出裁定的，由人民法院裁定。仲裁协议对仲裁事项或仲裁委员会没有约定或约定不明确的，当事人可以补充协议；达不成补充协议的，仲裁协议无效。

3. 仲裁协议无效

有下列情形之一的，仲裁协议无效：

（1）约定的仲裁事项超过法律规定的仲裁范围的；

（2）无民事行为能力人或限制民事行为能力人订立的仲裁协议；

（3）一方采取胁迫手段，迫使对方订立仲裁协议的。

四、仲裁程序

1. 仲裁庭的组成

仲裁庭可以由三名仲裁员或者一名仲裁员组成。由三名仲裁员组成的，设首席仲裁员。当事人约定由三名仲裁员组成仲裁庭的，应当各自选定或者各自委托仲裁委员会主任指定一名仲裁员，第三名仲裁员由当事人共同选定或者共同委托仲裁委员会主任指定。第三名仲裁员是首席仲裁员。当事人约定由一名仲裁员成立仲裁庭的，应当由当事人共同选定或者共同委托仲裁委员会主任指定仲裁员。当事人没有在仲裁规则规定的期限内约定仲裁庭的组成方式或者选定仲裁员的，由仲裁委员会主任指定。仲裁庭组成后，仲裁委员会应当将仲裁庭的组成情况书面通知当事人。

2. 申请和受理

当事人申请仲裁应当符合下列条件：

（1）有仲裁协议；

（2）有具体的仲裁请求和事实、理由；

（3）属于仲裁委员会的受理范围。

当事人申请仲裁，应当向仲裁委员会递交仲裁协议、仲裁申请书及副本。仲裁委员会收到仲裁申请书之日起五日内，认为符合受理条件的，应当受理，并通知当事人；认为不符合受理条件的，应当书面通知当事人不予受理，并说明理由。

仲裁委员会受理仲裁申请后，应当在仲裁规则规定的期限内将仲裁规则和仲裁员名册送达申请人，并将仲裁申请书副本和仲裁规则、仲裁员名册送达被申请人。被申请人收到仲裁申请书副本后，应当在仲裁规则规定的期限内向仲裁委员会提交答辩书。仲裁委员会收到答辩书后，应当在仲裁规则规定的期限内将答辩书副本送达申请人。被申请人未提交答辩书的，不影响仲裁程序的进行。

当事人达成仲裁协议，一方向人民法院起诉未声明有仲裁协议，人民法院受理后，另一方在首次开庭前提交仲裁协议的，人民法院应当驳回起诉，但仲裁协议无效的除外；另一方在首次开庭前未对人民法院受理该案提出异议的，视为放弃仲裁协议，人民法院应当继续审理。

3. 仲裁开庭和裁决

仲裁应当开庭进行。当事人协议不开庭的，仲裁庭可以根据仲裁申请书、答辩书以及其他材料作出裁决。仲裁一般不公开进行。仲裁委员会应当在仲裁规则规定的期限内，将开庭日期通知双方当事人。申请人经书面通知，无正当理由不到庭或未经仲裁庭许可中途退庭的，可视为撤回仲裁申请，对于被申请人则可以缺席裁决。当事人有正当理由的，可在仲裁规则规定的期限内请求延期开庭。

当事人应当对自己的主张提供证据，并有权申请证据保全。仲裁庭认为有必要收集的证据可以自行收集。证据应当在开庭时出示，当事人可以质证。当事人在仲裁过程中有权进行辩论，辩论终结时，仲裁庭应当征求当事人的最后意见。

申请仲裁后，当事人可以自行和解。达成和解协议的可以请求仲裁庭根据和解协议作出裁决书，也可以撤回仲裁申请。达成和解协议，撤回仲裁申请后反悔的，也可以根据仲裁协议申请仲裁。

仲裁庭在作出裁决前，可以先行调解，当事人自愿调解的，仲裁庭应当调解；调解不成的，应当及时作出裁决。调解达成协议的，应当制作调解书或根据协议的结果制作裁决书，调解书经双方当事人签收后，即与裁决书具有同等的法律效力。调解书签收前反悔的，仲裁庭应当及时作出裁决。

裁决应按多数仲裁员的意见作出，少数仲裁员的不同意见可以记入笔录。仲裁庭不能形成多数意见时，裁决应当按首席仲裁员的意见作出。裁决书自作出之日起发生法律效力。当事人应当履行裁决。一方当事人不履行的，另一方当事人可以按照《民事诉讼法》的有关规定向人民法院申请执行。

4.裁决的撤销

如果当事人认为仲裁裁决不符合我国法律规定,提出证据证明裁决有依法应撤销情况的,可在收到裁决之日起6个月内向仲裁机构所在地中级法院提出撤销裁决的申请,人民法院经组成合议庭审查核实裁决有法定撤销情形之一的,或认定裁决违背社会公共利益的,法院可依法撤销裁决;否则,驳回当事人的申请,维持原裁决的效力。法院所作的撤销裁决的裁定或驳回当事人申请撤销裁决的裁定,对当事人发生终局裁定的法律效力。如法院驳回当事人申请撤销裁决,仲裁裁决有效,双方当事人仍应遵守裁决。当事人不能再次提出申请或请求法院再审。如法院裁定撤销仲裁裁决,这就意味着仲裁裁决无效,当事人之间的合同纠纷并没有得到解决。当事人可通过以下两种方法去解决并未解决的合同纠纷:(1)当事人再行协商,达成一个新的仲裁协议,选定新的仲裁机构,再次提起仲裁。(2)当事人直接向法院起诉,通过法院的审判活动,对合同争议做出终审判决。

任务2 诉讼

诉讼是指人民法院根据纠纷当事人的请求,运用审判权确认争议各方权利义务关系,解决经济纠纷的活动。诉讼是解决经济纠纷的重要手段,大多数情况下是解决经济纠纷的最终办法。经济纠纷所涉及的诉讼包括行政诉讼和民事诉讼。这里所说的行政诉讼是指人民法院根据当事人的请求,依法审查并裁决行使行政管理职权的行政机关所做出的具体行政行为的合法性,以解决经济纠纷的活动,如人民法院依法审理作为经济法主体的公民与税务机关在税收征纳关系上发生争议的行政案件。民事诉讼是指人民法院在当事人及其他诉讼参与人的参加下,依法审理并裁决经济纠纷案件所进行的活动。由于解决经济纠纷所涉及的诉讼绝大部分属于民事诉讼,因此本节主要就民事诉讼予以介绍,民事诉讼适用《民事诉讼法》的有关规定。

一、诉讼管辖

诉讼管辖是指各级人民法院之间以及不同地区的同级人民法院之间,受理第一审经济案件的分工和权限。管辖有许多种类,我国《民事诉讼法》对管辖作了规定,将管辖分为级别管辖、地域管辖、移送管辖、指定管辖四大类。其中,地域管辖又进一步分为六小类,即一般地域管辖、特殊地域管辖、专属管辖、选择管辖和协议管辖、共同管辖。

1.级别管辖

级别管辖是根据案件的性质、影响范围来划分上下级人民法院受理第一审经济案件的分工和权限。

我国人民法院分为四级,即基层人民法院、中级人民法院、高级人民法院和最高人民法院,此外还有专门法院,即军事法院、海事法院和铁路运输法院,以上法院的分级设置,构成了我国法院的体制。基层人民法院原则上管辖第一审案件;中级人民法院管辖重大涉外案件、在本辖区有重大影响的案件、及由最高人民法院确定由中级人民法院管辖的案件;高级人民法院管辖在辖区有重大影响的第一审案件;最高人民法院管辖在全国有重大影响的案件以及认为应当由它审理的案件。

两个以上人民法院都有管辖权的诉讼,原告可以向其中一个人民法院起诉;原告向两个以上有管辖权的人民法院起诉的,由最先立案的人民法院管辖。

2. 地域管辖

地域管辖是指确定同级人民法院之间在各自管辖的地域内审理第一审经济案件的分工和权限。它又分为一般地域管辖、特殊地域管辖、专属管辖和协议管辖

(1)一般地域管辖,也叫普通地域管辖,是指根据当事人住所地确定行使管辖权的法院。地域管辖一般采取"原告就被告"原则,即由被告住所地的人民法院管辖。对公民提起的民事诉讼,由被告住所地人民法院管辖,被告住所地与经常居住地不一致的,由经常居住地人民法院管辖。对法人或其他组织提起的民事诉讼,由被告住所地人民法院管辖。同一诉讼的几个被告住所地、经常居住地在两个以上人民法院辖区的,各该人民法院都有管辖权。

但对不在中华人民共和国领域内居住的人提起的有关身份关系的诉讼;对下落不明或者宣告失踪的人提起的有关身份关系的诉讼;对被采取强制性教育措施的人提起的诉讼;对被监禁的人提起的诉讼。由原告住所地人民法院管辖;原告住所地与经常居住地不一致的,由原告经常居住地人民法院管辖。

(2)特殊地域管辖是指根据诉讼标的或诉讼标的物所在地,或者引起合同关系发生、变更、终止的法律事实所在地来确定管辖权,我国民事诉讼法规定:

①因合同纠纷提起的诉讼,由被告住所地或者合同履行地人民法院管辖。

②因保险合同纠纷提起的诉讼,由被告住所地或者保险标的物所在地人民法院管辖。

③因票据纠纷提起的诉讼,由票据支付地或者被告住所地人民法院管辖。

④因公司设立、确认股东资格、分配利润、解散等纠纷提起的诉讼,由公司住所地人民法院管辖。

⑤因铁路、公路、水上、航空运输和联合运输合同纠纷提起的诉讼,由运输始发地、目的地或者被告住所地人民法院管辖。

⑥因侵权行为提起的诉讼,由侵权行为地或者被告住所地人民法院管辖。

⑦因铁路、公路、水上和航空事故请求损害赔偿提起的诉讼,由事故发生地或者车辆、船舶最先到达地、航空器最先降落地或者被告住所地人民法院管辖。

⑧因船舶碰撞或者其他海事损害事故请求损害赔偿提起的诉讼,由碰撞发生地、碰撞船舶最先到达地、加害船舶被扣留地或者被告住所地人民法院管辖。

⑨因海难救助费用提起的诉讼,由救助地或者被救助船舶最先到达地人民法院管辖。

⑩因共同海损提起的诉讼,由船舶最先到达地、共同海损理算地或者航程终止地的人民法院管辖。

(3)专属管辖。根据案件的特定的性质,法律规定某类案件必须由一定地区的人民法院管辖。如:因不动产纠纷提起的诉讼,由不动产所在地法院管辖;因港口作业发生纠纷提起的诉讼,由港口所在地法院管辖;因继承遗产纠纷提起的诉讼,由被继承人死亡时住所地或者主要遗产所在地人民法院管辖。

(4)协议管辖。指当事人双方可以协商确定第一审案件管辖法院。但协议管辖不得违

反级别管辖和专属管辖的规定。

3. 移送管辖和指定管辖

移送管辖。人民法院发现受理的案件不属于本院管辖的,应当移送有管辖权的人民法院,受移送的人民法院应当受理。受移送的人民法院认为受移送的案件依照规定不属于本院管辖的,应当报请上级人民法院指定管辖,不得再自行移送。

指定管辖。有管辖权的人民法院由于特殊原因,不能行使管辖权的,由上级人民法院指定管辖。人民法院之间因管辖权发生争议,由争议双方协商解决;协商解决不了的,报请它们的共同上级人民法院指定管辖。人民法院受理案件后,当事人对管辖权有异议的,应当在提交答辩状期间提出。人民法院对当事人提出的异议,应当审查。异议成立的,裁定将案件移送有管辖权的人民法院;异议不成立的,裁定驳回。上级人民法院有权审理下级人民法院管辖的第一审民事案件;确有必要将本院管辖的第一审民事案件交下级人民法院审理的,应当报请其上级人民法院批准。下级人民法院对它所管辖的第一审民事案件,认为需要由上级人民法院审理的,可以报请上级人民法院审理。

二、审判制度

审判制度是一个外延十分广泛的概念,通常所讲的审判制度是民事诉讼法以及其他有关法律对审判工作进行法律调整的各种具体制度规范的总和。民事诉讼法的任务正是通过这些具体制度的实行得以完成,各项具体制度的总和则构成了完整的民事诉讼法。

民事审判制度就其调整的范围不同,有大小之别,有的审判制度宏观地调整民事审判工作的某个方面,这类制度主要有合议制度、陪审制度、公开审判制度、两审终审制度、回避制度等。

1. 合议制度

我国《民事诉讼法》第10条规定,人民法院审理民事案件,实行合议制度。合议制度是人民法院组成合议庭审理民事纠纷案件的制度。合议制是民主集中制原则在人民法院审判活动中的具体运用,它体现了我国法制的民主原则和我国审判制度中集体负责的精神。

合议制是与独任制相对的审判组织形式。合议制是由审判员或审判员与陪审员组成的审判集体对民事案件进行审理并作出裁判。独任制是由一名审判员代表人民法院对民事案件进行审理并作出判决。根据我国民事诉讼法的规定,独任制只适用于第一审人民法院审理简单的民事案件,具体来说,只有基层人民法院和它派出的法庭按简易程序审理简单的民事案件,才适用独任制。合议庭是一个审判集体,合议庭对案件的评议,实行少数服从多数的原则,必须由1名审判员担任审判长。审判长的职责是主持合议庭的审判工作,指挥法庭的审判活动。

2. 陪审制度

陪审制度是审判机关吸收法官以外的社会公众代表参与案件审判的制度。审判机关吸收非职业法官参加审判的陪审制度主要具有两项功能:其一,为社会分享审判权力提供途径,并因此使公众对司法的监督作用得以充分发挥;其二,在审判组织中产生内在的制约与配合效果。陪审员作为公众中的一员直接参与法律的执行,在理念上代表公众的意志,在诉讼中不仅考虑法律上的明文规定,而且比法官更注意当时社会的一般行为和道德标准,弥补了法条的不足。

3. 回避制度

我国《民事诉讼法》第10条规定,人民法院审理民事案件,实行回避制度。回避制度是为了保证案件公正审理而设立的一项审判制度。法律规定适用回避的对象有:审判人员、书记员、翻译人员、鉴定人、勘验人。适用回避的法定情形是:(1)审判人员或上述其他人员是本案当事人或当事人、诉讼代理人的近亲属。(2)审判人员或其他人员与本案当事人有其他关系,可能影响对案件公正审理的。这里所说的"其他关系的情况,比较复杂,很大程度上需要在实践中灵活掌握。(3)与本案有利害关系。即本案的审判结果直接关系到审判人员或其他有关人员的某种利益,在此情况下,审判人员或其他有关人员也应回避。

民事诉讼法规定了回避的方式。回避的方式是当事人申请和有关人员自行回避。回避必须在案件开始审理时,或在法庭辩论终结前提出,都须说明理由。

4. 公开审判制度

我国《民事诉讼法》第10条规定,人民法院审理民事案件,实行公开审判制度。公开审判制度要求人民法院审判民事案件,除法律规定的情况外,审理过程应当向群众公开,向社会公开;不公开审理的案件,也应当公开宣判。所谓向群众公开,即是说民事案件的审判过程,包括审理过程和宣告判决的过程都允许群众旁听。所谓向社会公开,是指允许新闻记者对庭审过程作采访,并允许其对审理过程作报道,将案件向社会披露。

5. 两审终审制度

《民事诉讼法》第10条规定,人民法院审理民事案件,依照法律规定实行两审终审制度。所谓两审终审制度,是指某一案件经过两级人民法院审判后即告终结的制度。当事人不服第一审人民法院对民事案件所做的判决、裁定,可以上诉至第二审人民法院,第二审(即上诉审)所做的判决、裁定就是终审的判决、裁定,当事人不得进一步提起上诉。二审终审也有例外,人民法院依照特别程序、督促程序、公示催告程序、企业法人破产还债程序所审理的案件,实行一审终结。

三、诉讼时效

诉讼时效是指法律规定权利人通过诉讼程序请求法院保护其经济权利的有效时间。权利人请求人民法院保护其民事权利的法定期间称为诉讼时效期间。法院只在诉讼时效期间保护权利人的请求权。权利人在法定期间内不行使自己的权利,就丧失了请求法院依诉讼程序强制义务人履行义务的权利。

根据《民法通则》规定,诉讼时效期间从当事人知道或应当知道权利被侵害时起计算。但从权利被侵害之日起超过20年的,人民法院不予保护。

1. 诉讼时效期间

诉讼时效期间是法定的,根据法律对诉讼时效期间的不同规定,诉讼时效期间可分为以下两种:

(1)普通诉讼时效期间

普通诉讼时效期间是指由民事普通法规定的具有普遍意义的诉讼时效期间。根据《民法通则》规定,普通诉讼时效期间为2年。

(2) 特别诉讼时效期间

特别诉讼时效期间是指由民事普通法或特别法规定的,仅适用于特定民事法律关系的诉讼时效期间。

①《民法通则》规定,身体受伤害要求赔偿的、出售质量不合格的商品未声明的、延付或拒付租金的、寄存财物被丢失或损毁的,诉讼时效期间为1年。

但是《产品质量法》规定,因产品存在缺陷造成损害要求赔偿的诉讼时效期间为2年,自当事人知道或者应当知道其权益受到损害时起计算。

②《合同法》规定,国际货物买卖合同和技术进出口合同争议提出诉讼或申请仲裁的期限为4年,自当事人知道或应当知道其权利受到侵害之日起计算。。

2.诉讼时效期间的计算

诉讼时效期间的计算方法为:年、月、日,开始的当天不算入,从第二天开始计算。期间最后一天是星期日或其他法定假日的,以休假日的次日为期间的最后一天,期间的最后一天的截止时间为停止业务活动的时间。

3.诉讼时效期间的开始

诉讼时效期间的开始一般是按照当事人知道或应当知道权利被侵害时起计算。如有期限的债权债务纠纷案件,应从期限届满日的第二天起算。

4.诉讼时效中止

诉讼时效中止是指在诉讼时效进行到最后6个月内,因不可抗力或者其他原因,使权利人不能行使请求权时,诉讼时效暂时中止。从中止时效的原因消除之日起,诉讼时效期间继续计算。其中,时效暂停的一段时间不计入诉讼时效期间之内。即在最后6个内,暂停多少时间,补足多少时间,当然,补足时间不会超过6个月。中止的目的是为延长时效,使权利人有充分的时间行使诉讼。

5.诉讼时效中断

诉讼时效中断是指在诉讼时效进行中,由于某种法定事由,致使以前经过的时间不算数,待时效中断事由消除后,诉讼时效期间重新计算。引起诉讼时效中断的法定事由有以下几种:

(1)权利人或义务人向法院提起诉讼。

(2)债权人向债务人主张债权。

(3)债务人表示履行义务。

四、诉讼参加人

诉讼参加人包括当事人和诉讼代理人。

1.当事人

是指公民、法人和其他组织因经济权益发生争议或受到损害,以自己的名义进行诉讼,并受人民法院调解或裁判约束的利害关系人。当事人包括原告、被告、共同诉讼人、诉讼中的第三人。

(1)原告是为了保护自己的民事权益,以自己的名义向人民法院提起诉讼,从而引起民事诉讼程序发生的人。

（2）被告是指经原告诉称侵犯其合法权益，或者与其发生民事权益争议，而由法院通知应诉的人。

（3）共同诉讼人是指参与诉讼的原告或者被告为二个以上的人。

（4）第三人是指对他人的诉讼标的有独立的请求权，或者虽无独立的请求权，但案件的处理结果与其有法律上的利害关系，因而参加到他人的已经开始的民事诉讼中去，以维护自己合法权益的人。

2. 诉讼代理人

是指以被代理人的名义，在代理权限范围内，为了维护被代理人的合法权益而进行诉讼的人。代理人包括法定代理人、指定代理人、委托代理人。

五、主要诉讼程序

（一）一审程序

第一审程序，是指各级人民法院审理第一审经济案件适用的程序，分为普通程序、简易程序。

普通程序是经济案件审判中最基本的程序，主要包括以下内容：

1. 起诉和受理

起诉是指公民、法人或其他组织在其民事权益受到损害或发生争议时，向人民法院提出诉讼请求的行为。起诉必须符合法定条件：即原告是与本案有直接利害关系的公民、法人和其他组织；有明确的被告；有具体的诉讼请求和事实、理由；属于人民法院受理民事诉讼的范围和管辖范围，同时还必须办理法定手续。受理是指人民法院通过对当事人的起诉进行审查，对符合法定条件的决定立案审理的行为。人民法院接到起诉状或口头起诉后，经审查认为符合起诉条件的，应当在7日内立案，并通知当事人。

2. 审理前的准备

人民法院应当在立案之日起5日内将起诉状副本发送被告。被告在收到之日起15日内提出答辩状。答辩是被告对原告提出的诉讼请求及理由进行回答、辩解和反驳，是被告的一项重要的诉讼权利。被告提出答辩状的，人民法院在收到之日起5日内将答辩状副本发送原告。被告不提出答辩状的，不影响人民法院审理。

3. 开庭审理

是指在审判人员主持和当事人及其他诉讼参与人的参加下，在法庭上对案件进行审理的诉讼活动。其目的是确认当事人的权利义务关系，以调解或判决的方式解决纠纷。开庭审理一般都公开进行，但涉及国家秘密、个人隐私或法律另有规定的情况及当事人申请不公开审理的，不公开进行审理。人民法院应当在开庭审理3日前通知当事人和其他诉讼参与人。公开审理的，应当公告当事人的姓名、案由和开庭的时间、地点。

简易程序是指基层人民法院及其派出的人民法庭，审理简单民事案件所适用的既独立又简便易行的诉讼程序。

当事人在收到判决书之日起15天或裁定书送达之日起10日后没有上诉，第一审判决发生法律效力。

（二）上诉程序

上诉程序即第二审程序，是指上级人民法院审理当事人不服第一审人民法院尚未生效的判决和裁定而提起的上诉案件所适用的程序。我国实行两审终审制，当事人不服第一审人民法院判决、裁定的，有权向上一级人民法院提起上诉。

1. 上诉的条件

《民事诉讼法》规定，上诉必须具备以下条件：

（1）只有第一审案件的当事人才可以提起上诉；

（2）只能对法律规定的可以上诉的判决、裁定提起上诉。

当事人双方中任何一方不服地方法院第一审判决的，有权在判决书送达之日起 15 日内向上一级法院提起上诉；对地方法院第一审裁定不服的，有权在裁定书送达之日起 10 日内向上级法院提起上诉。

第二审人民法院应当对上诉请求的有关事实和适用法律进行审查，并组成合议庭开庭审理。经过阅卷和调查，询问当事人，在事实核对清楚后，合议庭认为不需要开庭审理的，也可以径行判决、裁定。

2. 上诉案件审理

第二审人民法院对上诉案件经过审理，按照下列情况分别处理：

（1）原判决认定事实清楚，适用法律正确的，判决驳回上诉，维持原判决；

（2）原判决适用法律错误，依法改判；

（3）原判决认定事实错误，或者原判决认定事实不清，证据不足，裁定撤销原判决，发回原审人民法院重审，或者查清事实后改判；

（4）原判决违反法定程序，可能影响案件正确判决的，裁定撤销原判决，发回原审人民法院重审。

第二审人民法院的判决、裁定是终审的判决、裁定。当事人对重审案件的判决、裁定可以上诉。上诉法院的判决具有终局效力，判决书送达之日即产生法律效力。

（三）审判监督程序

即对已经发生法律效力的判决、裁定，发现确有错误，重新再审的程序。

1. 可以提起审判监督程序的情形

（1）各级人民法院院长对本院已经发生法律效力的判决、裁定，发现确有错误，认为需要再审的，应当提交审判委员会讨论决定。

（2）最高人民法院对地方各级人民法院已经发生法律效力的判决、裁定，上级人民法院对下级人民法院已经发生法律效力的判决、裁定，发现确有错误的，有权提审或者指令下级人民法院再审。

（3）最高检察院和上一级检察院对下一级法院已作出的生效判决有权抗诉，人民检察院提出抗诉的案件，人民法院应当再审。

（4）当事人提起。

2. 当事人提起再审的，符合下列条件之一的应当再审

（1）有新的证据，足以推翻原判决、裁定；

（2）原判决、裁定认定事实的主要证据不足；

（3）原审运用法律确有错误；

（4）法院违反法定程序，可能影响案件正确判决；

（5）审判人员在审理该案时贪污受贿、徇私舞弊、枉法裁判。

（四）执行程序

执行程序是人民法院依法对已经发生法律效力的判决、裁定及其他法律文书的规定，强制义务人履行义务的程序。对发生法律效力的判决、裁定、调解书和其他应由人民法院执行的法律文书，当事人必须履行。一方拒绝履行的，对方当事人可以向人民法院申请执行。申请执行的期间为二年，申请执行的期间从法律文书规定履行期间的最后一日起计算。

☞小结

本项目主要介绍了仲裁、仲裁协议、仲裁原则、裁决的程序，以及诉讼管辖、审判制度、诉讼时效、诉讼程序等规定。

☞实务训练

一、案例分析

1. 案情介绍

张某与房东薛某商定租其一套二居室住房1年，租期为2014年9月1日至2015年8月31日。先预付半年租金，第6个月期满时再支付其余租金。经履行法定程序后，张某按期搬入住房。2015年5月，张某在未支付其余租金的情况下搬出了薛某的房屋，不知去向。薛某从未向张某追要过其余租金。

2. 问题

请分析薛某为有效保护自己的权益，应在什么时间内主张自己的权利？

3. 法律评析

延付或者拒付租金的诉讼时效期间为1年，自权利人知道或者应当知道权利被侵害时起计算。张某应支付其余房租的时间为2015年3月1日，因此薛某应在2016年2月28日之前主张自己的权利，才能有效地保护自己的合法权益。

二、案例分析练习

案情介绍：甲、乙公司因租赁合同发生纠纷，甲向某仲裁委员会申请仲裁，乙向人民法院提起诉讼。据了解，双方并没有签订仲裁协议。

问题：

1. 请分析甲、乙公司解决纠纷的途径是什么？

2. 仲裁委员会和人民法院对甲、乙的请求各会做出什么样的处理？

三、思考题

1. 什么是仲裁？仲裁的基本原则是什么？

2. 什么是仲裁协议？它应包括哪些内容？

3. 什么是民事案件的审判管辖？它是如何规定的？

4. 我国民事审判具体包括哪些程序？

参考文献

1. 王保树.商法经济法的动与静.北京:法律出版社,2015
2. 杨立新.侵权责任法.北京:法律出版社,2011
3. 杨紫烜.经济法学(第五版).北京:北京大学出版社,2014
4. 漆多俊.经济法论丛.北京:法律出版社,2015
5. 李昌麒.经济法学(第三版).北京:法律出版社,2016
6. 李运华等.经济法原理与实务.北京:中国人民大学出版社,2015
7. 王俊岩.新编经济法学.北京:法律出版社,2011
8. 梁慧星.民法总论.法律出版社,2015
9. 马俊驹等.民法原论(第4版).北京:法律出版社,2010
10. 王利明.民法(第六版).北京:中国人民大学出版社,2015
11. 李华武.竞争法.武汉:武汉大学出版社,2015
12. 王晓晔.反垄断法.北京:法律出版社,2011
13. 张士元.企业法(第四版).北京:法律出版社,2015
14. 王保树.商法(第二版).北京:北京大学出版社,2014
15. 赵乃新,颜运秋.合同法学.长沙:中南大学出版社,2000
16. 王保树.商事法论集.北京:法律出版社,2015
17. 关怀等.劳动与社会保障法学.北京:法律出版社,2011
18. 关怀.劳动法(第四版).北京:中国人民大学出版社,2012
19. 郑尚元.劳动和社会保障法学.北京:北京师范大学出版社,2010
20. 张卫平.民事诉讼法.北京:法律出版社,2016
21. 江伟等.民事诉讼法(第七版).北京:中国人民大学出版社,2015
22. 冯果.证券法.武汉:武汉大学出版社,2014
23. 叶林.证券法(第四版).北京:中国人民大学出版社,2013
24. 范健.公司法(第四版).北京:法律出版社,2015
25. 吴汉东.知识产权法学(第六版).北京:北京大学出版社,2014
26. 崔建远.合同法.北京:法律出版社,2016
27. 于永芹.票据法案例教程(第二版).北京:北京大学出版社,2010
28. 刘心稳.票据法(第三版).北京:中国政法大学出版社,2015